옮긴이 **서수지**

대학에서 철학을 전공했지만 회사 생활에서 접한 일본어에 빠져들어 회사를 그만두고 본격적으로 일본어를 공부해 출판 번역의 길로 들어섰다. '나는 읽는다. 고로 존재한다!'가 삶의 모토로 더 많은 책을 읽고 알리기 위해 오늘도 열심히 책을 읽고 옮긴다. 옮긴 책으로 《엄마 화 잘 내는 법》《세계사를 바꾼 13가지 식물》《세계사를 바꾼 10가지 약》《세상에서 가장 재미있는 63가지 심리실험-뇌과학편》《세상에서 가장 재미있는 61가지 심리실험-인간관계편》《400년 전, 그 법정에서는 무슨 일이 있었나?》《소수는 어떻게 사람을 매혹하는가?》《당신이 잔혹한 100명 마을에 산다면?》《유럽 사상사 산책》《백곰 심리학》《처음 시작하는 그리스 신화》《도쿄의 작은 공간》《세상 끝의 아이들》《어쩌다 너랑 가족》《천국 마일리지》 등이 있다.

초등 과학 실험 대백과

초판 1쇄 펴냄 2020년 2월 10일
4쇄 펴냄 2024년 6월 10일

지음 학연플러스 편집부 | **옮김** 서수지

펴낸이 고영은 박미숙
펴낸곳 뜨인돌출판(주) | **출판등록** 1994.10.11.(제406-251002011000185호)
주소 10881 경기도 파주시 회동길 337-9
홈페이지 www.ddstone.com | **블로그** blog.naver.com/ddstone1994
페이스북 www.facebook.com/ddstone1994 | **인스타그램** @ddstone_books
대표전화 02-337-5252 | **팩스** 031-947-5868

ISBN 978-89-5807-745-9 73400

> 어린이제품안전특별법에 의한 제품표시
> **제조자명** 뜨인돌출판(주) **제조국명** 대한민국 **사용연령** 8세 이상

Zikken Omoshiro Daihyakka
©Gakken 2013
First published in Japan 2013 by GAKKEN Education Publishing Co., Ltd., Tokyo
Korean translation rights arranged with Gakken Inc. through BC Agency

이 책의 한국어판은 BC에이전시를 통해 저작권자와 독점 계약을 맺은 뜨인돌출판(주)에 있습니다.
저작권법에 의해 한국 내에서 보호를 받는 저작물이므로 무단 전재와 무단 복제를 금합니다.

초등 과학 실험 대백과

학연플러스 편집부 **지음** | 서수지 **옮김**

자유 탐구 주제 219
보고서 쓰는 법

뜨인돌어린이

놀면서 실험해요!

이 책에는 바로 따라 할 수 있는 간단한 실험부터

마술 같은 실험과 장난감 만들기 실험,

미술과 요리 실력이 쑥쑥 느는 실험,

동물의 세계를 이해할 수 있는 관찰 실험,

수학·과학 시간이 즐거워지는 실험,

위대한 과학자들의 이야기와 함께하는 발명·발견 실험까지

다양한 실험이 알차게 준비되어 있어요.

이 책과 함께라면 주방, 욕실, 내 방, 학교, 공원 등 친숙한 공간이

언제든 실험실로 변신할 수 있어요.

신나게 놀며 실험해 보세요.

신비로운 과학의 세계를 온몸으로 경험해 보는 거예요.

콩닥콩닥 뛰는 가슴으로 즐긴 실험이

여러분의 과학 실력에 날개를 달아 줄 테니까요.

초등과학 실험대백과

> ⚠️ **주의** 실험하기 전에 꼭 읽어 보세요.
> 부모님이나 선생님 등 보호자 여러분도 함께 읽어 주세요.

- 가능하면 모든 실험을 어린이와 보호자가 함께해 주세요.
- 실험 방법과 과정을 꼼꼼하게 읽고 규칙을 지키며 실험하세요.
- 전기 제품이나 실험 도구, 재료를 사용할 때는 보호자가 먼저 확인하고 사용하세요.
- 커터 칼, 송곳, 가위 등을 사용할 때는 다치지 않도록 조심하고, 보호자가 도와주세요.
- 전자레인지나 오븐 토스터, 인덕션 레인지 등을 사용할 때는 꼭 보호자와 함께 실험하고 화상을 입지 않도록 주의하세요. 뜨겁게 달궈진 실험 재료나 결과물을 특히 조심하세요.
- 뜨거운 물을 사용할 때도 화상을 입지 않도록 주의하세요.
- 각종 접착제를 사용할 때는 상품에 붙어 있는 주의 사항을 꼼꼼히 읽어야 해요. 접착제가 바닥이나 가구 등에 묻지 않도록 신문지와 일회용 접시 등을 깔고 실험하세요. 또 실험 뒤에도 한동안은 창문이나 문을 열고 실내를 환기시켜야 해요.
- 액체를 다루는 실험은 젖어도 상관없는 주방 개수대나 신문지 위, 널찍한 접시를 깐 식탁 위 등에서 실험하세요. 또 전기 제품과 콘센트 근처에서는 액체를 사용한 실험은 절대 하지 마세요. 감전이나 고장의 원인이 될 수 있어요.
- 더러워져도 괜찮은 복장으로 실험하세요.
- 실험이 끝나면 손과 기구를 깨끗이 씻고 뒷정리를 깔끔하게 하세요.

■ 보호자 여러분께 ■

위의 주의 사항 및 이 책의 실험 방법과 과정을 찬찬히 먼저 읽고 나서 아이에게 아직 어렵다는 생각이 들면 실험을 진행하지 않도록 지도해 주세요. 간단한 실험이라도 보호자의 지도와 감독 아래 안전하게 실험할 수 있도록 도와주세요.

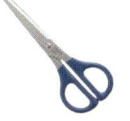      

차 례

1장 ● 생활 속 놀라운 실험 13

실험 1	물에 녹는 종이에 연필로 그림을 그려서 물에 띄우면…… 종이도 그림도 녹아서 사라진다! 14
실험 2	물에 녹는 종이에 색연필로 그림을 그리면…… 그림이 물 위에 둥둥! 16
실험 3	물에 녹는 종이에 크레파스로 그림을 그리면…… 그림이 물 위에 둥둥! 16
실험 4	물에 녹는 종이에 유성펜으로 그림을 그리면…… 종이가 녹아도 그림이 살아 있다! 17
실험 5	물에 녹는 종이에 수성펜과 유성펜으로 그림을 그리면…… 유성펜 그림만 남는다! ... 17
실험 6	날달걀을 홍차에 넣으면…… 껍데기가 갈색으로 물든다! 18
실험 7	날달걀을 식초에 넣으면…… 벌거숭이 달걀이 된다! 19
실험 8	페트병에 미지근한 물과 연기를 넣고 꾹 눌렀더니…… 투명해졌다! 꾹 누르고 있던 손의 힘을 빼면…… 부옇게 흐려진다! 20
실험 9	밀가루만 있으면…… 빗방울 크기를 알 수 있다! 22
실험 10	고무줄에 눈금을 그려 쭉 잡아당겼더니…… 눈금이 같은 길이로 늘어났다! 24
실험 11	잉크 푼 물을 천천히 얼리면…… 한가운데로 고운 색깔이 모인다! 26
실험 12	물과 기름을 섞고 얼음을 넣으면…… 물과 기름 사이에 뜬다! 27
실험 13	진한 소금물에 모루를 담가 두면…… 소금 결정이 만들어진다! 28
실험 14	물과 소금물에 잉크를 똑똑 떨어뜨리면…… 떨어지는 모양이 각각 다르다! 29
실험 15	소다를 식초에 넣으면…… 부글부글 거품이 일어난다! 30
실험 16	소다를 넣은 뜨거운 물에 귤을 데치면…… 하얀 속껍질이 쏙 벗겨진다! 31
실험 17	위와 아래를 자른 양파를 물에 담그면…… 아랫부분에서 싹이 난다! 32
실험 18	다양한 채소 자투리를 물에 담그면…… 어느 한 부분에서 싹이 난다! 33
실험 19	주스가 든 페트병을 거꾸로 뒤집으면…… 주스가 나오다가 멈춘다! 34
실험 20	구멍 뚫린 페트병 뚜껑을 닫으면…… 물이 새어 나오다가 멈춘다! 35
실험 21	쿠킹 포일로 유리구슬을 싸서 종이컵에 담아 흔들면…… 달걀 모양의 은색 공이 만들어진다! 36
실험 22	은박 공을 쟁반 위에 올리면…… 신기하게 움직인다! 37
실험 23	손으로 식빵을 만지고 나서 일주일쯤 그대로 내버려 두면…… 손 모양 곰팡이가 자란다! .. 38
실험 24	신문지를 접어서 손에 올리면…… 손바닥 위에서 그대로 서 있다! 40
실험 25	망원경 옆에 손을 대고 앞을 보면…… 손바닥에 구멍이 뚫렸다!? 41
실험 26	식용유를 컵에 부으면, 유리 막대가…… 식용유에서는 보이지 않는다! 42
실험 27	물을 컵에 부으면, 유리 막대는…… 물에서만 보인다! 43
실험 28	카레 가루로 물들인 천에 비누를 문지르면…… 빨갛게 변한다! 44
실험 29	붉게 물든 부분에 레몬즙을 뿌리면…… 빨간색이 사라진다! 45

실험 30	쓱쓱 문지른 스티로폼 용기를 가까이 가져가면…… 연필이 따라 움직인다!	46
실험 31	쓱쓱 문지른 스티로폼 용기를 가까이 가져가면…… 물줄기가 따라온다!	47
실험 32	빨간약을 물에 희석해서 밥에 뿌리면…… 보라색으로 변한다!	48
실험 33	보라색으로 변한 밥에 무즙을 뿌리면…… 다시 하얗게 변한다!	49
실험 34	빨간약을 희석한 물에 레몬즙을 섞으면…… 투명해진다!	50
실험 35	빨간약을 희석한 물에 식초를 섞으면…… 색이 변하지 않는다!	51
실험 36	가지와 당근을 물에 넣으면…… 가지만 둥둥 뜬다!	52
실험 37	설탕을 녹인 물에 넣으면…… 당근도 둥둥 뜬다!	53
실험 38	식용유를 더한 설탕물에 채소를 넣으면…… 가지만 둥둥 뜬다!	54
실험 39	설탕물과 물과 식용유를 붓고 채소를 넣으면…… 가지만 둥둥 뜬다!	55
실험 40	과일을 통째로 물에 넣으면…… 사과와 바나나가 뜬다!	56
실험 41	과일 껍질을 벗겨 물에 넣으면…… 사과만 둥둥 뜬다!	57
실험 42	과일을 얼려서 물에 넣으면…… 포도만 가라앉는다!	58
실험 43	과일을 반으로 잘라 물에 넣으면…… 사과와 바나나는 뜬다!	59
실험 44	탄산음료를 냉동실에 넣으면…… 처음보다 양이 늘어난다!	60
실험 45	두부를 냉동실에 넣으면…… 노랗게 변하며 딱딱해진다!	61
실험 46	샐러드 드레싱을 냉동실에 넣으면…… 2개의 층으로 나뉜다!	62
실험 47	벌꿀을 냉동실에 넣으면…… 꽁꽁 얼지 않는다!	63
실험 48	다양한 음식을 냉동실에 넣으면…… 각각 이렇게 된다!	64

2장 ● 마술 실험 ……………………………………………………………………… 65

실험 1	한 번 비튼 고리의 가운데 선을 자르면…… 큰 고리 하나가 만들어진다!	66
실험 2	두 번 비튼 고리의 가운데 선을 자르면…… 연결된 고리 2개가 만들어진다!	67
실험 3	세 번 비튼 고리의 가운데 선을 자르면…… 숫자 8 모양이 만들어진다!	68
실험 4	한 번 비튼 고리를 두 번 자르면…… 연결된 크고 작은 고리가 만들어진다!	69
실험 5	고리 2개를 붙여서 가운데 선을 자르면…… 커다란 사각형이 만들어진다!	70
실험 6	고리 4개를 붙여서 가운데 선을 자르면…… 田 모양이 만들어진다!	71
실험 7	정사각형 종이를 접어서 한 번 자르면…… 십자가 모양이 만들어진다!	72
실험 8	바둑판무늬 종이를 접어 한 번 자르면…… 색종이 여러 장이 된다!	73
실험 9	접은 종이를 한 번 자르면…… 예쁜 별 모양이 만들어진다!	74
실험 10	동전을 포개 떨어뜨리면…… 위아래가 뒤바뀐다!	76
실험 11	100원짜리 동전보다 작은 구멍을…… 100원짜리 동전이 통과한다!?	78

3장 ● 장난감 만들기 실험 ... 79

실험 1	고무줄의 힘으로 뱀이 튀어나간다! 우유팩 깜짝 상자	80
실험 2	고무줄의 힘으로 입을 뻐끔뻐끔! 나무젓가락 마법의 팔	82
실험 3	고무줄의 힘으로 스크루가 돌며 앞으로 나간다! 스티로폼 스크루 보트	84
실험 4	데굴데굴 동글동글 신난다! 달걀 마스코트	86
실험 5	고무줄의 힘으로 회전하며 날아간다! 빙글빙글 회전 비행기	88
실험 6	느릿느릿 돌며 떨어진다! 빙그르르 헬리콥터	90
실험 7	흥겨운 음악을 연주해 보자! 바가지 벤조	91
실험 8	손바닥 크기의 연이 하늘 높이 훨훨! 꼬마 연 만들어 날리기	92
실험 9	바람 방향에 따라 굴러가는 방향이 달라진다! 비틀비틀 수레바퀴	94
실험 10	손대지 않아도 혼자서 벌떡 일어난다! 오뚜이 몬스터	96
실험 11	거꾸로 떨어뜨려도 회전해서 착지한다! 재주 넘는 고양이	98
실험 12	미묘한 균형 감각을 자랑한다! 고양이 오뚝이	99
실험 13	회전시키면 그림이 이어진다! 종이 만화경	100
실험 14	물고기가 떴다가 가라앉았다가! 페트병 수족관	102
실험 15	스티로폼 용기를 원하는 모양으로 자를 수 있다! 스티로폼 절단기	104
실험 16	탱탱볼 뚜껑으로 떴다가 가라앉았다가! 페트병 잠수함	106
실험 17	신기한 모양으로 날아간다! 플라스틱 컵 UFO	108
실험 18	던지면 빙글빙글 돌아 제자리로 돌아온다! 미니 부메랑	110
실험 19	확대경과 돋보기로 만든다! 나만의 천체망원경	112

4장 ● 미술 실험 ... 115

실험 1	뒤집으면 친구가 나타난다! 반짝반짝 돔 수족관	116
실험 2	기름을 굳히고 크레파스를 녹이면…… 알록달록 빛나는 양초	118
실험 3	전자레인지로 눌린 꽃을 만들면…… 선물하기 좋은 꽃 소품	120
실험 4	여름 바닷가에서의 추억을 남기자! 조개껍데기 나비 표본	122
실험 5	지점토에 물을 섞어 짜면…… 몽실몽실 크림 냉장고 자석	124
실험 6	부드러운 지점토에 색깔을 입히면…… 진짜처럼 먹음직스러운 마카롱	126
실험 7	밀가루 점토를 조물조물하면…… 깜찍한 미니어처 요리	128
실험 8	밀가루 점토 요리를 활용하여…… 미니어처 레스토랑 오픈!	133
실험 9	페트병을 오븐에 넣어 구부리면…… 수제 보석 액세서리	134

실험 10	페트병을 뜨거운 물에서 구부리면…… 입체 액자 완성!	136
실험 11	페트병 라벨을 뜨거운 물에서 작게 만들면…… 아기자기한 책갈피	138
실험 12	플리스 천을 잘라서 묶기만 하면…… 보송보송한 소품이 가득!	140
실험 13	펠트 원모를 뭉치면…… 올망졸망 열두 띠 인형	144

5장 ● 요리 실험 149

실험 1	블루베리 주스와 달걀을 슥슥 섞고 핫케이크 가루를 더해 노릇노릇하게 구우면…… 초록색 핫케이크 완성!	150
실험 2	초록색 핫케이크에 레몬즙을 뿌리면…… 분홍색으로 변한다!	151
실험 3	핫케이크 가루에 물과 블루베리 잼을 섞어서 전자레인지에 돌리면…… 민트색 머핀 완성!	152
실험 4	민트색 머핀에 레몬즙을 뿌리면…… 분홍색으로 변한다!	153
실험 5	슬라이스 치즈를 전자레인지에 돌리면…… 부풀었다가 꾸덕하게 굳는다!	154
실험 6	얇게 자른 감자를 전자레인지에 돌리면…… 포테이토칩 완성!	155
실험 7	캐러멜을 전자레인지에 돌리면…… 녹아서 부드러워진다!	156
실험 8	젤리를 전자레인지에 돌리면…… 녹아서 흐물흐물해진다!	157
실험 9	딸기에 설탕을 뿌리면…… 딸기에서 빨간 물이 나온다!	158
실험 10	딸기에서 나온 빨간 물을 우유에 부으면…… 아래쪽만 발그스름해진다!	159
실험 11	녹인 한천에 홍차를 넣고 기다리면…… 말캉하게 굳는다!	160
실험 12	녹인 젤라틴에 홍차를 넣고 기다렸지만…… 굳지 않았다!	161
실험 13	적양배추 우린 물에 실 모양 곤약을 데치면…… 푸르스름해진다!	162
실험 14	푸르스름하게 변한 실 모양 곤약에 식초를 뿌리면…… 분홍색으로 변한다!	163
실험 15	적양배추 우린 물로 밥을 끓이면…… 보라색 죽이 만들어진다!	164
실험 16	보라색 죽에 다양한 재료를 넣으면…… 저마다 다른 색으로 변한다!	165
실험 17	래디시를 식초에 담그면…… 식초가 붉게 변한다!	166
실험 18	생강을 식초에 담그면…… 분홍색으로 변한다!	167
실험 19	식초 넣은 물에 껍질 벗긴 우엉을 담그면…… 우엉이 하얀색 그대로다!	168
실험 20	중화면에 카레와 우스터소스를 뿌리면…… 색이 이렇게 변한다!	169
실험 21	쿠킹 포일을 식빵 위에 올려 구우면…… 그 부분을 빼고 구워진다!	170
실험 22	눌러서 모양을 찍은 식빵을 구우면…… 그 부분을 빼고 구워진다!	171
실험 23	물로 낙서한 식빵을 구우면…… 젖은 부분은 구워지지 않는다!	172
실험 24	레몬즙으로 그림을 그린 식빵을 구우면…… 그림 부분은 진한 갈색이다!	173

실험 25	우유에 레몬즙을 넣으면…… 몽글몽글 멍울이 생긴다!	174
실험 26	몽글몽글해진 우유를 커피 필터에 거르면…… 덩어리만 남는다!	175
실험 27	탄산음료에 설탕을 넣으면…… 부글부글 거품이 넘친다!	176
실험 28	홍차에 꿀을 넣었으면…… 거무스름하게 변한다!	177
실험 29	인덕션 레인지로 녹여 만든다! 알록달록한 마블 캔디	178
실험 30	아이싱으로 그림을 그린다! 장식 ☆ 쿠키	180
실험 31	설탕이 신의 한 수! 딸기 찹쌀떡과 보글보글 젤리	182

6장 ● 수학·과학 실험　185

실험 1	채소와 과일 씨앗을 뿌리면…… 각기 다른 싹이 난다!	186
실험 2	콩을 심으면…… 씨앗을 심었을 때처럼 싹이 난다!	188
실험 3	여러 물건에 자석을 갖다 대면…… 철로 만든 물건이 자석에 붙는다!	190
실험 4	일회용 손난로와 방습제는…… 자석에 붙는다!	191
실험 5	자석에 철가루를 뿌리면…… 자석의 힘을 눈으로 확인할 수 있다!	192
실험 6	자석 2개를 서로 가까이 가져가면…… 한가운데 클립이 떨어진다!	193
실험 7	자석에 붙어 있던 클립을 떼어 내도…… 클립끼리 계속 붙어 있다!	194
실험 8	가위를 자석으로 문지르면…… 가위에 클립이 붙는다!	194
실험 9	클립과 자석 사이에 종이를 끼워도…… 클립이 붙으려 한다!	195
실험 10	클립과 자석 사이에 가위를 넣었더니…… 클립이 뚝 떨어졌다!	195
실험 11	거울로 초콜릿에 빛을 비추면…… 거울이 많은 쪽이 빨리 녹는다!	196
실험 12	거울로 햇빛을 모으면…… 빛이 겹쳐질수록 온도가 올라간다!	198
실험 13	다양한 사물을 활용하면…… 재미난 그림자가 생긴다!	199
실험 14	플라스틱 자 2개로…… 가위처럼 종이를 자를 수 있다!	200
실험 15	건전지의 양극과 음극에 전선을 연결하면…… 전선이 꼬여도 전구에 불이 켜진다!	202
실험 16	건전지의 양극과 음극에 전선을 연결하면…… 전선이 길어도 전구에 불이 켜진다!	203
실험 17	전기가 지나는 길에 다양한 물체를 연결하면…… 금속에 전기가 통한다는 사실을 알게 된다!	204
실험 18	건전지 2개를 직렬로 연결하면…… 전구에 불이 환하게 켜진다!	206
실험 19	건전지 2개를 병렬로 연결하면…… 전구의 밝기는 달라지지 않는다!	207
실험 20	양극과 음극을 연결한 회로가 아니면…… 전구에 불이 켜지지 않는다!	208
실험 21	건전지 2개를 병렬로 연결했더니…… 건전지 1개일 때와 같은 밝기!	208

실험 22 자세히 보면 직렬연결이어서…… 건전지 개의 2배 밝기! ········· 209
실험 23 병렬연결처럼 보이지만, 직렬연결이어서…… 건전지 1개의 2배 밝기! ········· 209
실험 24 엽서를 받치고 있던 손을 떼도…… 물이 쏟아지지 않는다! ········· 210

7장 ● 우리 몸 실험 ········· 211

실험 1 쉬워 보이는데 생각보다 어렵다! 손가락을 하나씩 접을 수 있을까? ········· 212
실험 2 할 수 있을 것 같은데 좀처럼 안 된다! 손가락 끝만 접을 수 있을까? ········· 212
실험 3 연습하면 잘할 수 있다! 손가락 사이를 따로 벌릴 수 있을까? ········· 213
실험 4 중간부터 어려워진다! 각 손가락을 빙글빙글 돌릴 수 있을까? ········· 213
실험 5 팔을 문지르면…… 움직인 쪽 팔이 줄어든다! ········· 214
실험 6 깍지를 끼고 잡아당기면…… 손가락이 움직이지 않는다! ········· 215
실험 7 가운뎃손가락을 구부리고 양손을 붙이면…… 넷째 손가락만 잘 안 떨어진다! ········· 216
실험 8 손가락의 두 번째 관절을 굽히면…… 손끝이 흐물흐물 떨린다! ········· 217
실험 9 연필 꽁무니끼리 꾹 누르면…… 두 연필이 떨어지지 않는다! ········· 218
실험 10 집게손가락을 세우고 가만히 들여다보면…… 집게손가락이 저절로 달라붙는다! ········· 218
실험 11 내 손가락과 다른 사람 손가락을 붙이고, 끝을 만지면…… 이상한 느낌이 든다! ········· 219
실험 12 손가락을 살짝 잡히기만 했는데…… 손가락을 벌릴 수 없게 된다! ········· 219
실험 13 팔을 꼬아서 깍지를 끼면…… 어느 손가락인지 알 수 없게 된다! ········· 220
실험 14 다른 사람이 발가락을 만지면…… 분명 내 발인데 어느 발가락인지 모른다! ········· 220
실험 15 눈을 감은 채로 다른 사람이 내 팔을 누르면…… 한가운데가 어디인지 알 수 없다! ········· 221
실험 16 연필로 등을 찔러도…… 몇 자루인지는 알 수 없다! ········· 221
실험 17 이마에 손가락 하나만 세웠을 뿐인데…… 그 사람은 자리에서 일어나지 못한다! ········· 222
실험 18 다른 사람이 힘주고 있는 주먹을…… 손가락 하나로 빗나가게 만들 수 있다! ········· 222
실험 19 벽에 등을 딱 붙이고 서면…… 바로 앞의 물건을 집을 수 없다! ········· 223
실험 20 벽에 몸을 딱 붙이고 서면…… 한 발로 설 수 없다! ········· 223
실험 21 팔을 꽉 잡히고 나서는…… 팔이 저절로 올라간다! ········· 224
실험 22 눈을 감고 제자리에서 여섯 바퀴 돌면…… 몸이 멋대로 돈다! ········· 224
실험 23 눈을 감고 제자리걸음을 하다 보면…… 어느새 다른 장소에 와 있다! ········· 225
실험 24 손 위로 종이를 떨어뜨리면…… 잡으려고 해도 잡을 수 없다! ········· 225
실험 25 빙빙 도는 소용돌이무늬를 보고 나서 손을 보면…… 손이 일그러져 보인다! ········· 226
실험 26 어떤 모양을 빙글빙글 회전시키면…… 다른 모양으로 보인다! ········· 228
실험 27 교차점은 흰색인데…… 빨간 점이 보였다 사라졌다 한다! ········· 230
실험 28 아무것도 없는데…… 하얀 원이 보인다! ········· 231

실험 29	아무것도 없는데…… 삼각형이 보인다!	231
실험 30	아무것도 없는데…… 사각형이 보인다!	231
실험 31	아무것도 없는데…… 별 모양이 보인다!	231
실험 32	분명 하얀색인데…… 다른 색이 보인다!	232
실험 33	같은 크기인데…… 오른쪽 원이 더 작아 보인다!	232
실험 34	같은 거리인데…… 다른 거리로 보인다!	233
실험 35	될 것 같은데…… 동전을 식탁 위에 올려놓을 수 없다!	233
실험 36	그림을 물끄러미 바라보면…… 아래에도 그림이 나타난다!	234
실험 37	수평인 선인데…… 비뚤어져 보인다!	235
실험 38	수평인 선인데…… 기울어 보인다!	235
실험 39	가지런한데…… 비뚠 것처럼 보인다!	235
실험 40	정사각형인데…… 휘어 보인다!	235
실험 41	가만히 멈춰 있는 타원인데…… 타원 안에서 빛이 움직인다!	236

8장 ● 동물 관찰 실험 237

실험 1	땅에 묻은 먹이와 눈에 보이는 개껌이 있으면 개는 땅에 묻은 먹이를 선택한다!	238
실험 2	개가 낯선 거북이를 처음 만나면…… 킁킁 냄새를 맡더니 안심한 듯 쿨쿨 잠든다!	240
실험 3	다람쥐원숭이에게 껍데기를 까지 않은 땅콩을 주면…… 혼자 껍데기를 까서 알맹이만 냠냠 먹는다!	242
실험 4	작은 구멍이 뚫린 통에 과자를 넣으면…… 다람쥐원숭이는 하나씩 꺼내 먹을 줄 안다!	244
실험 5	앞에 빛을 비추고 이리저리 움직이면…… 펭귄은 빛을 쫓아간다!	246
실험 6	마젤란펭귄 수조에 얼음을 넣으면…… 다 같이 줄행랑을 친다!	248
실험 7	해바라기씨 50개를 햄스터 앞에 두면…… 모조리 볼주머니에 집어넣는다!	250
실험 8	실내 온도가 평소보다 높아지면…… 햄스터는 땅을 판다!	252
실험 9	햄스터 앞에 굵기가 다른 파이프 3개를 두면…… 가장 가느다란 파이프로 쏙 들어간다!	254
실험 10	고구마를 어느 한 상자에 숨기면…… 돼지는 냄새로 알아차리고 그 상자를 부순다!	256
실험 11	우유가 든 젖병을 돼지에게 보여 주면…… 옆으로 내민 젖병에 든 우유만 마신다!	258
실험 12	물을 담은 그릇에 파인애플을 넣어 두면…… 개미는 흙을 날라 와 물을 메운다!	260
실험 13	고기를 매단 장난감과 소리 나는 장난감을 두면…… 올빼미는 소리가 나는 장난감 쪽으로 날아간다!	262

실험 14	벨루가에게 눈가리개를 씌워도…… 유유히 고리를 통과할 수 있다!	264
실험 15	악어 눈앞에 고기를 흔들면…… 덥석 물고 몸을 회전하며 고기를 찢어발긴다!	266
실험 16	악어 앞에 내리막길을 만들면…… 배로 미끄럼을 탄다!	268

9장 ● 발명·발견 실험 269

만화	에디슨의 발명과 발견	270
실험 1	에디슨처럼 필라멘트가 될 수 있는 재료를 실험해 보았더니…… 샤프심이 재료일 때 빛났다!	275
실험 2	에디슨처럼 실험해 보았더니…… 샤프심 전구가 완성되었다!	278

만화	갈릴레이의 발명과 발견	280
실험 3	갈릴레이처럼 진자 실험을 했더니…… 진동이 옆으로 옮겨 갔다!	295
실험 4	갈릴레이처럼 만들었더니…… 빨대로 체온계가 만들어졌다!	296
만화	게리케의 발명과 발견	298
실험 5	게리케처럼 기압 실험을 했더니…… 빈 캔이 순식간에 찌그러졌다!	303
실험 6	게리케처럼 기압 실험을 했더니…… 클리어파일이 물이 든 컵을 들어 올렸다!	305

만화	벨의 발명과 발견	306
실험 7	벨의 발명에서 아이디어를 얻어…… 샤프심 전화기를 만들었다!	311
만화	코커럴의 발명과 발견	314
실험 8	코커럴처럼 만들었더니…… 호버컵라면이 달린다!	319
만화	다빈치의 발명과 발견	322
실험 9	다빈치의 아이디어를 바탕으로…… 플라스틱 컵 헬리콥터	327

만화	프랭클린의 발명과 발견	330
실험 10	프랭클린이 연구했던 정전기를 이용해…… 수제 모터를 돌린다!	335
만화	패러데이의 발명과 발견	338
실험 11	패러데이처럼 양초로 실험하면…… 물속에서도 촛불이 꺼지지 않는다!	343
실험 12	수면 위에서 타는 촛불에 컵을 덮어씌우면…… 불이 꺼지고 물 높이가 올라간다!	344
실험 13	파이프에서 나오는 하얀 연기에…… 불이 붙었다!	345
만화	푸코의 발명과 발견	346

실험 14	푸코의 발명처럼…… 비스듬히 돌아가는 팽이	351
만화	아르키메데스의 발명과 발견	353
실험 15	같은 무게의 초콜릿인데…… 물속에서 한쪽으로 기울어진다!	358
만화	파스퇴르의 발명과 발견	360
실험 16	파스퇴르의 생각처럼 균을 막았더니…… 카레가 멀쩡했다!	368

10장 ● 자유 탐구 보고서 쓰는 법 ········ 369

한눈에 쏙쏙! 척척 이해한다! 자유 탐구 완전 정복 ········ 370

자유 탐구 보고서 작성법 예시 ① ········ 371
자유 탐구 보고서 작성법 예시 ② ········ 372
자유 탐구 보고서 작성법 예시 ③ ········ 373
자유 탐구 보고서 작성법 예시 ④ ········ 374
자유 탐구 보고서 작성법 예시 ⑤ ········ 375

부록 ● 종이를 이용하여 실험하자 ········ 376

마술 실험 1·2·3·4 견본 종이 ········ 377
마술 실험 5·6 견본 종이 ········ 379
마술 실험 7·8 견본 종이 ········ 381
마술 실험 9·11 견본 종이 ········ 383
장난감 만들기 실험 5·6 견본 종이 ········ 385
장난감 만들기 실험 9 견본 종이 ········ 387
장난감 만들기 실험 10 견본 종이 ········ 389
장난감 만들기 실험 11·12 견본 종이 ········ 391
장난감 만들기 실험 13 견본 종이 ········ 393
장난감 만들기 실험 18 견본 종이 ········ 395
우리 몸 실험 25·26 견본 종이 ········ 397

1장

주변 물건으로 척척!

생활 속 놀라운 실험

주변에서 흔히 볼 수 있는 물건을 활용해
간단하게 할 수 있는 실험을 소개합니다.

실험 1: 물에 녹는 종이에 연필로 그림을 그려서 물에 띄우면……

실험 방법

1 '물에 녹는 종이'를 여러 조각으로 자른다.

2 종이 앞뒤에 연필로 자유롭게 그리거나 쓴다.

16~17쪽에 연필이 아닌 다른 도구로 그리는 방법이 나와요.

3 접시에 물을 붓고 그림이 보이도록 종이를 물 위에 살포시 내려놓는다.

나무젓가락으로 저으면 종이가 깔끔하게 녹아요.

종이도 그림도 녹아서 사라진다!

주의 (보호자도 꼭 읽어 주세요.)
- 실험을 하고 나서 남은 종이 녹인 물은 휴지로 다 흡수시킨 뒤에 버려 주세요.
- 종이 녹인 물을 마시지 않도록 주의하세요.

생활 속 놀라운 실험

종이를 물에 띄우고 잠깐 기다리면 종이가 스르르 녹아서 사라져요. 숟가락으로 살살 휘저으면 종이도 연필로 그린 그림도 마법처럼 사라진답니다.

왜 물에 녹을까요?

보통 종이는 섬유질이라는 물질에 풀을 발라 굳혀서 만들어요. 그 덕분에 종이를 물에 넣어도 풀만 녹고, 섬유질은 흩어지지 않아요. 하지만 '물에 녹는 종이'는 특수한 화학 처리를 한 종이라서 물에 넣으면 풀과 함께 섬유질까지 모두 흐물흐물하게 풀어져요.

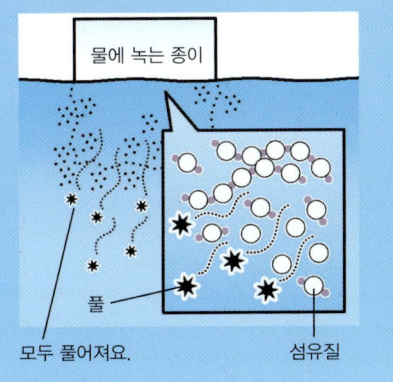

물에 녹는 종이에 색연필로 그림을 그리면······
그림이 물 위에 둥둥!

하얀 색연필로 그린 부분이 선명하게 드러나요.

휘휘 저으면 종이도 그림도 녹아서 모두 사라져요.

실험 방법

물에 녹는 종이를 잘라서 그 위에 여러 색깔의 색연필로 그림을 그리고 그림이 위로 오도록 해서 물 위에 띄운다.

종이도 그림도 녹이자!

물에 녹는 종이에 크레파스로 그림을 그리면······
그림이 물 위에 둥둥!

하얀 크레파스로 무엇을 그렸을까요?

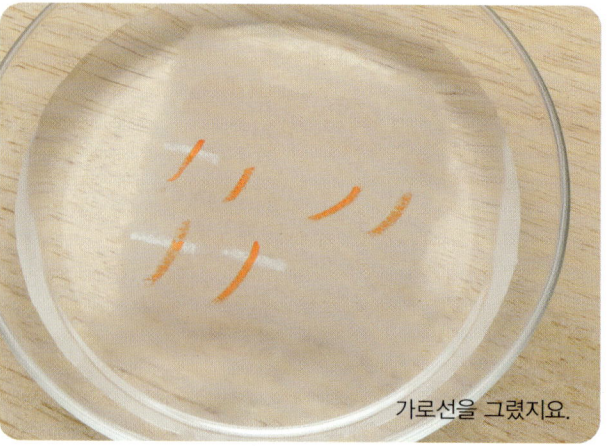

가로선을 그렸지요.

실험 방법

물에 녹는 종이를 잘라서 그 위에 여러 색깔의 크레파스로 선을 그리고 그림이 위로 오도록 해서 물 위에 띄운다.

비밀 암호를 남겨 보자!

● 주의! 실험을 마치고 나서 종이 녹인 물은 휴지로 흡수해서 버려요. 절대 마시지 마세요.

실험 4

물에 녹는 종이에 유성펜으로 그림을 그리면······

종이가 녹아도 그림이 살아 있다!

종이가 녹아도 그림은 또렷하게 살아 있어요.

그림이 물 위에서 이리저리 움직여요. 휘저어도 쉽게 사라지지 않아요.

실험 방법

물에 녹는 종이를 잘라서 그 위에 유성펜으로 그림을 그리고 그림이 위로 오도록 해서 물 위에 띄운다.

물 위에서 그림을 움직여 보자!

실험 5

물에 녹는 종이에 수성펜과 유성펜으로 그림을 그리면······

유성펜 그림만 남는다!

복슬복슬 양털이 사라지고 벌거숭이 양이 되어 버렸어요. 수성펜으로 그린 그림이 사라지고, 유성펜으로 그린 그림만 남았어요.

실험 방법

물에 녹는 종이를 원하는 크기로 자른다. 지우고 싶은 그림은 수성펜으로, 남기고 싶은 그림은 유성펜으로 그린다. 그림이 보이도록 물 위에 띄운다.

그림의 변신을 즐겨 보자!

● 주의! 실험을 마치고 나서 종이 녹인 물은 휴지로 흡수해서 버려요. 절대 마시지 마세요.

실험 6 · 날달걀을 홍차에 넣으면……
껍데기가 갈색으로 물든다!

달걀에 쓱쓱 그림을 그리고

뜨거운 홍차에 담가 두면

달걀 껍데기가 갈색으로 물들면서 숨어 있던 그림이 나타나요.

실험 방법

1. 날달걀에 하얀 크레파스로 그림을 그린다.
2. 뜨겁고 진한 홍차에 1시간을 담가 둔다.

❓ 왜 껍데기가 갈색으로 물들까요?

달걀 껍데기에는 수없이 많은 작은 구멍이 송송 뚫려 있어요. 홍차의 색 입자가 그 구멍에 들어가 물이 들지요. 그런데 크레파스로 그린 부분은 구멍이 막혀서 물들지 않아요.

달걀 껍데기를 현미경으로 본 사진

●주의! 실험에 사용한 홍차는 마시지 마세요.

실험 7

날달걀을 식초에 넣으면……
벌거숭이 달걀이 된다!

날달걀을 식초에 넣으면 껍데기에 보글보글 거품이 생기며 달걀이 떴다 가라앉았다 해요. 그대로 이틀이 지나면 달걀 껍데기가 녹아 사라지고 탱글탱글한 알맹이만 남은 벌거숭이 달걀이 된답니다.

실험 방법

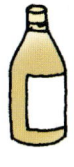

1 날달걀을 식초에 이틀간 담가 둔다.

2 꺼내서 물로 살짝 헹군다.

왜 거품이 생길까요?

식초에 담그면 달걀 껍데기의 '탄산칼슘' 성분이 녹으면서 이산화탄소를 퐁퐁 내뿜어요. 그래서 거품이 생겨요. 하지만 달걀 껍데기 안에 있는 얇은 속껍질은 식초에 녹지 않아요.

달걀 껍데기처럼 탄산칼슘 성분인 조개껍데기도 식초에 녹아요.

● 주의! 실험에 사용한 식초를 마시거나 껍데기가 녹은 달걀을 먹으면 안 돼요.

실험 8

페트병에 미지근한 물과 연기를 넣고 꾹 눌렀더니……

안이 투명해졌다!

미지근한 물을 담고

연기를 넣어요.

뚜껑을 닫으면 안쪽이 살짝 부옇게 변하지만

손으로 꾹 누르면 투명해져요!

실험 방법

1 페트병에 미지근한 물을 조금씩 따른다.

2 향을 피워 페트병 안에 연기를 넣는다.

3 뚜껑을 닫고 손으로 꾹 눌러서 찌그러뜨리면 안이 투명해진다.

4 손의 힘을 빼면 다시 부옇게 흐려진다. 힘을 줬다 뺐다를 반복해 본다.

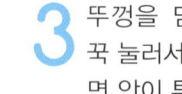
꼭 어른에게 부탁하세요.

●주의! 실험에 사용한 물은 마시지 마세요. 연기는 밖에 나가서 빼내세요.

꾹 누르고 있던 손의 힘을 빼면……
부옇게 흐려진다!

생활 속 놀라운 실험

꾹 누르고 있던 손의 힘을 살짝 빼면 부옇게 흐려져요. 연기를 처음 넣었을 때보다 훨씬 더 부옇게 변해요. 하늘에 떠 있는 구름과 같은 원리예요.

페트병 속에 구름이 생겼다!

구름은 물과 얼음 조각으로 이루어졌어요

공기 속에는 작은 물방울들이 동동 떠 있어요. 차가워진 공기 속에서 물과 얼음 조각이 모여 생긴 덩어리가 구름이에요.
페트병에 따뜻한 물을 넣으면 공기 속 물방울이 늘어나고, 연기를 넣으면 연기 입자(먼지)를 중심으로 물방울이 모여들어 구름이 생기기 좋은 환경이 되어요.

구름
물과 얼음 조각이 만난다.
공기 속 물방울

❓ 왜 부옇게 될까요?

페트병을 누르면 안의 공기가 함께 찌그러지면서 온도가 올라가고, 힘을 빼면 안의 공기가 부풀면서 온도가 다시 내려가요. 차가워진 공기 속에 물방울이 모이면서 구름처럼 부옇게 되지요.

실험 9 | 밀가루만 있으면……

실험 방법

1 밀가루를 고운체에 담아 플라스틱 용기 안에서 살살 흔든다.

젖어도 상관없는 플라스틱 용기
밀가루 높이는 약 1cm

2 밀가루를 담은 용기에 빗방울을 담는다.

너무 많이 담으면 방울들끼리 들러붙어 밀가루가 잘 뭉치지 않아요.

3 용기를 살살 흔들어 밀가루를 섞고 잘 말린다.

4 다시 고운체로 거르면 체 위에 알갱이가 남는다.

잘 말려요.

● 밀가루를 쏟아도 괜찮은 장소에서 실험해요.

빗방울 크기를 알 수 있다!

플라스틱 용기에 밀가루와 빗방울을 담고, 골고루 섞은 다음에 잘 말려요.
말린 밀가루를 고운체에 담아 살살 흔들면 빗방울 크기와 똑같은 알갱이가 체 위에 남아요.

생활 속 놀라운 실험

❓ 어떻게 크기를 알 수 있을까요?

빗방울이 밀가루 위에 떨어지면 빗방울 주위에 있던 밀가루가 빗방울 안으로 들어가서 빗방울과 똑같은 크기로 뭉쳐지기 때문이에요.

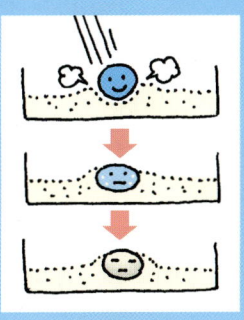

❗ 비에 따라 모양과 크기가 달라져요

비는 보통 지름 1mm 크기의 공 모양이에요. 그런데 소나기는 지름 3~4mm 크기의 공 모양이고, 폭우는 지름 5mm 크기의 납작한 빵 모양이에요. 빗방울이 클수록 떨어질 때 공기의 저항이 커져서 동그란 모양에서 납작한 모양으로 변해요.

 보통 비  세차게 내리는 비   퍼붓는 비

실험 10: 고무줄에 눈금을 그려 쭉 잡아당겼더니······

롤케이크를 온 가족이 공평하게 나누어 먹으려면 똑같은 크기로 잘라야 해요. 일곱 조각으로 자르고 싶은데 생각처럼 쉽지 않아요.

고무줄에 1cm씩 눈금을 그려서 롤케이크 길이로 쭉 잡아당겼더니······

실험 방법

1 고무줄에 1cm씩 0부터 10까지 눈금을 그려 넣는다.

2 자르고 싶은 물건의 한쪽 끝에 고무줄의 0 눈금을 맞춘다.

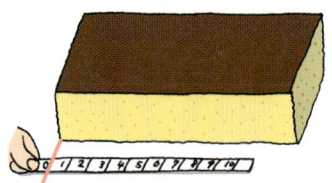

3 일곱 조각으로 자르고 싶다면 눈금의 7까지 고무줄을 쭉 잡아당긴다. 각 눈금이 같은 길이로 늘어난다.

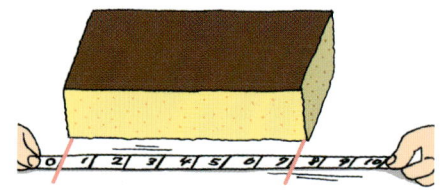

눈금이 같은 길이로 늘어났다!

눈금들이 같은 길이로 늘어나 롤케이크를 똑같은 일곱 조각으로 잘랐어요. 고무줄만 있으면 싸우지 않고 사이좋게 나누어 먹을 수 있지요.

❓ 왜 같은 길이로 늘어날까요?

고무줄 안에는 용수철처럼 움직이는 작은 고무 성분이 옹기종기 모여 있어요. 고무줄을 쭉 잡아당기면 고무줄 안에 있던 고무 성분들이 모두 같은 길이로 늘어나요.

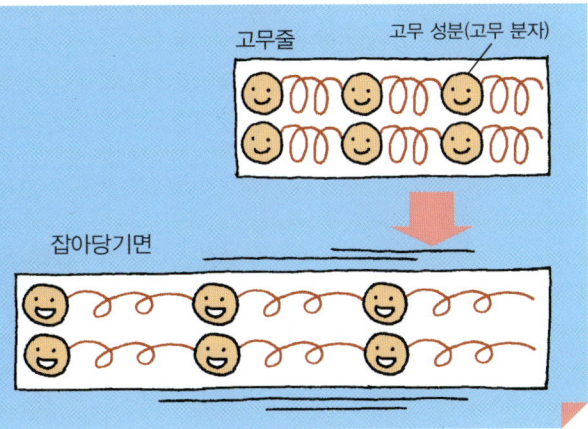

실험 11 — 잉크 푼 물을 천천히 얼리면……
한가운데로 고운 색깔이 모인다!

파란색 잉크를 푼 물을 플라스틱 컵에 부은 다음, 컵을 에어캡(뽁뽁이)으로 감싸서 냉동실에 넣고 천천히 얼려요. 고운 파란색이 한가운데로 모인 예쁜 모양의 얼음이 만들어진답니다. 가운데 파란 부분은 얼지 않고, 주위의 물만 얼었어요.

실험 방법

1 일회용 플라스틱 컵에 물을 담고 파란색 잉크를 푼다.

파란색 잉크가 가장 잘 풀려요.

2 컵 위쪽에 랩을 씌우고 에어캡으로 감싼 뒤, 냉동실에 넣어 얼린다.

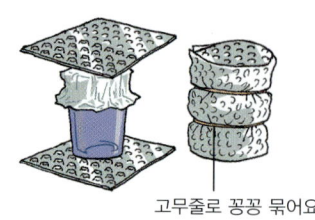
고무줄로 꽁꽁 묶어요.

❓ 왜 잉크가 가운데로 몰릴까요?

에어캡을 두르면 에어캡이 냉동실의 냉기를 막아 컵의 내용물이 천천히 얼어요. 그러는 동안 불순물(파란색 잉크)은 가운데로 모이고 바깥쪽에서부터 얼기 시작해요.

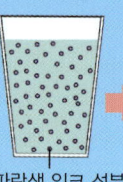
파란색 잉크 성분

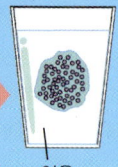
얼음

● 주의! 실험에 사용한 물은 마시지 마세요.

실험 12

물과 기름을 섞고 얼음을 넣으면……
물과 기름 사이에 뜬다!

생활 속 놀라운 실험

컵에 물과 기름을 부으면 아래쪽은 물, 위쪽은 기름으로 나뉘며 2개의 층이 생겨요. 그 상태에서 얼음을 컵에 넣으면 얼음이 물과 얼음 사이에 둥둥 뜬답니다.

실험 방법

1 물을 담은 컵에 식용유를 넣는다. 2개의 층으로 나뉜다.

2 얼음을 조심스럽게 넣는다.

❓ 왜 물과 기름 사이에 뜰까요?

부피가 같을 경우 무거운 순서대로 나열하면 물, 얼음, 기름이에요. 얼음은 물보다 가볍고, 기름보다 무겁기 때문에 물에 뜨고 기름에 가라앉는답니다.

● 얼음 속에 공기 방울이 있으면 얼음이 기름 가운데에 뜰 수도 있어요.

실험 13 | 진한 소금물에 모루를 담가 두면……
소금 결정이 만들어진다!

소금이 더는 녹지 않을 정도로 진한 소금물을 만들어요. 진한 소금물에 반짝이 모루를 담그고 하루 동안 그대로 두면 반짝이 모루에 소금 결정이 엉겨 붙은 모습을 볼 수 있어요.

실험 방법

1 반짝이 모루로 좋아하는 모양을 만들어서 나무젓가락에 실로 매단다.

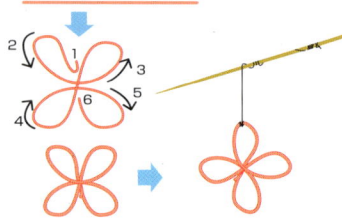

2 냄비에 물 1L와 소금 400g 이상을 넣는다. 부글부글 끓여서 소금을 잘 녹인다.

3 튼튼한 유리컵에 뜨거운 소금물을 붓는다. 수건을 둘둘 감아서 천천히 식힌다.

4 모루로 만든 꽃을 뜨거운 소금물 안에 담그고 하루 동안 기다린다.

●주의! 꼭 어른과 함께 실험해요. 불을 사용할 때는 조심, 또 조심해 주세요.

실험 14
물과 소금물에 잉크를 똑똑 떨어뜨리면……
떨어지는 모양이 각각 다르다!

물과 소금물에 각각 잉크를 똑똑 떨어뜨려 보세요. 물에 잉크를 떨어뜨리면 바로 바닥까지 가라앉지만, 소금물에 떨어뜨리면 잉크 방울이 동글게 맺히면서 나뭇가지 모양으로 천천히 떨어져 내린답니다.

물

소금물

실험 방법

빨대나 스포이트를 사용해 물과 다양한 농도의 소금물에 잉크를 똑똑 떨어뜨려 본다.

왜 다른 모양으로 떨어질까요?

잉크는 물보다 무거워서 물에 잉크를 떨어뜨리면 무거운 잉크가 쑤욱 하고 바닥으로 가라앉아요. 그런데 소금물은 물에 소금이 추가된 것이죠. 옅은 소금물에 잉크를 떨어뜨리면 잉크가 천천히 떨어지고, 진한 소금물에 잉크를 떨어뜨리면 잉크가 바닥까지 떨어지는 데 시간이 꽤 걸려요.

진한 소금물

실험 15 : 소다를 식초에 넣으면……
부글부글 거품이 일어난다!

소다를 식초에 넣자마자 부글부글 거품이 일어나며 컵 밖으로 넘쳐 흘러요.

실험 방법

1. 컵에 물을 반쯤 채우고 식초를 붓는다.

물에 젖어도 괜찮은 곳에서 실험하세요.

2. 소다 한 숟가락을 식초 탄 물에 넣는다.

❓ 왜 부글부글 거품이 일어날까요?

소다(탄산 나트륨)는 알칼리성이고 식초는 산성이라, 소다와 식초가 만나면 이산화탄소 등의 가스가 발생해요. 컵 밖으로 흘러넘친 거품이 바로 이산화탄소랍니다.

실험 16

소다를 넣은 뜨거운 물에 귤을 데치면……
하얀 속껍질이 쏙 벗겨진다!

생활 속 놀라운 실험

소다를 넣어 팔팔 끓인 물에 껍질을 벗긴 귤을 넣어요.

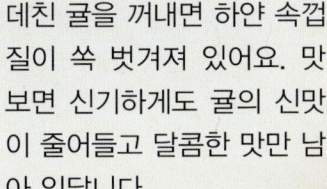
데친 귤을 꺼내면 하얀 속껍질이 쏙 벗겨져 있어요. 맛보면 신기하게도 귤의 신맛이 줄어들고 달콤한 맛만 남아 있답니다.

물이 노르스름한 색으로 변해요.

🧪 실험 방법

1 냄비에 물 500mL와 소다를 작은 숟가락으로 한 번 넣고 팔팔 끓인 뒤, 껍질을 벗긴 귤을 넣는다.

2 물이 노르스름해지면 벗겨진 속껍질이 걸러지도록 고운 망이 달린 국자로 휘휘 저으며 귤을 건져 낸다.

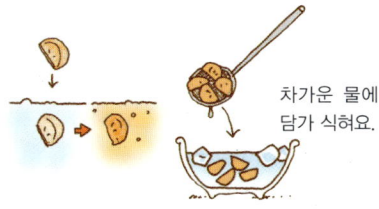
차가운 물에 담가 식혀요.

❓ 왜 속껍질이 벗겨질까요?

소다 같은 알칼리성 물질은 식물의 섬유질을 녹여요. 그래서 속껍질이 떨어지고 알맹이만 남지요. 귤의 새콤한 맛이 줄어든 이유는 산성인 귤이 알칼리성인 소다 속에서 중성으로 변했기 때문이에요.

●주의! 꼭 어른과 함께 실험해요. 속껍질을 벗긴 귤을 진한 설탕물에 담갔다 먹으면 귤 통조림 맛이 나요.

실험 17

위와 아래를 자른 양파를 물에 담그면……
아랫부분에서 싹이 난다!

양파를 반으로 잘라 윗부분과 아랫부분을 각각 물에 담가 주세요. 며칠 지나면 아랫부분에서만 싹이 올라온답니다. 윗부분은 아무것도 나지 않고 썩어 문드러져요.

🧪 실험 방법

평평한 그릇에 키친 타월을 깔고 그 위에 자른 양파를 올린 다음 물을 붓는다. 매일 새 물로 갈아 준다.

잘 키우면 이렇게 쑥쑥 자라나요.

❓ 왜 아랫부분에서만 싹이 날까요?

양파 등 여러 채소에서 우리가 먹을 수 있는 부분에는 영양분이 듬뿍 들어 있어요. 양파의 아랫부분에는 싹과 뿌리가 있는데, 양파를 물에 담그면 이 싹과 뿌리가 영양분을 사용하여 쑥쑥 자라난답니다.

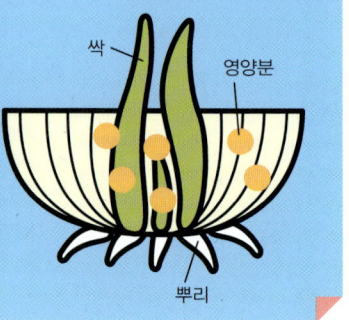

실험 18 — 다양한 채소 자투리를 물에 담그면……
어느 한 부분에서 싹이 난다!

생활 속 놀라운 실험

토란
둥그스름한 윗부분에서 싹이 나요.

당근
둥그스름한 윗부분에서 싹이 나요.

무
둥그스름한 윗부분에서 싹이 나요.

양배추
딱딱한 심(줄기)에서 싹이 나요.

우엉
뿌리 위에서 싹이 나요.

● 싹이 날 때까지 일주일은 기다려야 해요. 계절이나 환경에 따라 싹이 나지 않을 수도 있으니 너무 실망하지 마세요.

실험 19

주스가 든 페트병을 거꾸로 뒤집으면……
주스가 나오다가 멈춘다!

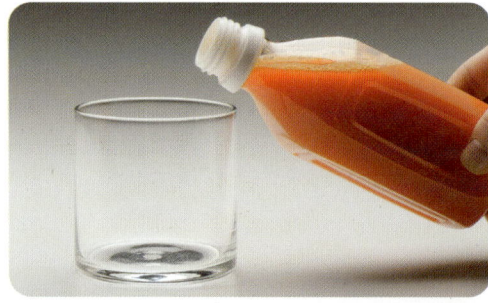

페트병을 컵 위에서 거꾸로 뒤집으면 주스가 졸졸 쏟아져 나오기 시작해요. 그런데 주스가 페트병 입구까지 차면 그대로 멈춘답니다.

실험 방법

1 주스가 담긴 페트병 뚜껑을 열고 컵을 뒤집어서 입구에 씌운다.

2 그대로 뒤집어 페트병을 바닥에 오게 한 다음, 페트병을 들어 올린다.

 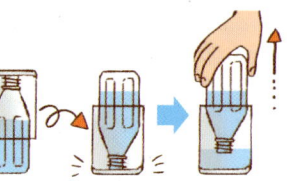

❓ 왜 입구에서 멈출까요?

주스가 흘러나오면 그 빈 자리에 페트병 아래에서부터 안으로 공기가 들어가요. 그런데 주스가 입구까지 오면 입구가 막혀 더 이상 공기가 안으로 들어가지 못하고, 주스도 흘러나오지 않아 그대로 멈춘답니다.

 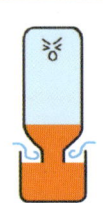

● 젖어도 상관없는 곳에서 실험해요.

실험 20

구멍 뚫린 페트병 뚜껑을 닫으면……
물이 새어 나오다가 멈춘다!

물이 눈에 잘 보이도록 물에 물감을 풀어요.

뚜껑을 닫으면 뚫린 구멍에서 졸졸 새어 나오던 물이 뚝 그쳐요. 뚜껑을 열면 다시 물이 졸졸 흘러나오고요.

실험 방법

1. 송곳으로 페트병에 구멍을 뽕 뚫는다.
2. 구멍을 뚫은 페트병에 물을 채운다. 뚜껑을 닫았다 열었다 해 본다.

왜 새던 물이 멈출까요?

뚜껑을 열면 위에서 공기가 물을 밀고 들어와서 구멍으로 물이 졸졸 새어 나와요. 그런데 뚜껑을 닫으면 공기가 위에서 들어오지 못하고 구멍으로 밀고 들어와 물이 나오려는걸 막지요.

공기야, 들어와 줘.

뚜껑이 닫혀 있어서 못 들어가.

● 페트병에 구멍을 뚫는 작업은 꼭 어른에게 부탁하세요. 물이 흘러도 상관없는 곳에서 실험해요.

실험 21 | 쿠킹 포일로 유리구슬을 싸서 종이컵에 담아 흔들면……

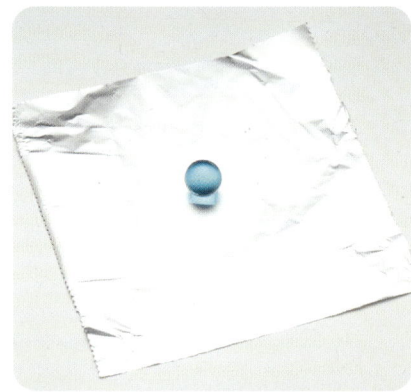

유리구슬 하나를 쿠킹 포일로 잘 싸서 종이컵에 담아요. 종이컵 하나를 더 준비해서 위에 거꾸로 포개고 30초가량 흔들면 어떻게 될까요?

실험 방법

1 쿠킹 포일을 한 변이 약 15cm인 정사각형으로 자른다. 유리구슬을 그 위에 놓고 포일을 접는다.

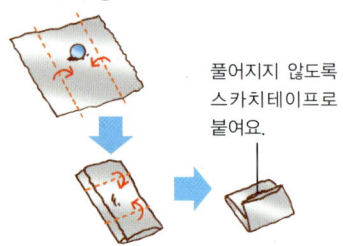

풀어지지 않도록 스카치테이프로 붙여요.

2 종이컵에 포일로 싼 구슬을 넣고 종이컵 하나를 더 준비해서 위에 거꾸로 포갠다. 스카치테이프로 고정시킨다.

스카치테이프

3 30초가량 흔든 뒤에 열어 본다.

유리구슬과 쿠킹 포일의 크기를 바꾸면 어떻게 될까요?

달걀 모양의 은색 공이 만들어진다!

종이컵을 열어 보면 동그란 유리구슬을 싸고 있던 쿠킹 포일이 달걀처럼 동그랗고 길쭉한 모양으로 변신해 있답니다.

안이 비어 있어요!

❓ 왜 모양이 변할까요?

종이컵을 흔들어도 안에 있는 유리구슬은 종이컵의 흔들림에 맞추어 움직이지 않아요. 유리구슬이 안쪽에서 여러 방향으로 이리저리 부딪치는 동안에 쿠킹 포일이 달걀 모양으로 변한답니다.

실험 22 은색 공을 쟁반 위에 올리면……
신기하게 움직인다!

쟁반 위에 실험하여 만든 은색 공을 올리면 덩실덩실 춤을 추기 시작해요.

생활 속 놀라운 실험

실험 23 | 손으로 식빵을 만지고 나서 일주일쯤 그대로 내버려 두면……

손으로 만진 식빵을 밀폐 용기 안에 담아 그냥 두어요.

실험 방법

식빵을 손으로 조물락조물락 만진다. 밀폐 용기에 식빵을 담아 일주일 동안 그냥 둔다.

❓ 왜 손으로 만진 부분에만 곰팡이가 자랄까요?

곰팡이는 아주 작은 생물이에요. 식물의 씨앗과 같은 역할을 하는 포자를 날려서 번식을 하는데, 손에 묻어 있던 곰팡이 포자가 빵으로 옮겨 가서 식빵의 영양분을 먹고 쑥쑥 자라난 거예요.

● 곰팡이가 핀 식빵을 먹지 마세요.

손 모양 곰팡이가 자란다!

일주일 뒤에 밀폐 용기 뚜껑을 열어 보면 손으로 만진 부분에만 곰팡이가 슬어 있어요.

그대로 더 두면 곰팡이가 잔뜩 늘어나요.

❓ 곰팡이는 어떤 곳을 좋아할까요?

곰팡이 포자는 엄청 작아서 눈에 보이지는 않지만, 여기저기를 떠돌아다녀요. 곰팡이는 기온이 25~30℃인 축축하고 영양분이 많은 곳을 좋아해요. 그래서 음식물이나 욕실 타일에서도 자랄 수 있어요. 하지만 곰팡이는 건조하거나 추운 곳은 질색하지요. 곰팡이가 생기려면 공기도 꼭 필요하답니다.

빵의 곰팡이를 전자 현미경으로 찍은 사진 ➡

● 곰팡이가 생길 때까지 며칠이 더 걸릴 수도 있어요. 온도와 습도 등 조건에 따라 자라는 곰팡이의 종류가 달라지기도 해요.

실험 24 — 신문지를 접어서 손에 올리면……

손바닥 위에서 그대로 서 있다!

팔랑팔랑 신문지를 접어서 올리면 신문지가 손바닥 위에 우뚝 선답니다.

실험 방법

1 반으로 두 번 접은 신문지를 그림처럼 대각선으로 접는다.

2 접은 부분에서 3cm 위 지점을 그림처럼 바깥쪽으로 접는다. 반대쪽도 똑같이 접는다.

3 접은 부분을 살짝 벌리고 모서리를 손바닥 위에 올려 균형을 잡아 본다.

왜 설까요?

신문지를 접으면 종이와 종이가 서로 버팀목 역할을 해서 튼튼해져요. 접지 않은 신문지와 비교해 보세요.

| 실험 25 | 망원경 옆에 손을 대고 앞을 보면……

손바닥에 구멍이 뚫렸다!?

생활 속 놀라운 실험

신문지를 돌돌 말아 만든 망원경을 한쪽 눈에 대고 다른 쪽 눈 앞에 거리를 두고 손바닥을 세워요. 그 상태에서 양쪽 눈으로 앞을 보면 손바닥에 구멍이 뚫린 것처럼 보인답니다.

실험 방법

1. 반으로 여러 번 접은 신문지를 돌돌 말아서 스카치테이프로 고정한다.

2. 신문지 망원경을 한쪽 눈에 대고, 반대쪽 손을 들어서 망원경 옆에 세워요. 양쪽 눈을 뜨고 그대로 앞을 보아요.

망원경 지름은 4cm 정도가 적당해요.

신문지 망원경을 얼굴에 바짝 붙여요.

왜 이렇게 보일까요?

한쪽 눈은 신문지 망원경의 구멍을, 다른 한쪽 눈은 손바닥을 보고 있지요. 좌우 눈으로 보는 서로 다른 장면을 우리 뇌가 하나의 장면으로 합쳐서 보여 주기 때문에 구멍이 뚫린 것처럼 보인답니다.

실험 26

식용유를 컵에 부으면, 유리 막대가……
식용유에서는 보이지 않는다!

내열 강화 유리로 만든 막대를 컵에 넣고 식용유를 부으면 짜잔, 놀라지 마세요! 유리 막대가 스르르 사라진답니다.

실험 방법

커다란 그릇에 내열 강화 유리 막대와 계량컵을 넣고 식용유를 담는다.

계량컵 안에도 식용유를 넣어 보세요. 컵은 안 보이고 눈금만 보인답니다.

❓ 왜 식용유에서는 보이지 않을까요?

식용유와 내열 강화 유리는 빛의 진행 방향이 같아서 식용유 안의 유리 막대가 보이지 않게 된답니다.

●실험할 때 사용하는 식용유는 조금만 사용해 주세요. 여러분에게 잘 보이도록 사진에서는 일부러 넉넉한 양을 사용했어요.

실험 27

물을 컵에 부으면, 유리 막대는……
물에서만 보인다!

식용유와 유리 막대가 들어 있는 컵에 그대로 물을 부어요. 물이 점점 아래로 가라앉으며 물과 기름이 서로 다른 2개의 층으로 분리되어요. 물이 있는 아랫부분에서만 유리 막대의 모습이 스르르 나타나지요.

실험 방법

컵에 내열 강화 유리 막대와 식용유를 넣고, 그 위에 물을 붓는다.

❓ 왜 식용유와 물이 분리될까요?

식용유와 물은 서로 섞이지 않는 물질이기 때문이에요. 물이 식용유보다 무거워서 식용유 아래로 가라앉아요.

❓ 왜 물에서만 유리 막대가 보일까요?

물과 내열 강화 유리는 빛의 진행 방향이 달라서 물이 있는 부분에서는 유리 막대가 보인답니다.

실험 28

카레 가루로 물들인 천에 비누를 문지르면……

빨갛게 변한다!

카레 가루를 갠 물에 천을 담그면 노랗게 물들어요. 노랗게 물든 천에 비누로 그림을 그리면 비누가 닿은 부분만 빨갛게 변한답니다.

실험 방법

1 끓인 물 400mL에 카레 가루 두 숟가락을 푼다. 하얀 면으로 된 천 조각을 카레 푼 물에 10분 정도 푹 담가 둔다.

2 흐르는 물에 천을 살짝 헹궈서 꼭 짠다. 접시 위에 펼쳐 두고 비누로 그림을 그린다.

뜨거운 물에 담갔던 천을 꺼낼 때 조심하세요.

왜 빨갛게 변할까요?

카레 가루에 들어 있는 강황 색소가 알칼리성을 만나면 붉게 변하기 때문이에요. 그래서 알칼리성인 비누로 문지른 부분만 붉게 변한답니다.

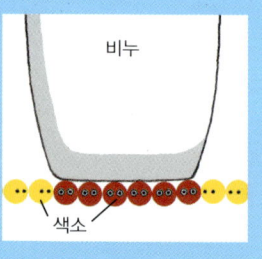

● 꼭 어른과 함께 실험해요. 한번 노랗게 물든 천은 색이 빠지지 않아요.

실험 29 | 붉게 물든 부분에 레몬즙을 뿌리면……
빨간색이 사라진다!

생활 속 놀라운 실험

비누로 문질러 빨갛게 변한 부분에 레몬즙을 뿌리면 레몬즙이 닿은 부분만 붉은색이 스르르 사라져요.

실험 방법

1 앞 실험과 같은 방법으로 노랗게 물들인 천에 비누로 그림을 그린다.

2 그 위에 레몬즙을 뿌린다.

산성 물질이 닿으면 어떻게 될까요?

왜 붉은색이 사라질까요?

강황 색소는 산성과 중성에서는 노란색을 띠어요. 알칼리성인 붉은 부분에 산성인 레몬즙을 뿌리면 알칼리성이 사라지며 다시 노란색이 되어요.

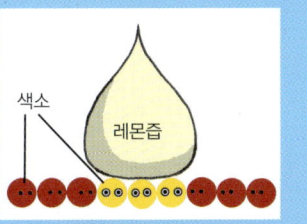

실험 30

쓱쓱 문지른 스티로폼 용기를 가까이 가져가면……
연필이 따라 움직인다!

스티로폼 용기를 스타킹으로 쓱쓱 문지른 다음에 연필 가까이 가져가요. 연필이 스티로폼 용기를 따라 스르르 움직이며 빙빙 돌기 시작해요.

실험 방법

1 스티로폼 용기를 스타킹으로 쓱쓱 문지른다.

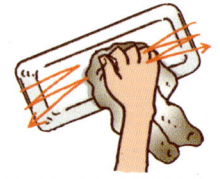

먼저 스티로폼 용기를 잘 닦아서 물기를 없애 주세요.

2 양념통처럼 둥근 뚜껑이 달린 물건 위에 연필을 올려놓고, 스티로폼 용기를 연필 가까이 가져간다.

왜 연필이 따라 움직일까요?

스티로폼을 스타킹으로 문지르면 정전기가 생겨요. 연필의 나무 부분은 양(+) 전하를 띠고 있어서 스티로폼 용기의 음(−) 전하에 이끌려 따라 움직이는 거예요.

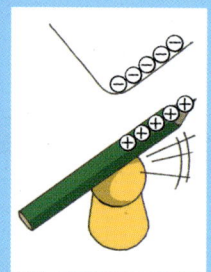

● 습도가 높은 계절에는 정전기가 잘 생기지 않아요. 건조한 겨울에 실험하는 게 좋아요.

실험 31
쓱쓱 문지른 스티로폼 용기를 가까이 가져가면……
물줄기가 따라온다!

생활 속 놀라운 실험

스타킹으로 문지른 스티로폼 용기를 흐르는 수돗물 가까이 가져가면 어떻게 될까요? 물줄기가 스티로폼 용기를 따라 구부러져요.

실험 방법

1 스티로폼 용기를 스타킹으로 쓱쓱 문지른다.

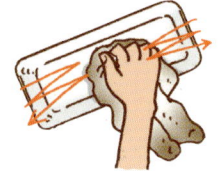

먼저 스티로폼 용기에 묻은 물기를 깨끗이 닦아 주세요.

2 수도를 약하게 틀어 놓고, 스티로폼 용기를 수돗물 가까이 댄다.

❓ 왜 물줄기가 따라올까요?

스티로폼 용기를 스타킹으로 문지르면 스티로폼 용기에 전기가 모여요. 전기가 모인 스티로폼 용기를 물 가까이 가져가면 물이 양(+) 전하를 띠며 따라와요.

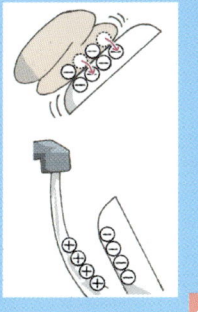

● 습도가 높은 계절에는 정전기가 잘 생기지 않아요. 건조한 겨울에 실험하는 게 좋아요.

실험 32 빨간약을 물에 희석해서 밥에 뿌리면……
보라색으로 변한다!

흔히 '빨간약'이라 부르는 요오드액(포비돈 아이오딘)을 물에 희석해서 밥에 뿌리면 밥도 빨간 요오드액도 보라색으로 변해요.

실험 방법

1. 물 100mL에 요오드액 열 방울을 넣는다.

2. 희석한 용액을 밥에 뿌린다.

요오드액을 뿌린 밥은 먹을 수 없어요.

왜 보라색으로 변할까요?

소독약으로 쓰이는 빨간약에는 요오드 성분이 들어 있고, 밥에는 전분이 들어 있기 때문이에요. 요오드는 전분과 만나면 보라색으로 변해요. 음식에 요오드액을 뿌리니 보라색으로 변했다면 그 음식에 전분이 들어 있다는 뜻이랍니다.

●꼭 어른과 함께 실험해요.

실험 33 보라색으로 변한 밥에 무즙을 뿌리면……
다시 하얗게 변한다!

생활 속 놀라운 실험

보라색으로 변한 밥에 강판에 간 무를 섞으면 요오드액으로 생긴 보라색이 사라지고 다시 하얗게 변해요.

🧪 실험 방법

1 앞 실험과 마찬가지로 요오드액을 물에 희석해 밥에 살짝 뿌린다.

2 무를 갈아 보라색으로 변한 밥에 듬뿍 넣고 섞는다.

다시 하얗게 되어도 이 밥은 먹을 수 없어요.

❓ 왜 다시 하얗게 변할까요?

무에는 소화 효소가 들어 있어요. 소화 효소는 전분을 분해해 당으로 바꾸는 역할을 해요. 무를 밥에 섞으면 밥 속에 있던 전분이 당으로 바뀌면서, 전분과 요오드가 만나 생긴 보라색이 사라진 답니다.

● 꼭 어른과 함께 실험해요.

49

실험 34

빨간약을 희석한 물에 레몬즙을 섞으면……

투명해진다!

물에 희석한 요오드액에 레몬즙을 넣으면 아래쪽이 투명해져요. 골고루 휘저으면 전체가 투명해지지요.

실험 방법

1 물 100mL에 요오드액 열 방울을 넣고, 컵에 약간 덜어 낸다.

2 레몬즙을 한 숟가락 가득 떠서 컵에 넣고 잘 섞는다

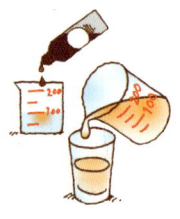

물로 착각해서 마시지 않도록 주의하세요.

왜 투명해질까요?

레몬즙에 들어 있는 비타민C 성분이 요오드의 색을 지우는 역할을 했어요. 요오드액을 사용하면 음식에 비타민C가 들어 있는지 알아볼 수 있어요.

● 꼭 어른과 함께 실험해요.

| 실험 35 | 빨간약을 희석한 물에 식초를 섞으면······
색이 변하지 않는다!

물에 희석한 요오드액에 식초를 섞어도 색은 거의 변하지 않는 답니다.

실험 방법

1 앞 실험과 마찬가지로 요오드액을 물에 희석해 컵에 조금 던다.

2 식초를 한 숟가락 가득 떠서 컵에 넣고 섞는다.

실수로 마시지 않도록 주의하세요.

왜 색이 변하지 않을까요?

식초는 레몬즙처럼 새콤한 맛이 나지만 비타민C가 들어 있지 않아요. 요오드는 비타민C에 반응해 투명해져요. 비타민C가 들어 있지 않은 식초에서는 색이 변하지 않는답니다.

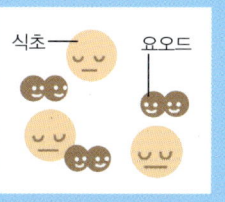

● 꼭 어른과 함께 실험해요.

실험 36

가지와 당근을 물에 넣으면……

가지만 둥둥 뜬다!

가지와 당근을 잘라서 물에 넣으면 가지는 둥둥 뜨고 당근은 꼬르륵 바닥에 가라앉아요.

실험 방법

다양한 채소를 물에 넣어 물에 뜨는지 가라앉는지 관찰한다. 땅속에서 자라는 뿌리나 땅속줄기를 먹는 뿌리채소는 대체로 무거워서 물에 잘 가라앉는다.

감자   당근   오이   가지

왜 가지는 물에 뜰까요?

같은 부피의 물과 가지를 비교하면 가지보다 물이 무겁기 때문이에요. 가벼운 가지가 물에 둥둥 뜨는 것이죠. 마찬가지로 같은 부피의 물과 당근을 비교하면 물보다 당근이 무거워서 당근은 물에 퐁당 가라앉아요.

| 실험 37 | 설탕을 녹인 물에 넣으면……
당근도 둥둥 뜬다!

생활 속 놀라운 실험

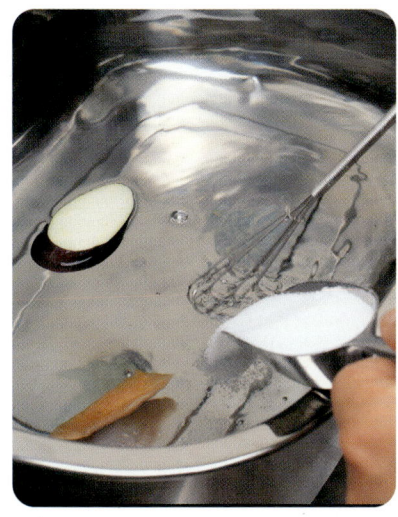

물에 설탕을 듬뿍 넣고 녹이면 바닥에 가라앉아 있던 당근이 둥실둥실 떠오른답니다.

설탕물

실험 방법

다양한 채소를 설탕물에 넣어 뜨는지 가라앉는지 관찰한다. 설탕을 더 많이 넣으면 가라앉아 있던 채소도 둥실둥실 떠오른다. 설탕의 양을 바꾸어 가며 여러 번 실험해 본다.

왜 당근이 설탕물에서 뜰까요?

설탕물은 물보다 무거워요. 당근은 그냥 물보다는 무겁지만, 설탕이 많이 들어간 설탕물보다 가벼워요. 그래서 설탕물에서는 둥실둥실 떠오른답니다.

실험 38 | 식용유를 더한 설탕물에 채소를 넣으면……
가지만 둥둥 뜬다!

식용유

설탕물

설탕물에 식용유를 넣으면 설탕물이 아래, 식용유가 위로 가면서 2개의 층으로 나뉘어요. 당근은 설탕물에서는 뜨지만, 식용유에서는 가라앉아요. 그래서 설탕물과 식용유 사이에 놓여요. 하지만 가지는 식용유에서도 잘 뜬답니다.

실험 방법

식용유는 물보다 가볍다. 그래서 물에 뜨는 채소 중에서도 식용유에서는 가라앉는 게 있다. 다양한 채소로 실험하고 관찰해 본다. 식용유가 조금만 있어도 실험할 수 있다.

감자　당근　오이　가지

❓ 왜 가지는 식용유에서도 뜰까요?

식용유는 설탕물보다 가벼워요. 그래서 식용유와 설탕물은 섞이지 않고 2개의 서로 다른 층으로 분리되지요. 그런데 가지는 식용유보다 더 가벼워서 식용유에서도 둥둥 떠오른답니다.

● 가지를 오랫동안 식용유에 담가 두면 가지가 기름기를 흡수해서 가라앉아요.

실험 39

설탕물과 물과 식용유를 붓고 채소를 넣으면……
가지만 둥둥 뜬다!

설탕물과 물과 식용유를 한데 부으면 가장 아래가 설탕물, 가운데가 물, 가장 위가 식용유인 3개의 층이 만들어져요. 여기에 가지와 오이와 당근과 감자를 넣으면 뜨는 위치가 각각 다르답니다.

가지
식용유
오이
당근
물
설탕물
감자

실험 방법

컵이나 그릇에 진한 설탕물을 만들어서 담아 둔다. 여기에 물을 붓고, 마지막에 식용유를 붓는다. 각종 채소를 잘라서 넣어 본다.

왜 서로 다른 위치에서 뜰까요?

같은 부피의 액체와 채소를 비교했을 때 액체보다 채소가 가벼우면 채소는 그 액체 위에 뜬답니다.

● 설탕물과 맹물의 차이를 쉽게 알 수 있도록 맹물에 식용 색소를 탔어요.
 설탕의 양과 채소의 수분 함량 등에 따라 결과가 다르게 나올 수도 있답니다.

1장

실험 40

과일을 통째로 물에 넣으면……
사과와 바나나가 뜬다!

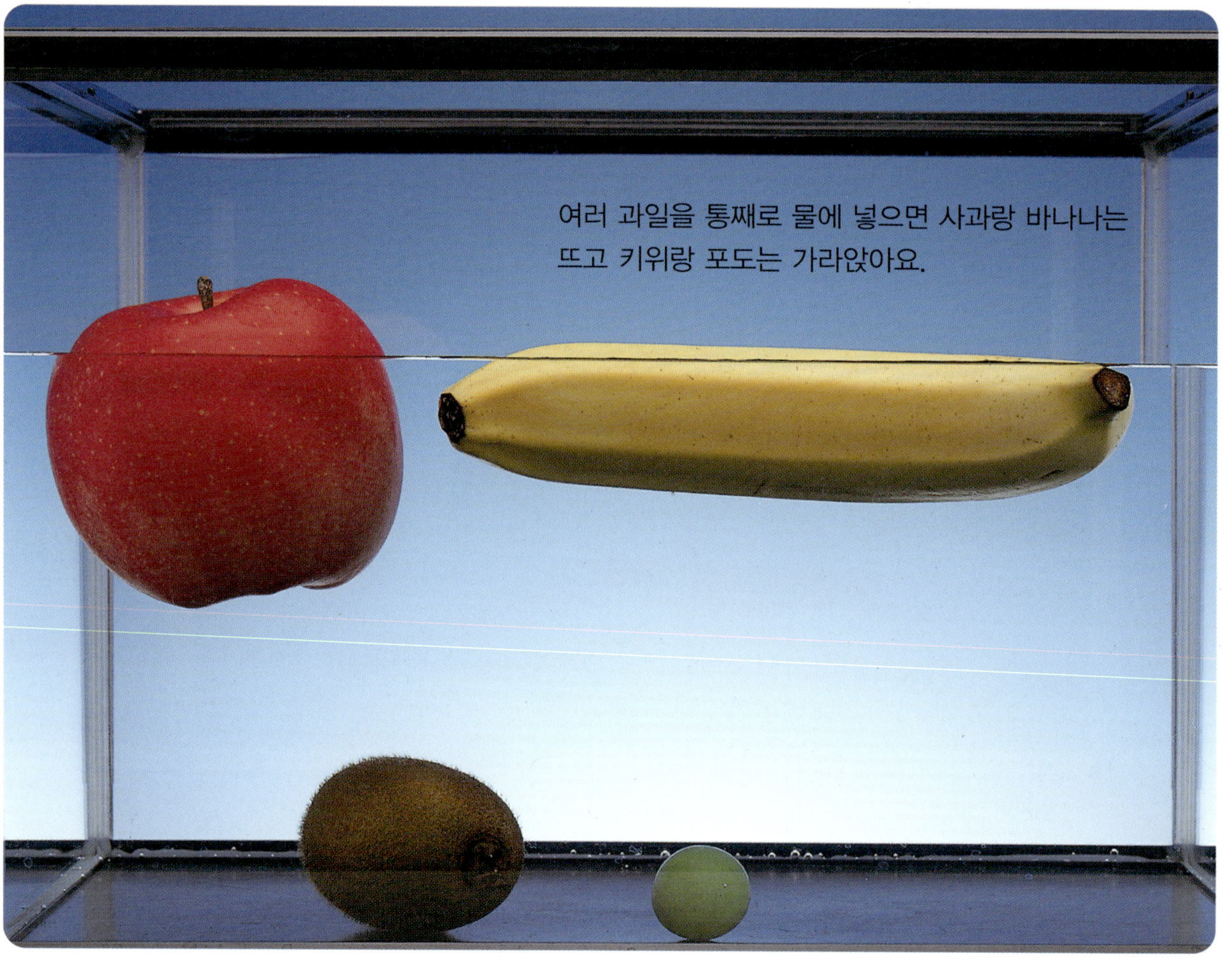

여러 과일을 통째로 물에 넣으면 사과랑 바나나는 뜨고 키위랑 포도는 가라앉아요.

실험 방법

다양한 과일을 통째로 물에 넣어 본다.

큼직하고 넓은 그릇이나 컵, 냄비 등에 물을 담고 그 안에 과일을 넣어 보세요.

❓ 왜 어떤 과일은 뜨고 어떤 과일은 가라앉을까요?

같은 부피의 물과 과일을 비교했을 때 과일이 무거우면 물에 가라앉아요. 키위와 포도는 물보다 무거워서 가라앉는답니다.

실험 41 — 과일 껍질을 벗겨 물에 넣으면······
사과만 둥둥 뜬다!

생활 속 놀라운 실험

과일 껍질을 벗기고 물에 넣으면 사과만 물에 동동 뜬답니다. 바나나랑 키위랑 포도는 퐁당 가라앉아요.

실험 방법

껍질을 벗긴 다양한 과일을 껍질을 벗기고 물에 넣어 본다.

왜 어떤 과일은 가라앉을까요?

어떤 과일은 껍질을 벗기면 껍질 속 공기가 사라져 같은 부피의 물보다 무거워져요. 바나나와 귤은 껍질을 벗기면 가라앉지요. 하지만 키위는 껍질에 공기가 별로 없고, 포도는 껍질이 얇아서 벗겨도 별 차이가 없어요.

● 칼로 껍질을 벗길 때는 꼭 어른의 도움을 받으세요.

1장

실험 42

과일을 얼려서 물에 넣으면······
포도만 가라앉는다!

과일을 얼려 물에 띄우면 사과와 바나나와 키위는 둥실 둥실 뜨고 포도만 혼자 가라앉아요.

실험 방법

과일을 잘라 냉동실에서 얼린 다음 물에 넣어 본다.

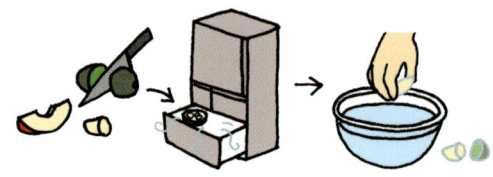

칼로 과일을 자를 때는 어른에게 도움을 청하세요.

 왜 얼리면 결과가 달라질까요?

키위를 얼리면 속에 있는 수분이 얼면서 부피가 늘어나요. 부피만 늘어났기 때문에 얼리기 전과 얼린 뒤의 키위를 같은 부피로 비교하면 얼린 뒤가 더 가벼워요. 그래서 물에 뜨게 돼요. 포도는 꽁꽁 얼려도 물보다 무겁기 때문에 가라앉지요.

실험 43

과일을 반으로 잘라 물에 넣으면……

사과와 바나나는 뜬다!

생활 속 놀라운 실험

과일을 반으로 잘라 물에 넣어도 사과랑 바나나는 뜨고, 키위랑 포도는 가라앉는답니다.

실험 방법

과일을 반으로 잘라 물에 넣고 뜨는지 가라앉는지 관찰한다. 둥글게 썰어도 같은 결과가 나오는지 실험해 본다.

칼로 과일을 자를 때는 어른에게 도움을 청하세요.

❓ 왜 잘라도 결과가 같을까요?

반으로 자른 과일도 같은 부피의 물과 비교해 과일이 무거우면 물에 가라앉는답니다. 그래서 반으로 잘라도 과일을 통째로 물에 넣었을 때와 같은 결과가 나와요.

59

실험 44. 탄산음료를 냉동실에 넣으면······
처음보다 양이 늘어난다!

탄산이 들어간 음료를 냉동실에 넣으면 얼면서 부피가 늘어나요.

실험 방법

1 탄산음료를 일회용 플라스틱 컵에 따른다.

유리컵은 깨질 수 있어요.

2 냉동실에 넣어 얼린다.

쓰러지지 않도록 똑바로 세워서 넣어요.

❓ 왜 얼면서 부피가 늘어날까요?

탄산음료는 대부분의 물과 약간의 이산화탄소로 이루어져 있어요. 탄산음료가 얼 때 이산화탄소가 나오다 그대로 얼음 속에 갇혀 이산화탄소의 양만큼 부피가 늘어나요. 처음보다 약 1.1배 늘어나지요.

● 냉장고 기종이나 냉동실 상태, 음료의 종류와 양에 따라 어는 시간이 달라져요.

실험 45

두부를 냉동실에 넣으면……
노랗게 변하며 딱딱해진다!

두부를 작게 잘라 냉동실에 넣으면 하얗고 말랑말랑하던 두부가 노랗게 변하면서 딱딱해진답니다. 부침용 두부처럼 단단한 두부보다는 찌개용 두부처럼 부드러운 두부를 사용하세요.

🧪 실험 방법

1 두부를 작은 조각으로 자른다.

2 냉동실에 넣어 얼린다.

❓ 왜 노랗게 변하며 얼까요?

두부는 물에 불린 대두(콩)를 갈아서 만든 콩국물(두유)을 굳혀서 만들어요. 두부를 얼리면 두부 속 물이 대두 성분과 분리되면서 두부가 콩처럼 노르스름한 색을 띠게 된답니다.

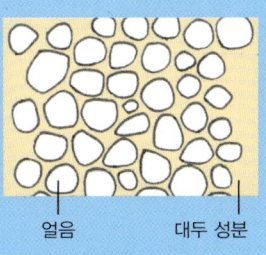

얼음 　 대두 성분

● 냉장고 기종이나 냉동실 상태, 두부의 종류와 양에 따라 어는 시간이 달라져요.

실험 46 — 샐러드 드레싱을 냉동실에 넣으면……
2개의 층으로 나뉜다!

간장이 들어간 샐러드 드레싱(오리엔탈 드레싱)을 일회용 플라스틱 컵에 담고 하루 정도 얼리면 위가 기름, 아래가 간장으로 나뉘어요. 언 상태라도 기름은 부드러워서 컵을 누르면 기름만 떨어져 나온답니다.

🧪 실험 방법

1. 간장이 들어간 진한 샐러드 드레싱을 일회용 플라스틱 컵에 따른다.
2. 하루 정도 냉동실에 넣어 얼린다.

쓰러져서 쏟아지지 않도록 조심하세요.

❓ 왜 얼면서 나뉠까요?

샐러드 드레싱은 물과 기름에 맛을 내는 다양한 양념과 재료를 섞어 만든 것이에요. 기름은 물보다 가볍고, 어는 온도도 달라서 물과 쉽게 분리되지요. 또 기름은 잘 얼지 않고 얼어도 금방 녹아요. 컵을 손으로 눌렀을 때 기름만 떨어져 나오는 건 기름이 먼저 녹기 시작했기 때문이에요.

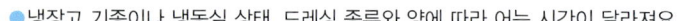

● 냉장고 기종이나 냉동실 상태, 드레싱 종류와 양에 따라 어는 시간이 달라져요.

실험 47

벌꿀을 냉동실에 넣으면……
꽁꽁 얼지 않는다!

생활 속 놀라운 실험

주르르 흐르는 벌꿀을 얼리면 얼지 않았을 때보다 단단해지지만 꽁꽁 얼지는 않아요. 실온에서 굳은 조청이나 물엿하고 비슷해요.

실험 방법

1 일회용 플라스틱 컵의 윗부분을 잘라 내고 안에 꿀을 넣는다.

2 냉동실에 넣는다.

쓰러져서 쏟아지지 않도록 조심하세요.

❓ 왜 꿀은 얼지 않을까요?

물은 0℃에서 얼지만, 안에 설탕이나 소금 등 불순물이 많이 섞여 있으면 잘 얼지 않아요. 또 잘 증발하지도 않는답니다. 꿀은 대부분 당으로 이루어져 있어 잘 얼지 않지요.

● 냉장고 기종이나 냉동실 상태, 꿀의 종류와 양에 따라 어는 시간이 달라져요.

실험 48 다양한 음식을 냉동실에 넣으면······
각각 이렇게 된다!

껌

딱딱하게 얼어서 조각조각 깨져요.

마시멜로

딱딱해져서 손으로 눌러도 쑥 들어가지 않아요.

낫토(청국장)

얼어요. 쿰쿰한 냄새가 나지 않아요.

날달걀

얼어요. 껍데기를 깨면 노른자가 비쳐 보여요.

케이크

딸기, 생크림, 스펀지케이크 부분이 모두 파삭파삭해져요.

시럽

얼어요. 꽁꽁 얼지는 않고 살캉살캉한 정도예요.

실험 방법

다양한 음식을 냉동실에 넣어 본다. 음식 종류에 따라 어는 온도와 모양이 달라진다. 한번 얼린 음식은 먹지 못할 수도 있으니 꼭 부모님께 먼저 허락을 받는다.

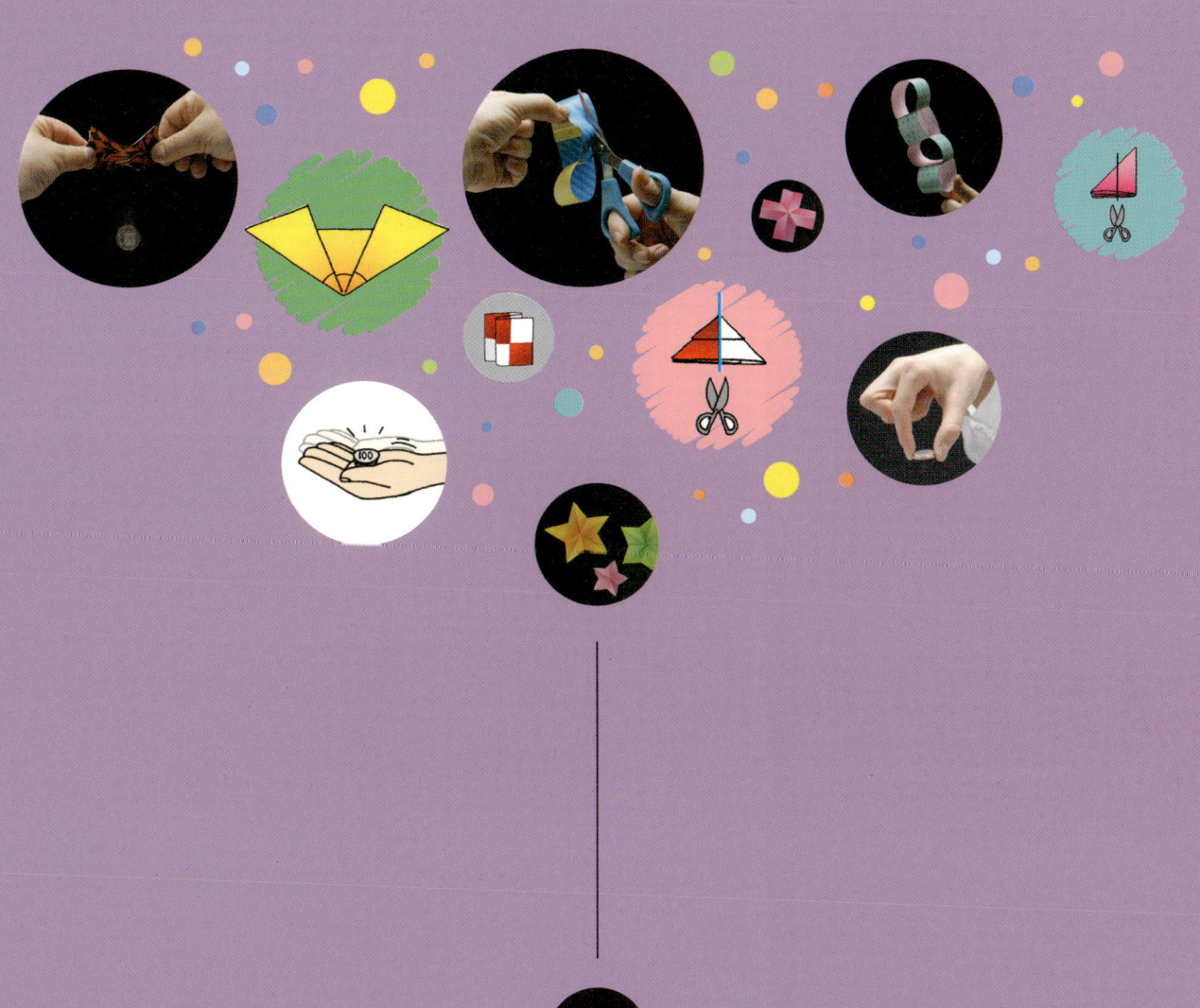

2장

사람들을 깜짝 놀라게 해 주자!

마술 실험

사람들 앞에서 이 실험들을 자랑스럽게 해 보세요. 모두 깜짝 놀랄 거예요.
직접 잘라서 사용할 수 있는 종이도 다양하게 준비했어요.
어렵지 않으니까 꼭 도전해 보아요.

실험 1: 한 번 비튼 고리의 가운데 선을 자르면……
큰 고리 하나가 만들어진다!

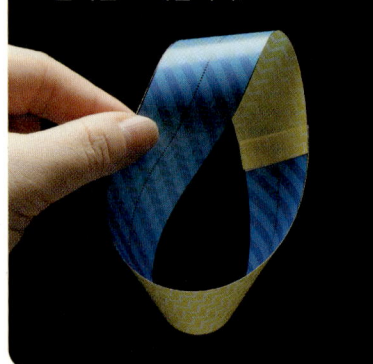

뫼비우스의 띠라고 부르는 신기한 고리랍니다.

한 번 비튼 고리의 가운데를 잘라 보세요. 고리 하나를 자르면 고리 2개가 만들어질 것 같죠? 그런데 비틀린 커다란 고리 하나가 만들어져요.

실험 방법

1 377쪽 종이 ①을 잘라 낸다. 한 바퀴 비틀어 ①이라고 적힌 표시끼리 서로 맞닿게 놓고 풀로 붙인다.

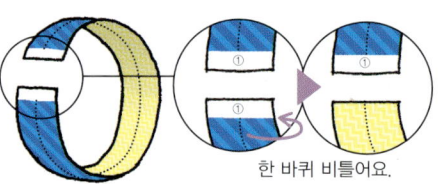

한 바퀴 비틀어요.

처음에는 그냥 고리를 만들고, 한쪽을 비틀어 ①과 ①을 풀로 붙여요.

2 가운데 점선을 따라 가위로 자른다.

다치지 않게 조심하세요.

신기한 뫼비우스의 띠

독일의 수학자 뫼비우스가 발견한 안팎이 이어진 띠를 말해요. 바깥 면을 따라가다 보면 어느새 안쪽 면으로 넘어가 있지요.

아우구스트 뫼비우스

| 실험 2 | 두 번 비튼 고리의 가운데 선을 자르면……
연결된 고리 2개가 만들어진다!

두 번 비튼 고리의 가운데를 자르면 비틀린 채 하나로 이어진 고리 2개가 만들어진답니다. 한 번 비틀었을 때와 결과가 딴판이죠?

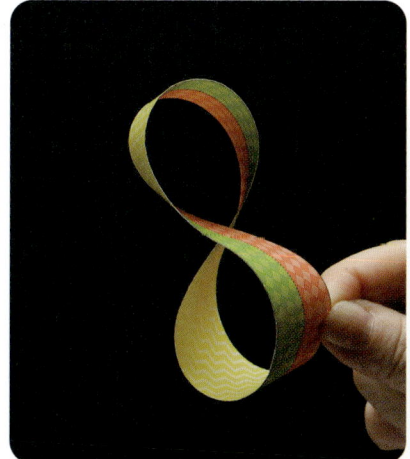

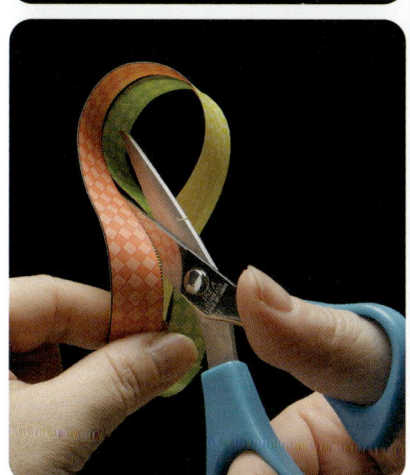

🧪 실험 방법

1 377쪽 종이 ②를 잘라 낸다. 두 번 비틀어 ②라고 적힌 부분끼리 풀로 붙인다.

2 가운데 점선을 따라 가위로 자른다.

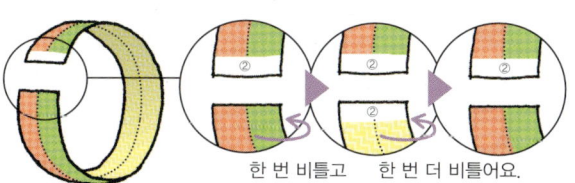

한 번 비틀고   한 번 더 비틀어요.

처음에는 그냥 고리를 만들고, 한쪽을 비틀고 나서 한 번 더 비튼 다음 ②와 ②를 풀로 붙여요.

다치지 않게 조심하세요.

❗ 조금씩 잘라요

한꺼번에 다 자르지 말고, 연결 부위를 조금씩 남기고 자른 뒤 마지막에 손으로 뜯어 보세요. 고리가 서로 교차하는 모습을 볼 수 있어요.

| 실험 3 | 세 번 비튼 고리의 가운데 선을 자르면······

숫자 8 모양이 만들어진다!

세 번 비튼 고리의 가운데를 잘라 보세요.
커다란 고리가 배배 꼬이면서 숫자 8 모양이 만들어진답니다.

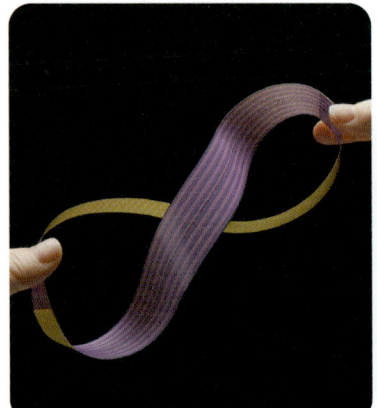

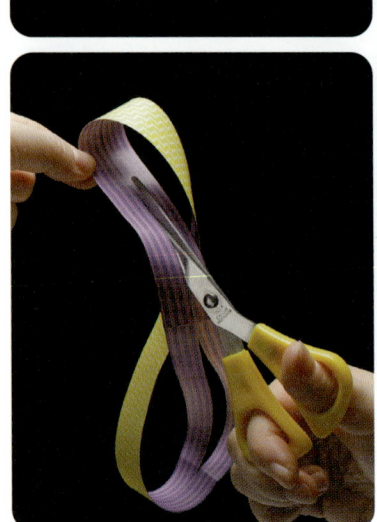

🧪 실험 방법

1 377쪽 종이 ③을 두 장 잘라 낸다.
세 번 비틀고 ③이라고 적힌 부분끼리 풀로 붙인다.

먼저 ③과 ③을 풀로 붙여 한 줄로 연결한다.

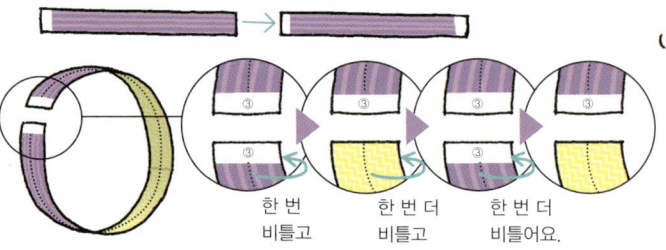

처음에는 그냥 고리를 만들고, 한쪽을 한 번 비틀고 다시 비틀고
마지막으로 한 번 더 비튼 다음. ③과 ③을 풀로 붙여요.

2 가운데 점선을 따라 가위로 자른다.

다치지 않게 조심하세요.

❗ 비트는 횟수를 늘려 보세요

한 번, 두 번, 세 번. 비트는 횟수를 늘릴 때마다 각각 다른 모양이 만들어져요. 더 많이 비트면 어떤 모양이 될까요?

실험 4

한 번 비튼 고리를 두 번 자르면······
연결된 크고 작은 고리가 만들어진다!

마술 실험

한 번 비튼 고리를 선을 따라 두 번 자르면 고리 2개가 만들어져요. 2개의 고리는 서로 이어져 있고 하나는 나머지 고리의 2배 길이예요.

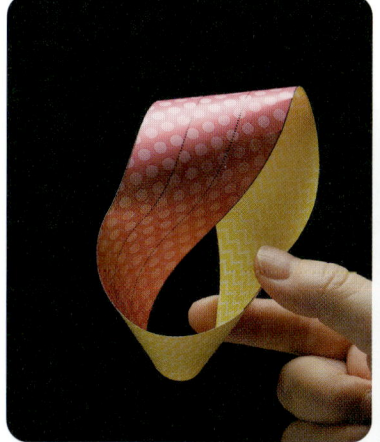

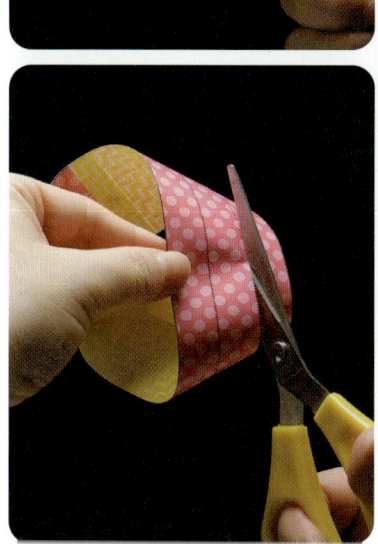

실험 방법

1 377쪽 종이④를 잘라 낸다. 한 번 비틀고 ④라고 적힌 부분끼리 풀로 붙인다.

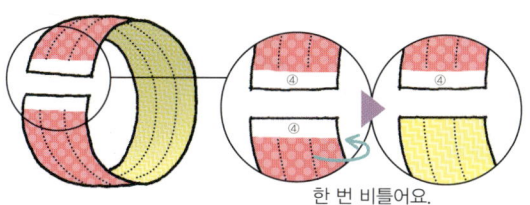

한 번 비틀어요.

처음에는 그냥 고리를 만들고, 한쪽을 비틀어 ④와 ④를 풀로 붙여요.

2 점선을 따라 가위로 자른다. 자르다 보면 어느새 끝까지 잘려 있다.

다치지 않게 조심하세요.

! 네 번 자르면 어떻게 될까요?

직접 종이에 선을 그려 한번 잘라 보세요. 끝에서부터 자를 때와 가운데부터 자를 때는 어떻게 달라질까요?

실험 5 · 고리 2개를 붙여서 가운데 선을 자르면……
커다란 사각형이 만들어진다!

고리 2개를 풀로 붙여서 자르면……
깜짝이야! 원은 사라지고 사각형이 나타난답니다.

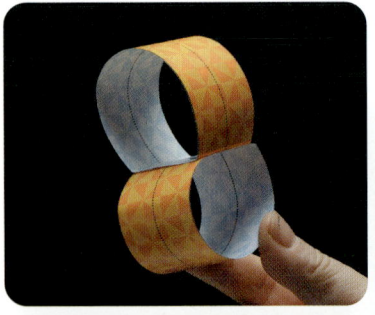

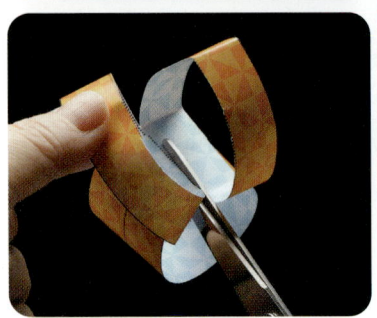
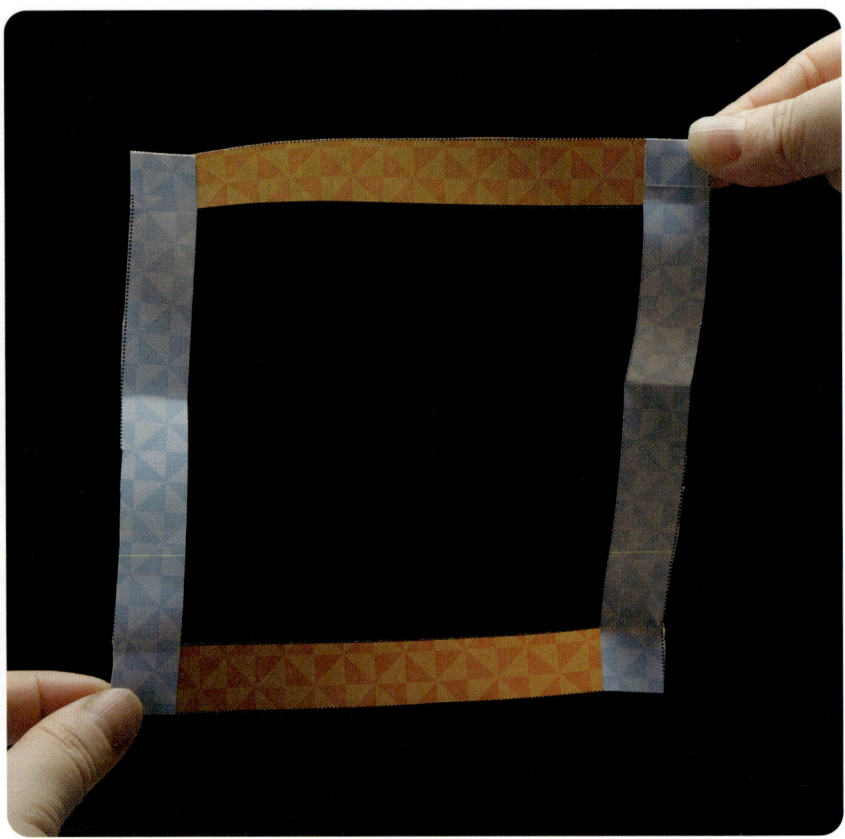

실험 방법

1 379쪽 종이를 자른다. 풀로 붙여서 고리 2개를 만든다.

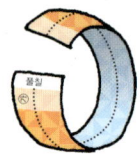

2 고리 2개를 90°가 되도록 붙인다.

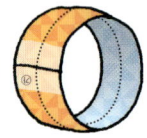
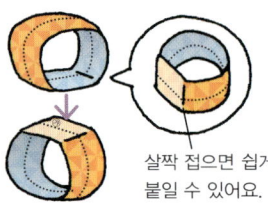

㉮라고 적힌 면끼리 풀로 붙여요.
살짝 접으면 쉽게 붙일 수 있어요.

3 두 고리를 가운데 점선을 따라 위에서 아래로 자른다. 펼치면 사각형이 된다.

위에 있는 고리의 가운데 선을 먼저 자르고, 아래 고리와 붙어 있는 부분도 잘라요.

이어진 고리를 그림과 같이 가운데 선을 따라 잘라요.

실험 6

고리 4개를 붙여서 가운데 선을 자르면……
띠 모양이 만들어진다!

4개의 고리를 풀로 붙여서 잘라 보세요. 짜잔, '밭 전(田)' 자가 만들어진답니다. 신기하죠?

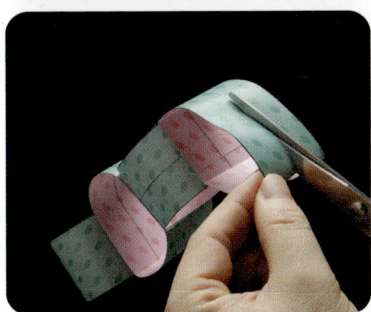

실험 방법

1 379쪽 종이를 자른다. 풀로 붙여 고리 4개를 만든다.

 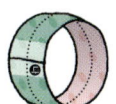
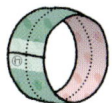 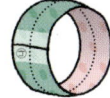

2 각각의 고리가 90°가 되도록 붙인다.

㉮와 ㉯, ㉯와 ㉰, ㉰와 ㉱처럼 같은 글자끼리 짝을 맞추어 풀로 붙인다. 살짝 누르면 붙이기 쉬워요.

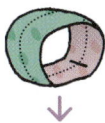

점선이 없는 고리를 가장 아래에 놓아요.

3 고리의 가운데 점선을 따라 위에서 아래로 자른다. 마지막 고리 하나는 자르지 않고 펼친다.

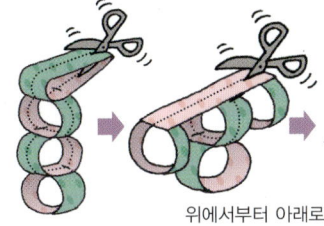 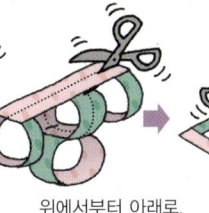 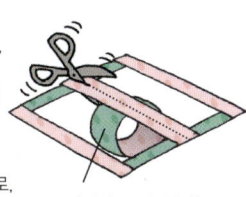

가장 위 고리의 가운데 선을 잘라요.

위에서부터 아래로, 펼친 고리를 가운데 선을 따라 잘라요.

마지막 고리 하나는 자르지 잘라요.

실험 7: 정사각형 종이를 접어서 한 번 자르면……
십자가 모양이 만들어진다!

정사각형 종이를 접어서 가위로 한 번 자르면 네 귀퉁이가 잘려 나가면서 십자가 모양이 만들어져요.

실험 방법

1 381쪽 종이를 잘라 낸다. 그림과 같이 반으로 계곡 접기를 해서 삼각형을 만들고 다시 두 번 접는다.

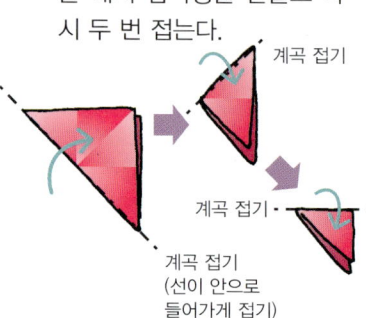

2 ── 표시대로 자르고, 펼친다.

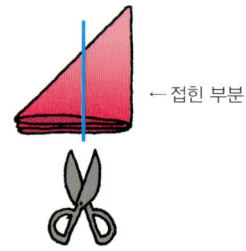

! 자르는 곳을 바꾸어 보세요

어느 지점을 자르냐에 따라 십자가 굵기가 달라져요. 정사각형 종이로 실험해 보세요.

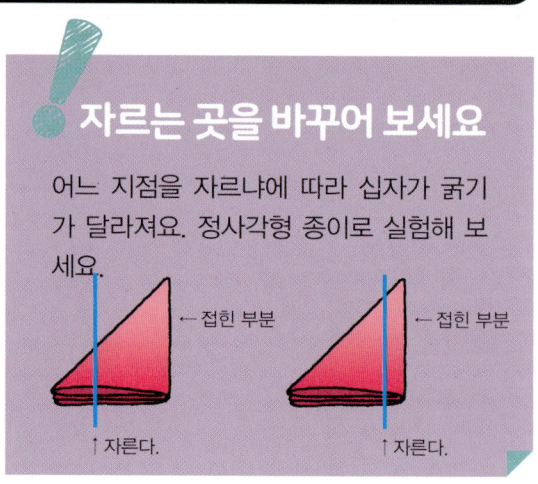

실험 8 — 바둑판무늬 종이를 접어 한 번 자르면……
색종이 여러 장이 된다!

빨강 하양으로 칸이 나뉜 바둑판무늬 종이를 접어 가운데를 한 번 자르면, 색종이 여러 장이 탄생! 모두 눈이 휘둥그레지겠죠?

실험 방법

1 381쪽 종이를 잘라 낸다. 빨간색 정사각형 끝을 가지런히 맞추어 접는다.

이렇게 접어요. ↑   ↑ 이렇게 접어요.

2 그림과 같이 접어 삼각형을 만든다.

산 접기
(선이 바깥으로 나오게 접기)

3 가운데를 계곡 접기 하고, 빨간 부분과 하얀 부분이 만나는 경계선을 자른다. 펼치면 색종이 여러 장이 만들어진다.

계곡 접기

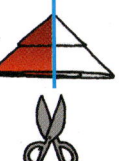

↓ 잘라요.

381쪽 피자와 케이크 모양 종이로도 만들어 보세요.

실험 9 접은 종이를 한 번 자르면……

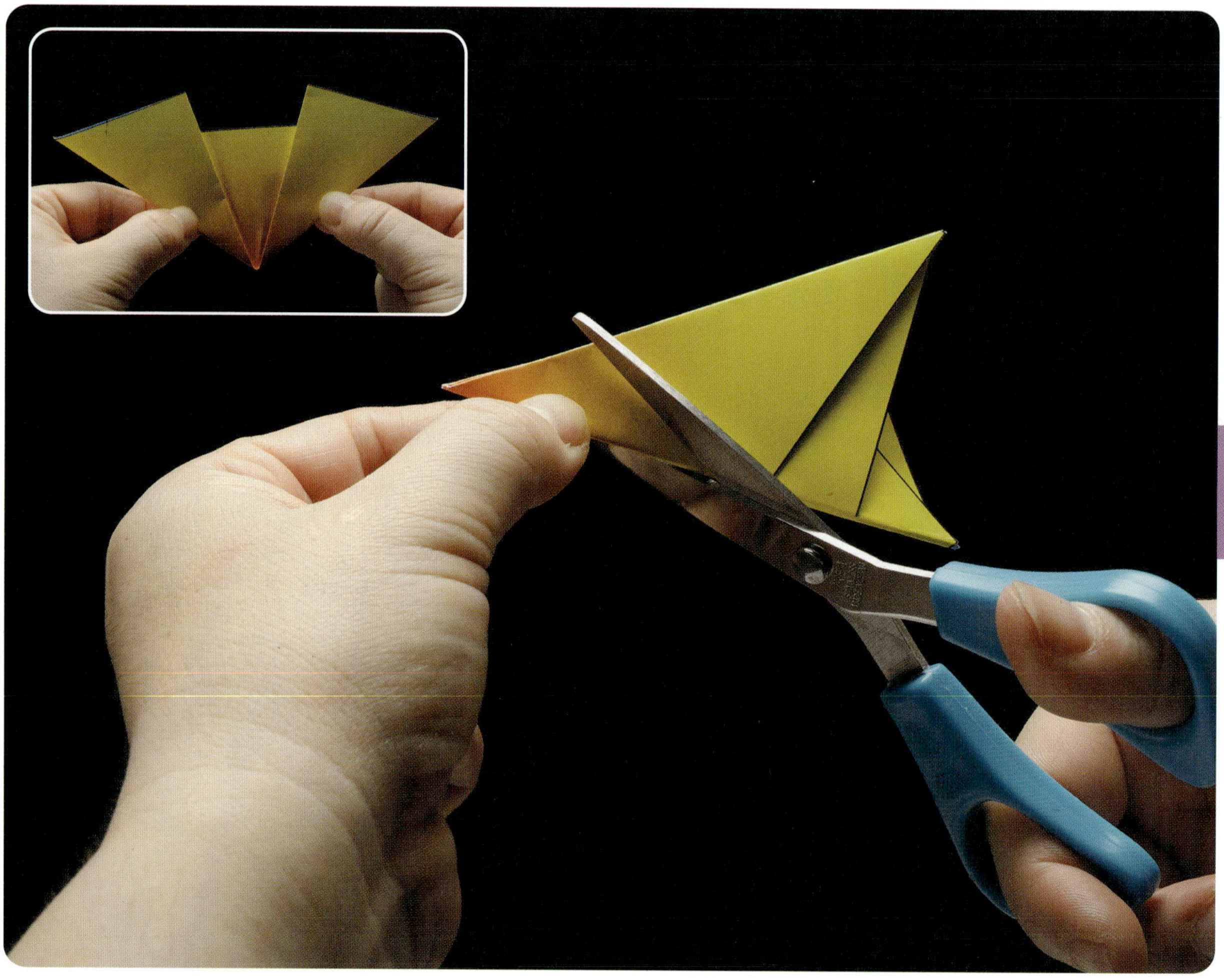

실험 방법

1 383쪽 종이를 잘라 내서 반으로 접는다.

2 한가운데와 좌우 모서리를 각각 이어서 계곡 접기를 한다.

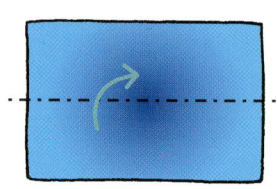

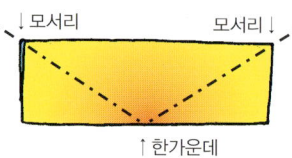

↓모서리　　　모서리↓

↑한가운데

3 그림처럼 선을 따라 계곡 접기를 한다.

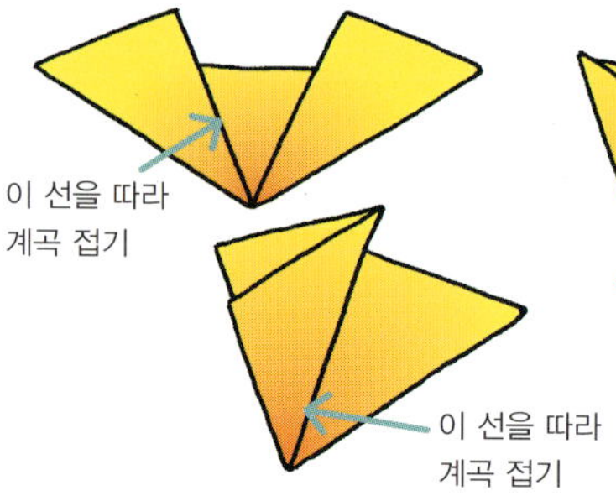

이 선을 따라 계곡 접기

이 선을 따라 계곡 접기

3 비스듬하게 잘라서 펼친다.

자르는 각도에 따라 별 모양이 달라져요.

예쁜 별 모양이 만들어진다!

접은 종이를 한 번 자르기만 하면 뚝딱!
예쁜 별 모양이 만들어진답니다.

❗ 비스듬하게 접을 때의 각도가 핵심

별 모양을 만들려면 비스듬하게 접을 때의 각도가 중요해요. 접었을 때 ㉠의 각도와 ㉢의 각도가 같아야 예쁜 별 모양이 만들어져요. 종이 한가운데와 좌우 모서리가 각각 이어지도록 접으면 ㉠, ㉡, ㉢ 각도가 같아져요. 사진 속 세 별을 만든 종이 크기는 가로와 세로 길이가 약 15cm×11cm, 12cm×8.8cm, 7.5cm×5.5cm예요. 예쁜 종이로 제대로 접기 전에 다른 종이로 먼저 연습해 보세요.

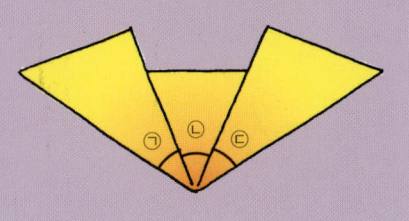

실험 10 동전을 포개 떨어뜨리면……

100원짜리 동전과 10원짜리 동전을 겹쳐서 들고 위에서 떨어뜨리면 어떻게 될까요?

실험 방법

1 100원짜리 동전 위에 10원짜리 동전을 올려 손으로 든다.

살짝 비스듬하게 들어요.

2 그대로 다른 손바닥 위에 떨어뜨린다.

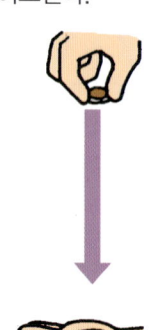

3 동전이 위아래가 바뀌어 있다. 동전을 받을 때 튕겨 나갈 수 있으니 조심해야 한다. 손바닥을 오목하게 만들거나, 손을 조금 아래로 내리면서 받으면 안전하게 받을 수 있다.

위아래가 뒤바뀐다!

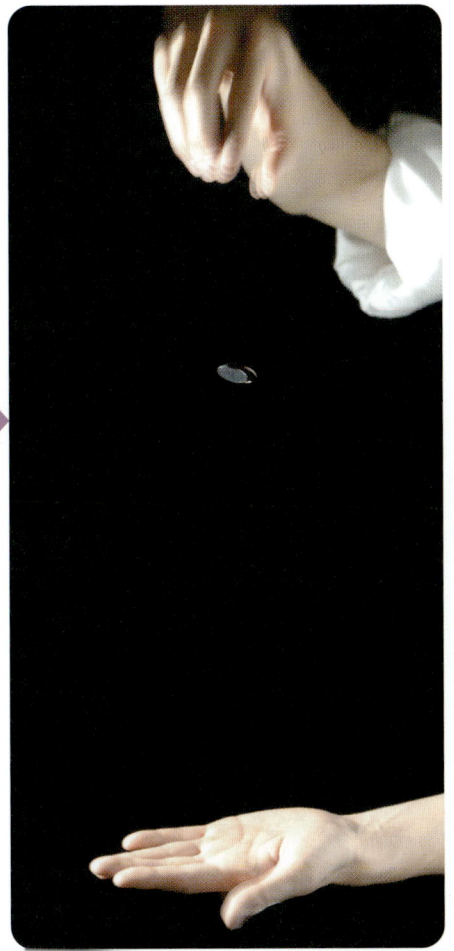

손바닥으로 받은 동전을 보면 위아래가 뒤바뀌어 있답니다. 100원짜리 동전이 아래에, 10원짜리 동전이 위에 있었는데, 떨어뜨린 뒤에는 10원짜리 동전이 아래로 가고, 100원짜리 동전이 위로 올라와 있어요.

❓ 왜 동전 위치가 바뀔까요?

포개 놓은 10원짜리와 100원짜리 동전은 달라붙은 채 떨어져요. 동전을 살짝 기울여서 떨어뜨리면, 동전이 사진처럼 회전하며 떨어져요. 딱 반 바퀴 돌아서 뒷면이 반대로 왔을 때 동전을 잡으면, 두 동전이 공중에서 뒤바뀐 것처럼 보인답니다. 동전이 30~50cm 높이에 왔을 때 위아래 위치가 바뀌어요.

실험 11

100원짜리 동전보다 작은 구멍을······
100원짜리 동전이 통과한다!?

종이에 동전보다 작은 크기로 구멍을 뚫어 주세요. 100원짜리 동전이 이 작은 구멍을 통과할 리가 없겠죠? 그런데 세상에 이런 일이! 종이를 당기면 100원짜리 동전이 마법처럼 구멍을 통과한답니다.

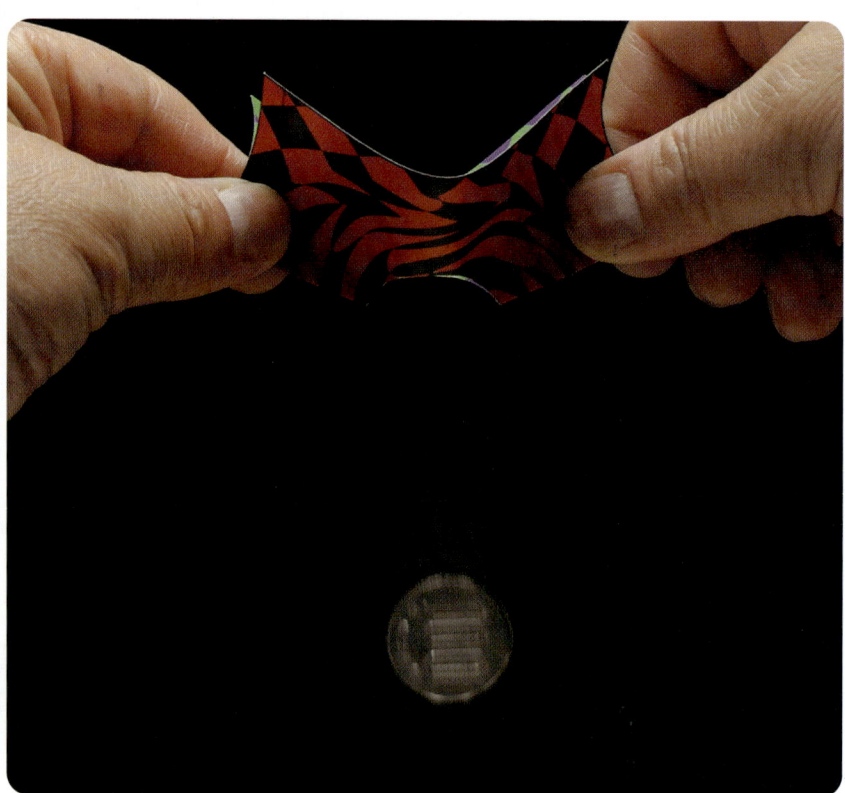

 실험 방법

1 383쪽에 있는 종이를 잘라 낸다. 반으로 접어 검정색 선을 따라서 오리면 동그란 구멍이 뚫린다.

↑ 검정색 선 바깥을 따라 잘라요.

2 반으로 접은 종이 구멍에, 100원짜리 동전을 올린다. 종이를 좌우로 당기면 동전이 구멍 밖으로 떨어진다.

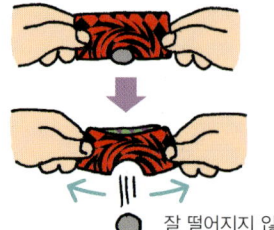
잘 떨어지지 않을 때는 종이를 살짝 흔들어요.

❓ 어떻게 동전이 통과할까요?

종이를 좌우로 펼치면 종이가 뒤틀리면서 동전 지름보다 살짝 길어져요.

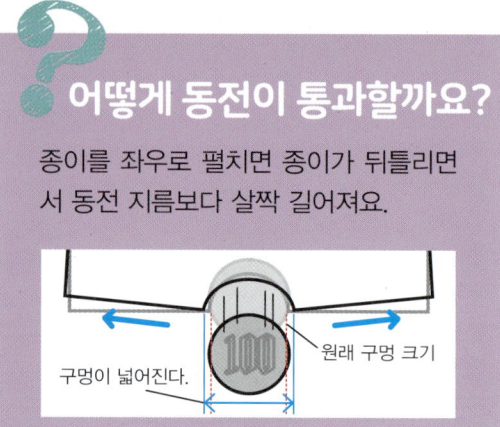
구멍이 넓어진다. / 원래 구멍 크기

3장

실험하며 장난감을 만들자!
장난감 만들기 실험

일상에서 흔히 구할 수 있는 재료를 활용해 다양한 장난감을 만들어요.
장난감이 완성되면 가족이나 친구랑 같이 가지고 놀거나
만들기 과제 작품으로 제출하는 등 요모조모 활용할 수 있답니다.

실험 1

고무줄의 힘으로 뱀이 튀어 나간다!
우유팩 깜짝 상자

상자를 열자마자 엄청나게 빠른 속도로 뱀이 튀어나와요! 고무줄이 늘어났다 줄어드는 성질을 이용해 사람들을 깜짝 놀라게 할 수 있는 재미난 장난감이지요.

열기 전에는 그냥 평범한 종이 상자 같아요.

준비물

- 1L 우유팩 3개
- 고무줄 12개
- 빈 상자
- 스카치테이프
- 자
- 가위
- 펜
- 색종이

만드는 법

1 우유팩을 4.5cm 정도 너비로 자른다. 우유팩 3개를 모두 잘라 12조각으로 만든다.

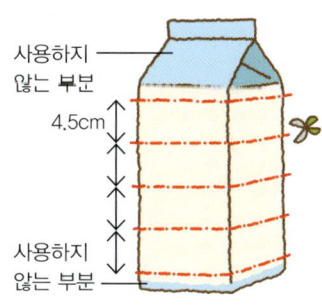

2 마주 보는 모서리 위아래로 가위집을 넣고, 고무줄을 건다.

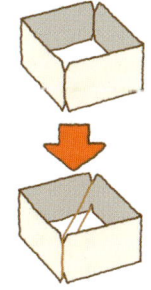

3 고무줄을 건 12조각을 스카치테이프를 붙여 하나로 연결한다.

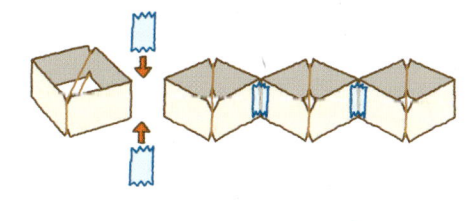

4 색종이나 펜으로 뱀 얼굴과 무늬를 그린다.

5 고무줄을 늘린 상태에서 차곡차곡 우유팩을 쌓는다. 우유팩이 구겨지지 않도록 조심한다.

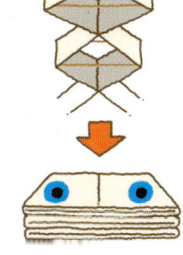

6 적당한 크기의 빈 상자에 5를 넣는다.

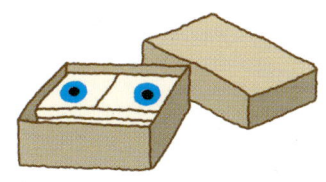

뚜껑을 덮을 때까지 뱀이 펼쳐지지 않도록 주의하세요.

고무가 늘어나는 비밀

고무 분자(물질을 이루는 작은 입자)는 쪼그라든 끈이 여러 개 합쳐진 모양을 하고 있어요. 그래서 고무줄을 잡아당기면 쪼그라든 끈이 쭈욱 늘어나며 고무줄 전체가 늘어난답니다.

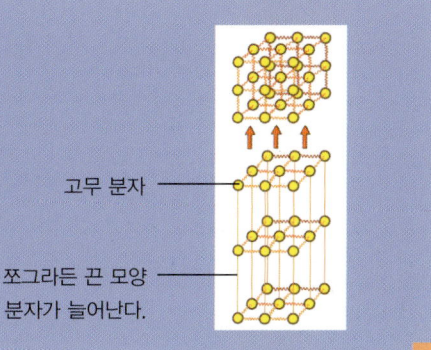

고무 분자

쪼그라든 끈 모양 분자가 늘어난다.

고무줄의 힘으로 입을 뻐끔뻐끔!
나무젓가락 마법의 팔

고무줄을 묶어 엮은 나무젓가락을 움직이면
입을 뻐끔뻐끔 벌리는 마법의 팔이 돼요.
멀리 떨어진 곳까지 팔이 닿는답니다.

준비물

- 나무젓가락 6벌
- 고무줄
- 유성펜
- 커터 칼
- 스카치테이프나 접착제
- 스티로폼 재질의 일회용 도시락 용기 3개

실험 방법

1 나무젓가락 6벌을 모두 쪼갠다.

색을 칠해도 예뻐요.

2 쪼갠 나무젓가락 1벌 사이에 다른 1벌을 교차시키고 가운데를 고무줄로 묶는다. 같은 모양으로 2세트를 더 만든다.

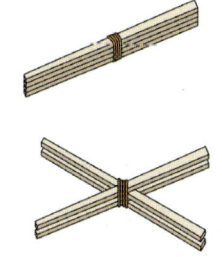

3 그림처럼 엇갈리게 조립해 고무줄로 묶는다.

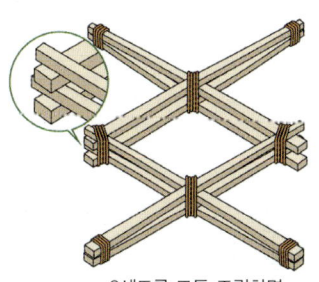

3세트를 모두 조립하면 마법의 팔 완성!

4 스티로폼 재질의 일회용 도시락 용기 2개에 색을 칠한다. 나머지 도시락 1개를 잘라 눈 모양을 만들고, 스카치테이프나 접착제로 붙여서 개구리나 하마 등 동물 얼굴을 만든다.

윗부분 / 아랫부분 / 깊이가 있는 도시락 용기를 사용하면 입체감을 잘 살릴 수 있어요. / 커터 칼을 사용할 때는 조심하세요.

5 나무젓가락 끝에 동물 얼굴을 스카치테이프나 접착제로 붙인다.

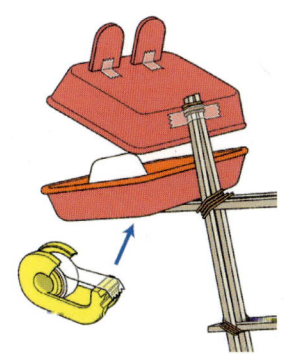

나무젓가락 끝을 잡고 입을 여닫아 보세요. 입을 뻐끔뻐끔 움직여요.

다양한 색과 모양으로 만들어 보세요.

❗ 나무젓가락 개수를 늘려 보세요

나무젓가락을 여러 벌 연결할수록 마법의 팔이 길어져요. 길이가 길어지면 움직이는 데 필요한 힘은 어떻게 달라질까요?

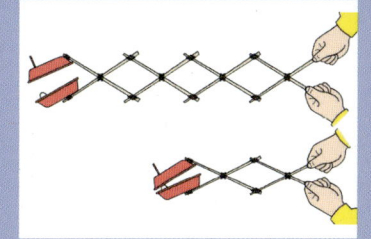

장난감 만들기 실험

실험 3 — 고무줄의 힘으로 스크루가 돌며 앞으로 나간다!
스티로폼 스크루 보트

늘어난 고무줄이 원래대로 돌아가려는 힘은 엄청나게 강하답니다. 고무줄의 힘으로 스크루를 돌려 보트를 만들어 보세요. 물보라를 뿜으며 힘차게 앞으로 나아가요.

준비물

- 세로 15cm×가로 12cm×깊이 2.5cm 정도 되는 일회용 스티로폼 용기 3개
- 고무줄
- 유성펜
- 커터 칼
- 스카치테이프
- 접착제

만드는 법

1 스티로폼 용기 2개를 각각 그림처럼 자른다.

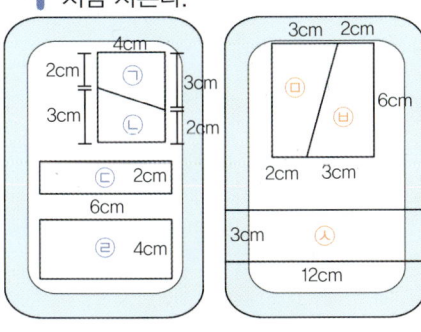

ㄱ·ㄴ·ㄷ·ㄹ : 운전석을 만든다.
ㅁ·ㅂ·ㅅ : 날개를 만든다.

2 남은 스티로폼 용기의 가운데를 너비 약 5cm로 잘라 낸다. 이 스티로폼을 다시 잘라 스크루로 만든다.

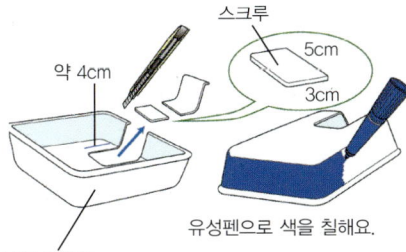

보트 몸체가 될 부분
유성펜으로 색을 칠해요.

3 ㄱ·ㄴ·ㄷ·ㄹ을 그림처럼 조립해서 만든 운전석을 스카치테이프와 접착제로 보트 몸체에 붙인다.

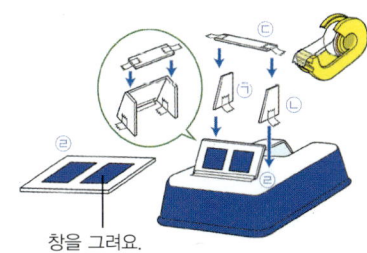

창을 그려요.

4 고무줄 2개를 그림처럼 연결하고, 똑같이 하나를 더 만든다.

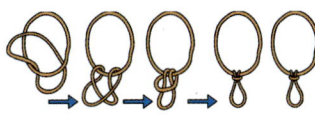

오른쪽 그림처럼 고무줄을 두 겹으로 감아 스크루에 끼우고, 스카치테이프로 고정해요.

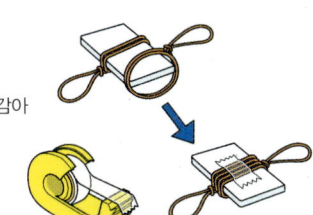

5 고무줄을 보트 몸체에 끼워 스크루 부분을 붙인다. ㅁ·ㅂ·ㅅ로 만든 날개를 스카치테이프와 접착제로 보트에 붙인다. 스크루를 20회가량 돌려 감은 다음, 물에 띄운다.

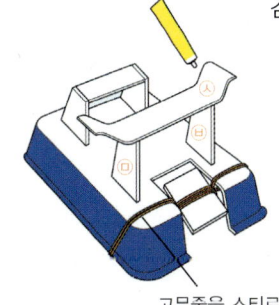

고무줄을 스티로폼 용기에 ㅇ자으로 감아요.

스크루가 힘차게 돌아간다.

! 고무줄을 바꾸어 보자

고무줄 두께를 바꾸면 보트가 나아가는 방식이 달라져요. 고무줄 감는 횟수를 바꾸면 어떻게 될까요?

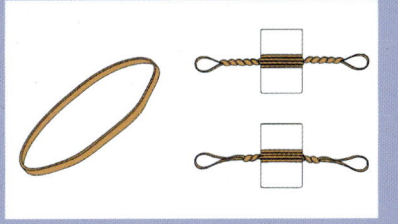

●커터 칼을 사용할 때는 조심하세요.

실험 4 — 데굴데굴 동글동글 신난다! 달걀 마스코트

빈 달걀 껍데기가 깜찍한 동물과 과일로 다시 태어나요!
달걀에 색을 칠하거나 종이를 붙여 다양한 모습으로 변신시켜 보세요.

준비물
- 달걀
- 빨대(굵은 것)
- 송곳
- 접시
- 목공용 본드
- 연필
- 색종이
- 유성펜
- 구슬 장식과 색깔 지점토 등

만드는 법

1 송곳을 이용해 천천히 조심조심 달걀에 구멍을 뚫는다.

⚠️ 어른에게 도움을 청하세요.

달걀을 세게 찌르면 깨질 수 있어요. 완성했을 때 티가 덜 나도록 적당한 위치에 구멍을 뚫어요.

2 구멍에 빨대를 꽂아 달걀을 빨아 낸다. 삼키지 않도록 한다.

3 내용물이 입 안으로 들어오기 전에 빨대 끝을 손가락으로 막아 접시 위에 놓고 손가락을 떼면 빨대에서 흘러나온다.

꺼낸 달걀 속은 요리에 사용하세요.

4 2, 3을 반복하여 달걀에서 내용물을 전부 꺼내고 껍데기만 남으면 물을 넣어 안쪽을 깨끗하게 씻어 낸다. 구멍이 아래로 가게 놓고 하루 정도 잘 말린다.

5 달걀 껍데기에 연필로 살살 밑그림을 그린다.

6 연필 선을 따라 유성펜으로 색칠한다. 색종이로 귀 등을 만들어 붙인다.

풀칠할 부분을 따로 만들어요.

★장식 구슬과 색깔 지점토를 붙여서 입체감을 표현해도 재미있어요.

❗ 달걀을 세워 보세요

① 달걀 속을 꺼낸 구멍에 빨대를 넣어 바닥의 얇은 막을 찢는다.

※ 바닥에 공간이 있으면 잘 세워지지 않아요.

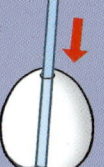

② 약 3분의 1 높이까지 모래를 채운다.

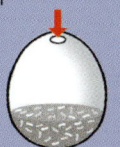

③ 목공용 본드를 달걀 안에 흘려 넣는다. 채운 모래의 절반 분량을 더 넣는다. 잠시 그대로 두면 본드가 굳는다.

굳기 전에 모래가 쏟아지지 않도록 조심하세요.

실험 5 — 고무줄의 힘으로 회전하며 날아간다!
빙글빙글 회전 비행기

옆으로 펼치면 비행기가 날아간다.

고무줄 장치를 이용한 발사대로 비행기를 날려 보세요. 빙글빙글 돌며 날아간답니다. 날개 접는 방식을 바꾸면 날아가는 모습도 달라지지요.

만드는 법

1 우유팩을 잘라서 펼치고 위아래 면을 잘라 낸다. 그림처럼 좌우를 계곡 접기 한다.

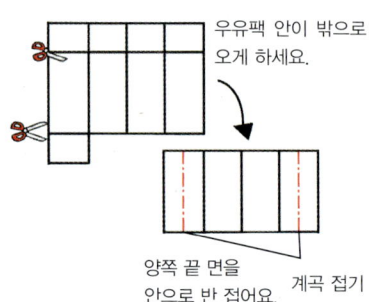

우유팩 안이 밖으로 오게 하세요.
양쪽 끝 면을 안으로 반 접어요.
계곡 접기

2 선을 따라 우유팩을 접고 가위집을 넣은 다음, 고무줄을 건다.

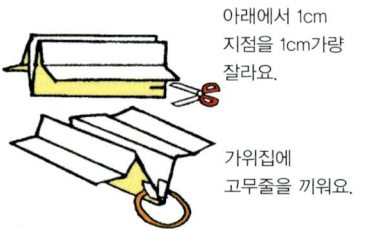

아래에서 1cm 지점을 1cm가량 잘라요.
가위집에 고무줄을 끼워요.
고무줄이 쉽게 빠지면 스카치테이프나 스테이플러로 고무줄을 고정하세요.

3 385쪽 종이를 검은색 선을 따라서 오려 낸다. 날개 뒤에 가위집을 네 군데 넣는다.

두 종류의 종이가 있어요.

준비물

- 1L 우유팩(씻어서 말린 것)
- 고무줄 1개
- 가위
- 클립 1~3개

장난감 만들기 실험

날리는 법

발사대에 고무줄을 걸고, 고무줄 끝을 비행기 날개의 산 접기를 한 곳에 걸어 비행기를 끼운다.

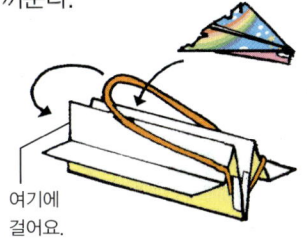

여기에 걸어요.

발사대를 좌우로 잡아당기면 비행기가 날아간다.

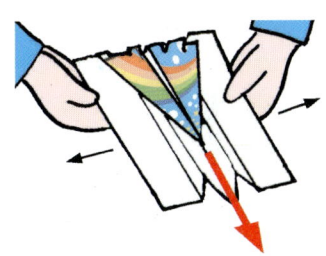

4 그림처럼 접는다.
------ 산 접기   — - — 계곡 접기

5 비행기 잎에 클립 1개를 끼워 추로 삼으면 무게 중심이 잡힌다.

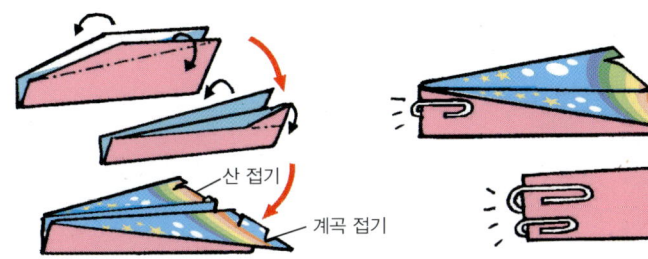

산 접기
계곡 접기

날개의 한쪽 가위집은 산 접기, 다른 쪽 가위집은 계곡 접기를 해요.

● 클립 개수는 날아가는 모양을 보고 조절하세요.

날개를 바꿔 보세요

날개와 가위집을 접는 방법을 바꾸면 날아가는 모습이 어떻게 달라질까요?

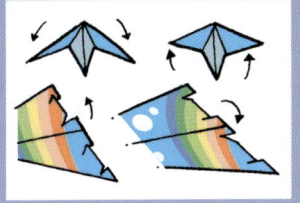

⚠ 사람이나 동물을 향해 비행기가 날아가지 않도록 주의하세요.

실험 6 — 느릿느릿 돌며 떨어진다! 빙그르르 헬리콥터

까치발을 들고 슬쩍 손을 높이 뻗기만 해도 헬리콥터가 빙그르르 돌며 떨어져 내린답니다.

실험 방법

1. 385쪽 종이를 오려 낸다. 가위집을 넣는다.

종이는 세 종류가 있어요.

2. ☆ 표시끼리 붙이고, 클립을 끼워 고정한다.

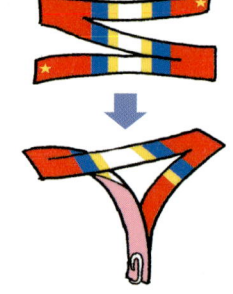

● 클립 개수는 헬리콥터가 떨어지는 모습을 보고 조절하세요.

3. 사진처럼 헬리콥터를 손가락으로 잡고 높이 들어 올린 다음 손에서 놓는다.

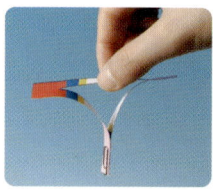

다양한 크기로 실험해 보세요

헬리콥터 크기가 달라지면 빙글빙글 돌아가는 속도도 달라진답니다. 크기가 다른 종이로 헬리콥터를 만들어서 실험해 보세요.

실험 7 — 흥겨운 음악을 연주해 보자! 바가지 벤조

미국으로 건너간 아프리카계 사람들이 만든 현악기 벤조.
나무젓가락 위치에 따라 소리의 높이가 달라져요.

- 나무젓가락
- 커터 칼로 살짝 칼집을 넣어요.
  - 어른에게 부탁하세요.
- 고무줄
  나무젓가락 위치를 바꾸어 가며 손가락으로 튕기면 소리의 높이가 달라져요.
- 손잡이가 달린 플라스틱 바가지
- 커터 칼로 살짝 칼집을 넣어요.
  - 어른에게 부탁하세요.

준비물

- 손잡이가 달린 플라스틱 바가지
- 커터 칼
- 고무줄(길이와 두께가 다른 고무줄을 준비하면 좋다.)
- 나무젓가락
- 스카치테이프와 검정색 테이프

실험 방법

칼집에 고무줄을 걸고 바가지를 뒤집어 스카치테이프나 검정색 테이프로 고무줄을 묶는다.
나무젓가락 위치를 바꾸며 고무줄을 손가락으로 튕겨 소리를 낸다.

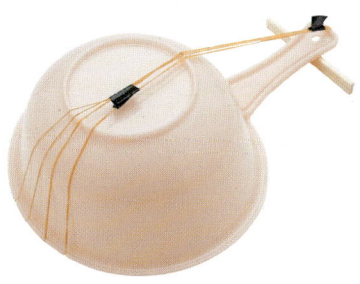

왜 소리의 높이가 달라질까요?

소리는 물체의 진동이에요. 가늘게 떨릴수록 높은 소리가 난답니다. 고무줄이 팽팽할수록, 고무줄 두께가 가늘수록 소리가 높아져요. 손잡이 부분을 손가락으로 눌러서 고무줄이 떨리는 높이를 짧게 조절해도 소리가 높아지지요.

실험 8

손바닥 크기의 연이 하늘 높이 훨훨!

꼬마 연 만들어 날리기

작은 고추가 맵다! 손바닥처럼 조그맣고 앙증맞은 연을 만들어 날려 보세요. 보통 크기의 연보다 쉽게 날릴 수 있고, 잘 떨어지지 않아요.

준비물

- 기름종이(정사각형 또는 직사각형)
- 재봉틀용 실(최대한 가는 실)
- 스카치테이프
- 가위

만드는 법

1 기름종이를 두 장씩 접어 파란색 선처럼 잘라 연 모양을 만든다.

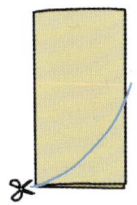

자르는 방법을 다르게 해도 돼요.

2 펼쳐서 위에서 3분의 1 지점에 연필로 표시한다.

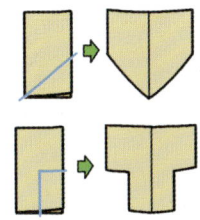

3 뒤집어서 위에서 5mm씩 두 번 접는다. 작게 자른 스카치테이프로 가운데를 붙인다.

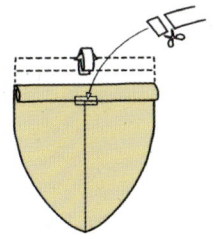

4 다시 뒤집어서 연필로 표시한 부분에 스카치테이프로 5m 길이의 실을 붙인다.

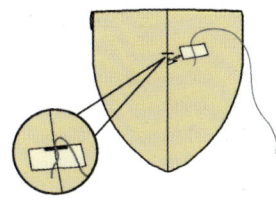

실이 꼬이지 않도록 종이를 접어서 만든 실패에 돌돌 감아 두세요.

5 꾹꾹 눌러 비을 접이 연을 세운다.

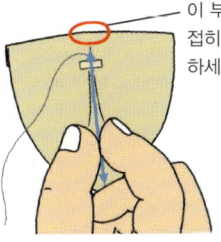

이 부분까지 접히지 않도록 하세요.

처음에는 실을 짧게 잡고 연을 날리고, 연이 뜨기 시작하면 천천히 실을 푼다.

연이 잘 날지 않을 때는……

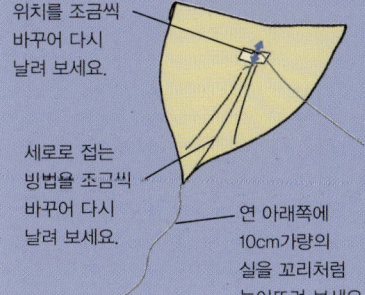

실 붙이는 위치를 조금씩 바꾸어 다시 날려 보세요.

세로로 접는 방법을 조금씩 바꾸어 다시 날려 보세요.

연 아래쪽에 10cm가량의 실을 꼬리처럼 늘어뜨려 보세요.

실험 9 | 바람 방향에 따라 굴러가는 방향이 달라진다!
비틀비틀 수레바퀴

바람이 불면 데굴데굴 구르기 시작하는 수레바퀴. 가위집 때문에 이리저리 비틀거리며 굴러다녀요. 비틀비틀, 데굴데굴!

준비물

● 가위   ● 풀 등의 접착제   ● 책받침이나 부채 등 바람을 일으킬 수 있는 도구

만드는 법

1 387쪽 종이를 오린다. 그림처럼 한 가운데 하얀 점선에서 산 접기를 하고, 수레바퀴 구멍이 될 부분을 검은색 선을 따라서 오려 낸다.

2 펼쳐서 삼각형 부분을 세운다. ·----·을 따라 계곡 접기를 하여 야무지게 세운다.

3 세운 부분이 밖으로 가도록 놓고 풀칠 부분에 풀을 발라 원통으로 만든다.

수레바퀴를 둥글게 말 때 모양이 망가지지 않도록 조심하세요.

4 평평한 곳에 둔다. 입김을 불거나 책받침 등으로 바람을 일으키면 수레바퀴가 굴러가기 시작한다.

바람을 삼각형을 세운 부분 쪽으로 보내세요.

매끈매끈한 바닥에서는 미끄러져서 잘 구르지 않아요. 다양한 장소에서 시험해 보세요.

한쪽으로 기울며 비틀비틀 수레바퀴가 나아간다. 볼링처럼 코스를 만들고 수레바퀴를 여러 개 만들어서 친구들과 게임을 즐겨 보자.

? 왜 비틀거리며 굴러갈까요?

수레바퀴에 바람이 닿으면, 삼각형 부분에 먼저 연달아 닿았다가 양쪽 가장자리부터 줄줄이 빠져요. 그러면서 수레바퀴 방향이 달라지고 비틀거리며 굴러간답니다.

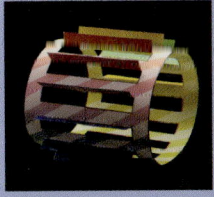

387쪽에 세운 부분의 모양이 사각형인 수레바퀴 종이가 있어요. 가운데 하얀색 점선에서 산 접기를 하고, 검은색 선에 가위집을 넣어 수레바퀴를 만들어 보세요. 이 수레바퀴는 비틀거리지 않고 똑바로 굴러가요. 바람이 양쪽 가장자리로 빠져나가지 않기 때문이지요.

실험 10

손대지 않아도 혼자서 벌떡 일어난다!
오뚝이 몬스터

손으로 접은 종이가 서서히 일어나요. 벌떡!
오뚝이 몬스터 나가신다!

만드는 법

1 389쪽 종이를 오려 낸다. 뒷면의 표시된 부분에 스카치테이프를 붙인다.

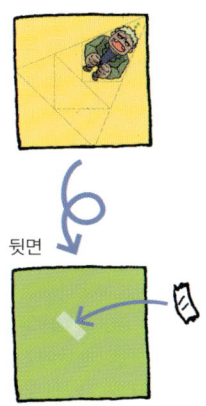

종이가 찢어지기 쉽기 때문이에요.

2 ----- 은 산 접기 하고, -·-·- 은 계곡 접기 해서 그림처럼 접는다. 뻑뻑해서 잘 접히지 않을 때는 어른에게 도움을 요청하자.

  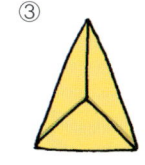 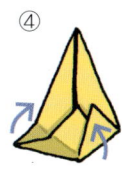

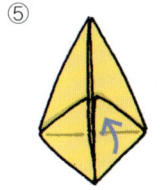  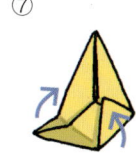  

마지막에 반으로 접어서 완성.

접다가 종이가 찢어질 수도 있지만, 조금 찢어져도 오뚝이가 씩씩하게 일어나니 걱정하지 않아도 돼요.

3 펼쳐지지 않도록 꽉 잡고 그림처럼 책상 위에 올린다.

미끄럽지 않은 곳이 좋아요.

4 손을 떼면 접은 곳이 서서히 벌어지며 천천히 일어난다.

★ 종이가 일어나지 않는다면……
- **2**의 ⑦ ⑧ 단계에서 손끝에 힘을 주고 꼭꼭 누르며 다시 접어 본다.
- 책상 위에 올릴 때 펼쳐지지 않도록 꼭 잡고 다시 해 본다.

종이가 많이 찢어져서 일어나지 않을 때는 크기가 다른 종이로 다시 접어서 도전해 보세요.

❓ 어떻게 혼자서 일어날까요?

접힌 부분이 서서히 펼쳐지며 중심점이 옮겨 가서 몬스터의 다리 부분이 점점 무거워지기 때문이에요. 시소처럼 무거운 부분이 아래로 내려가고 가벼운 부분이 위로 올라가는 원리랍니다.

실험 11 — 재주 넘는 고양이

거꾸로 떨어뜨려도 회전해서 착지한다!

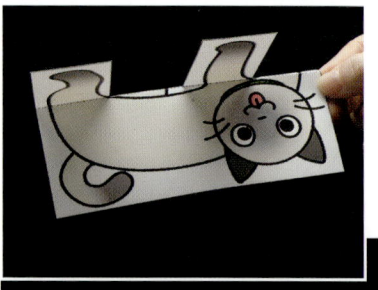

거꾸로 떨어뜨려도 공중에서 빙그르르 회전하고 나풀나풀 춤추며 멋지게 착지하는 고양이. 다양한 종이로 만들어 실험해도 재미있답니다.

실험 방법

1. 391쪽 종이를 검은색 선을 따라서 오려 낸다.

2. 그림처럼 다리 부분을 산 접기, 계곡 접기 한다.

3. 거꾸로 들고 1m 이상 높이에서 떨어뜨리자. 멋지게 착지한다.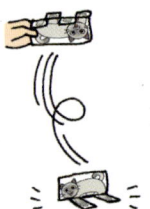

! 고양이는 회전해서 착지해요

고양이는 몸이 유연해서 높은 곳에서 떨어져도 다리가 아래로 오도록 자세를 잡고 멋지게 착지한답니다.

● 그렇다고 살아 있는 진짜 고양이를 거꾸로 들고 높은 곳에서 떨어뜨리면 안 돼요.

실험 12 — 미묘한 균형 감각을 자랑한다!
고양이 오뚝이

손가락 위에서 흔들흔들 균형을 잡는, 신기한 모양의 고양이 오뚝이랍니다.

 **실험 방법**

1 391쪽 종이를 오려 낸다.

2 종이의 뾰족한 부분을 손가락 위에 얹는다.

연필이나 자 등 다양한 물건 위에 오뚝이를 올려놓고 균형을 잡아 보세요.

고양이는 꼬리로 균형을 잡아요

고양이는 담장 위에서도 태연하게 걸어 다닐 수 있어요. 꼬리를 움직여 적절하게 균형을 잡을 줄 알거든요.

실험 13 | 회전시키면 그림이 이어진다! 종이 만화경

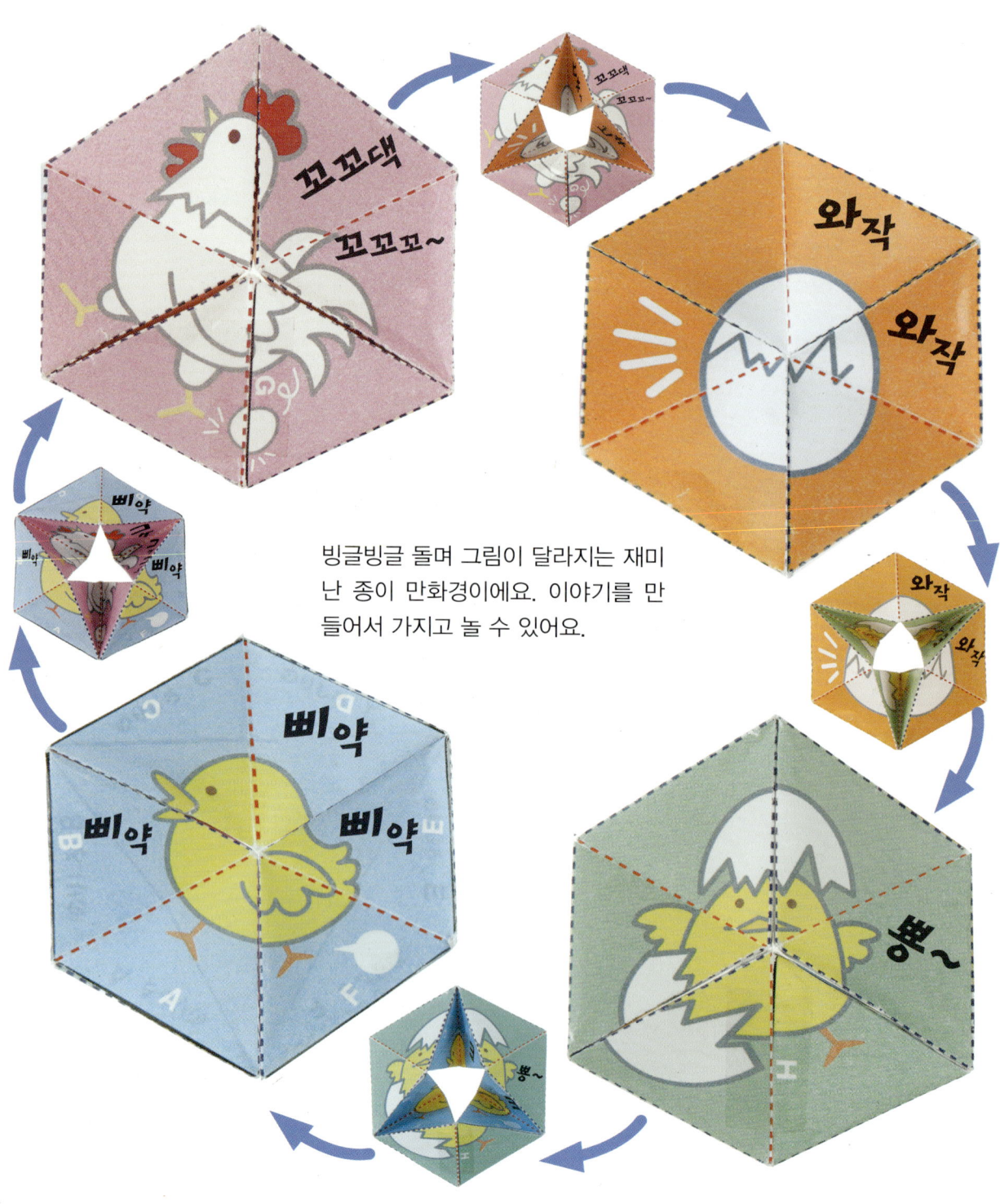

빙글빙글 돌며 그림이 달라지는 재미난 종이 만화경이에요. 이야기를 만들어서 가지고 놀 수 있어요.

실험 방법

1 393쪽 종이를 검은색 선을 따라서 오려 낸다.
- - - - - 은 산 접기,
- - - - - 은 계곡 접기를 한다.

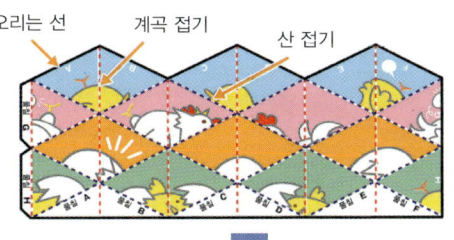
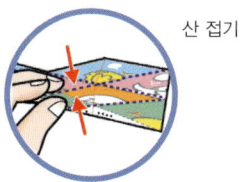
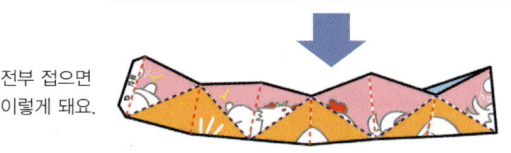

전부 접으면 이렇게 돼요.

2 풀칠 A~F에 풀을 발라, A~F 각각을 맞추어 붙인다.

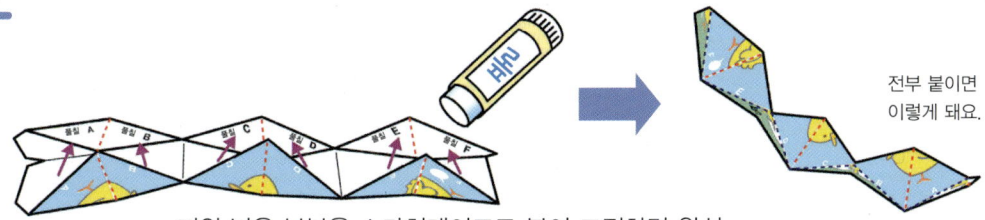

전부 붙이면 이렇게 돼요.

끼워 넣은 부분을 스카치테이프로 붙여 고정하면 완성.

3 풀칠 G와 H에 풀을 발라, G와 H에 맞춰 안쪽으로 끼워 넣고 꾹꾹 누른다.

4 끼워 넣은 부분을 스카치테이프로 붙여 고정하면 완성.

! 직접 그림을 그려 보세요

393쪽 하얀색 견본 종이를 오려 낸다. 마찬가지로 조립한다.

네 면에 각각 그림을 그린다. 4컷 만화를 그려도 재미있다.

놀이 방법

양손으로 만화경 가장자리를 잡고 바깥으로 펼치거나, 안쪽으로 모은다는 느낌으로 회전시킨다. 네 가지 그림이 줄줄이 나온다.

가운데를 살짝 눌러도 좋아요.

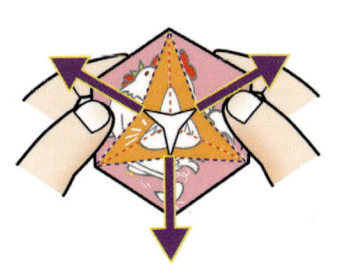
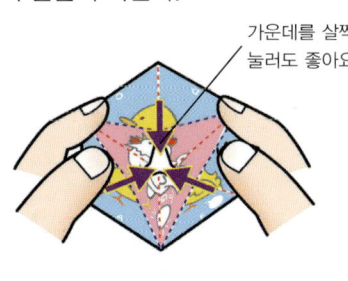

 실험 14

물고기가 떴다가 가라앉았다가!
페트병 수족관

물고기가 들어 있는 페트병 수족관. 아무것도 하지 않으면 물고기가 떠 있지만 페트병을 꾹 누르면 물고기가 가라앉아요.

준비물

- 500mL 페트병 1개(간장 용기보다 입구가 커야 한다.)
- 물고기 모양 간장 용기 1개
- 가위
- 압정 1개
- 유성펜

만드는 법

1 간장 용기의 물고기 배 부분에 가위로 작은 구멍을 내고, 구멍에서 조금 떨어진 위치에 압정을 꽂는다.

도시락이나 포장 음식에 사용하는 물고기 모양 간장 용기

구멍을 너무 크게 뚫지 않도록 주의.
가위로 자를 때나 압정을 꽂을 때 다치지 않도록 조심하세요.

2 페트병에 유성펜으로 바닷속 풍경을 그리고, 물을 가득 채운다.

물을 가득 채워야 나중에 간장 용기가 가라앉아요.

3 간장 용기 안에 물을 조금 넣고 물에 띄워 본다. 아슬아슬하게 수면에 뜨도록 간장 용기 안 물의 양을 조절한다.

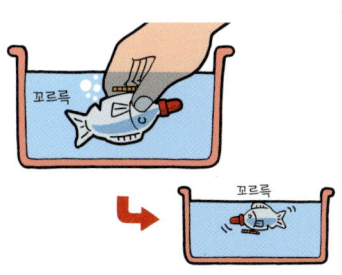

4 페트병에 간장 용기를 띄우고, 뚜껑을 꼭 닫는다. 페트병을 손으로 꾹 눌렀다가 힘을 빼 보자.

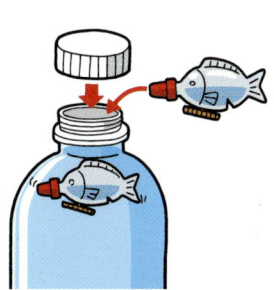

왜 물고기가 떴다가 가라앉았다 이리저리 움직일까요?

비밀은 간장 용기 안에 들어 있는 공기가 쥐고 있답니다. 페트병을 누르면 누르는 힘이 물에 전달되고, 물이 페트병 안의 물고기를 눌러요. 그러면 간장 용기 안의 공기가 수축해 물고기가 아래로 가라앉게 돼요. 힘을 빼면 간장 용기 안의 공기가 원래대로 돌아오며 다시 떠오르지요. 살아 있는 물고기는 공기가 들어간 주머니(부레)를 가지고 있어요. 페트병 수족관은 물고기가 부레를 근육의 힘으로 수축시키면 가라앉고, 힘을 빼면 다시 떠오르는 원리를 응용한 장난감이에요.

● 압정을 물에 넣어 두면 자칫 녹이 슬어 물이 탁해질 수 있어요. 스테인리스 재질처럼 가능한 한 녹이 슬지 않는 압정을 사용해 주세요.

3장

실험 15

스티로폼 용기를 원하는 모양으로 자를 수 있다!
스티로폼 절단기

옷걸이를 활용하여 스티로폼 절단기를 만들어 보세요. 철사가 뜨겁게 달구어지며 스티로폼 용기를 매끈하게 잘라요.

104

준비물

- 플라스틱 옷걸이
- 스테인리스 철사
- 쿠킹 포일
- D형(알칼리) 건전지 2개
- 두꺼운 고무줄
- 비닐 소재 절연 테이프
- 스티로폼 용기

만드는 법

1 플라스틱 옷걸이에 가늘게 자른 쿠킹 포일을 돌돌 말고, 스테인리스 철사를 그림처럼 팽팽하게 묶어서 고정한다.

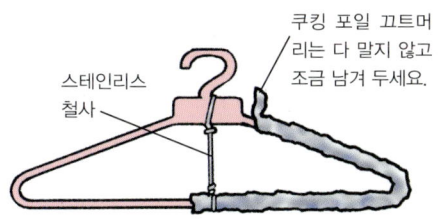

쿠킹 포일 끄트머리는 다 말지 않고 조금 남겨 두세요.
스테인리스 철사

2 D형 건전지 2개를 직렬로 연결한다. 건전지 주위를 종이로 감싸고 두꺼운 고무줄로 종이가 풀어지지 않게 묶는다.

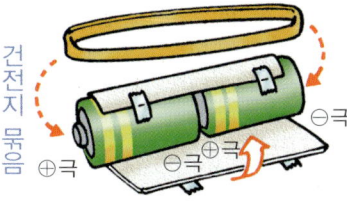

건전지 묶음
⊕극 ⊖극
⊖극 ⊕극
건전지 방향에 주의하세요.

3 2의 건전지 묶음을 옷걸이에 절연 테이프로 고정한다. 스테인리스 철사와 건전지의 ⊕극을 쿠킹 포일로 연결한다.

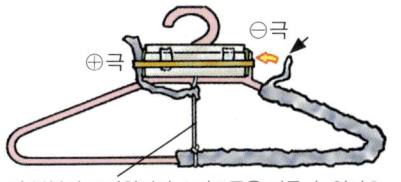

옷걸이에 감아 둔 쿠킹 포일 끄트머리를 ⊖극에 연결하면 절단기가 작동해요.
⊖극 ⊕극
이 부분이 뜨거워지면 스티로폼을 자를 수 있어요.

4 3의 그림처럼 옷걸이에 감아 둔 쿠킹 포일 끄트머리를 ⊖극에 연결하고, 가운데 스테인리스 철사로 스티로폼 용기를 자른다.

■ 절단기로 잘라 낸 스티로폼 조각에 접착제를 발라 끈을 붙이면 재미난 모빌 장식이 만들어진다.

열에 녹아서 잘려요.

? 왜 철사가 뜨거워질까요?

금속에는 전류가 흘러요. 그런데 금속 중에도 전류가 잘 흐르는 재질과 잘 흐르지 않는 재질이 있어요. 전선에 자주 사용되는 에나멜선이나 알루미늄 철사는 전류가 잘 흐르고, 이번 실험에서 사용한 스테인리스 철사는 전류가 잘 흐르지 않아요. 전류가 잘 흐르지 않는 물질을 '저항이 크다'고 해요. 저항이 큰 스테인리스 철사는 전기가 흐르면 열이 나며 뜨겁게 달아오릅니다. 니크롬선은 저항이 더 커서 토스터나 드라이기 등에 이용해요.

⚠ 스테인리스 철사가 달구어지면 손을 델 수 있으니 절단기를 사용할 때 꼭 어른의 도움을 받으세요.
⚠ 실험이 끝나면 건전지는 꼭 분리해 두세요.

실험 16 | 탱탱볼 뚜껑으로 떴다가 가라앉았다가!
페트병 잠수함

물에 넣으면 보글보글 거품을 내며 녹는 발포성 입욕제. 여기에서 나온 가스를 모아서 물에 떴다가 가라앉는 페트병 잠수함을 만들어 보세요.

🧪 실험 방법

1 페트병 중간을 커터 칼로 자른다.

⚠️ 꼭 어른에게 도움을 청하세요.

이쯤에서 자르면 좋아요.

커터 칼을 사용할 때는 조심하세요.

송곳으로 바닥 부근에 구멍을 여러 개 뚫어요.

2 페트병 입구를 사이에 두고 탱탱볼 2개를 이쑤시개로 찔러 연결한다.

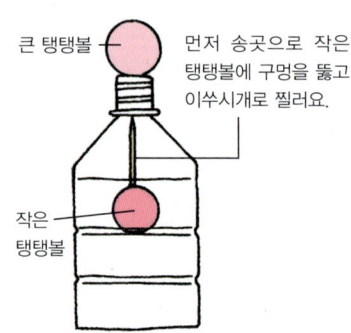

큰 탱탱볼

먼저 송곳으로 작은 탱탱볼에 구멍을 뚫고 이쑤시개로 찔러요.

작은 탱탱볼

3 발포성 입욕제와 유리구슬을 바닥에 넣고, 페트병 위아래를 연결한다.

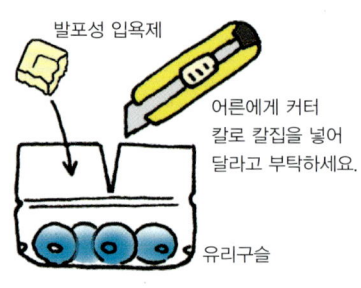

발포성 입욕제

어른에게 커터 칼로 칼집을 넣어 달라고 부탁하세요.

유리구슬

★잘 연결되지 않으면 스카치테이프 등으로 고정하세요.

● 꼭 어른과 함께 만들어요.

준비물

- 350mL 페트병 1개
- 발포성 입욕제 조각
- 송곳
- 이쑤시개
- 지름 2.5cm 이상으로 크기가 다른 탱탱볼 2개
- 유리구슬 3~4개

※발포성 입욕제가 딱딱해서 잘 녹지 않으면 억지로 부수려 하지 말고, 유리구슬 개수를 늘려 보세요

4 따뜻한 물을 채운 욕조에 페트병을 가라앉혀서 안에 물을 채운다. 발포성 입욕제에서 거품이 나오면 페트병이 떴다 가라앉는다.

★계속 떠 있으면 유리구슬 개수를 늘리고, 뜨지 않으면 유리구슬 개수를 줄이며 조절하세요.

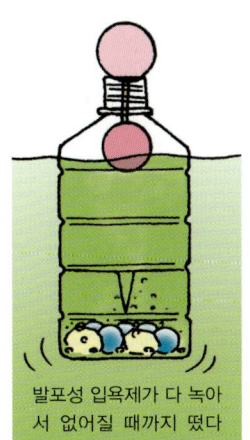

발포성 입욕제가 다 녹아서 없어질 때까지 떴다 가라앉기를 반복한다.

왜 떴다 가라앉기를 반복할까요?

작은 탱탱볼이 입구를 막아 입욕제에서 나온 가스가 페트병 안에 모여요. 그러면 페트병이 위로 둥실둥실 떠오르지요.

페트병 입구가 수면 위로 나오면 작은 탱탱볼 뚜껑이 열리며 가스가 솔솔 빠져나와요. 그러면 페트병에 다시 물이 차서 아래로 가라앉아요.

실험 17 — 신기한 모양으로 날아간다!
플라스틱 컵 UFO

빙빙 돌려서 던지면, 깜짝이야! 플라스틱 컵이 위로 붕 날아올랐다가 아래로 휘리릭 떨어진답니다. 꼭 UFO 같아요.

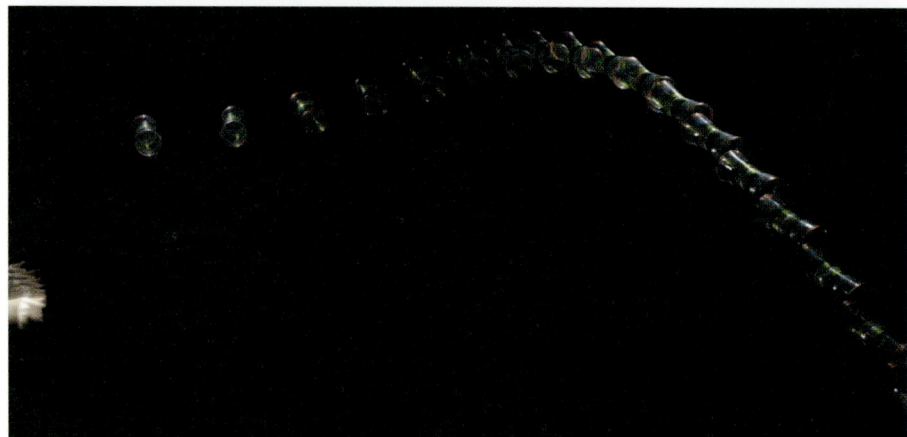

옆에서 보면, 위로 올라가나 싶더니 그대로 뒤로 가파르게 떨어져요.

준비물
- 일회용 플라스틱 컵 2개
- 스카치테이프
- 고무줄 4개
- 유성펜

만드는 법

1 플라스틱 컵 2개를 바닥끼리 맞닿게 놓고 스카치테이프로 연결한다.

2 유성펜으로 좋아하는 색을 칠한다.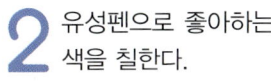

3 고무줄 4개를 이어 길게 만든다.

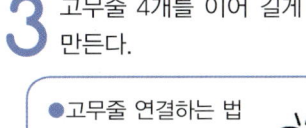

- 고무줄 연결하는 법

가위로 고무줄 한 군데를 자른다.

다른 고무줄 끄트머리와 합쳐 묶는다.

반대쪽 끝으로 잡아당긴다.

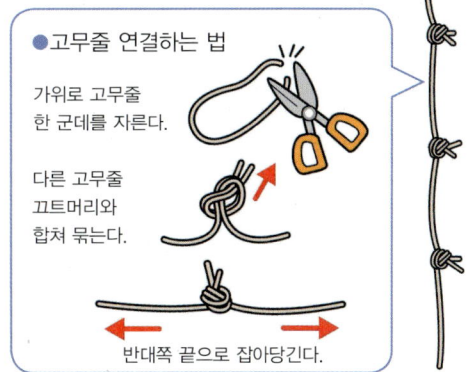

날리는 법

1 플라스틱 컵 가운데에서 고무줄을 살짝 잡아당겨 늘리면서 몸 쪽으로 서너 번 감는다.

엄지손가락으로 고무줄 끄트머리를 눌러요.

2 새끼손가락, 약손가락, 가운뎃손가락으로 고무줄 끄트머리를 잡고, 엄지손가락과 집게손가락으로 플라스틱 컵을 수평으로 든다.

3 세 손가락으로 고무줄을 잡은 채, 플라스틱 컵을 앞으로 내민다는 느낌으로 던진다.

나가는 방향

회전시키며 날려요.

고무줄 감는 방향을 바꾸거나, 위에서부터 던지는 등 다양한 방법으로 날려 보세요.

왜 이렇게 날아갈까요?

컵이 회전하며 날아가기 때문에 컵 위쪽에서는 아래쪽보다 공기의 흐름이 빨라져요. 공기의 흐름이 빨라지면, 공기가 컵을 아래로 미는 힘이 약해져 컵이 위로 밀려 올라간답니다. 잠시 후에는 컵이 위로 향하는 힘이 약해지며 아래로 빠르게 떨어져요.

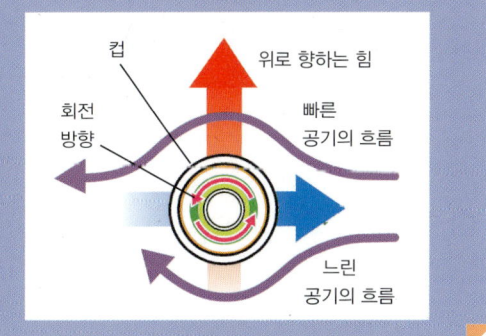

⚠ 사람이나 동물이나 물건을 향해 던지지 않도록 주의하세요. 도로나 찻길 근처에서 던지지 마세요.

3장

실험 18

던지면 빙글빙글 돌아 제자리로 돌아온다!

미니 부메랑

부메랑은 옛날 호주에서 사냥에 사용했던 도구라고 해요. 앞을 향해 던져도 제자리로 돌아오는 원리를 이용하지요.
종이로 간단하게 만들 수 있으니 도전해 보세요.

장난감 만들기 실험

🧪 만드는 법

1 395쪽 종이를 하늘색 선을 따라서 자른다.

2 3장 모두 ········을 따라 접는다. 오른손잡이는 산 접기를 하고, 왼손잡이는 계곡 접기를 한다.

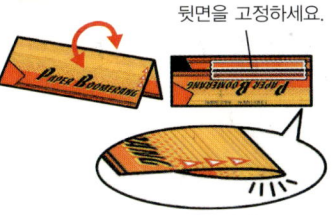

스카치테이프로 뒷면을 고정하세요.

살짝 떠 있어요.

3 종이 테두리에 맞춰 날개 3장을 조립하고, 스카치테이프로 고정한다. 오른손잡이는 빨간 부분이 안 보이도록 조립해서 고정한다. 왼손잡이는 검은 부분이 안 보이도록 조립해서 고정한다. 뒤쪽도 고정한다.

4 아래 그림처럼 조립되어 있는지 확인하자.

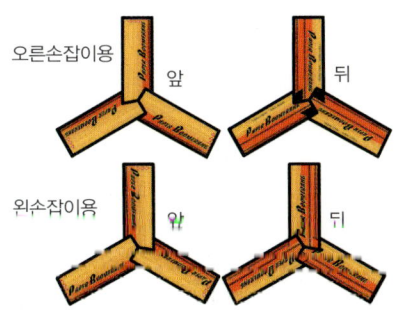

오른손잡이용 앞 뒤
왼손잡이용 앞 뒤

🧪 날리는 법

1 겉면이 안쪽(엄지손가락 쪽)으로 오도록 엄지손가락과 집게손가락 사이에 부메랑 끼워 든다.

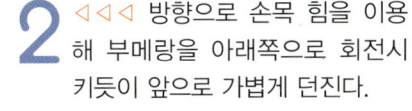

2 ◁◁◁ 방향으로 손목 힘을 이용해 부메랑을 아래쪽으로 회전시키듯이 앞으로 가볍게 던진다.

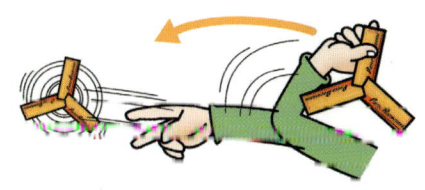

❗ 날개를 구부리는 방식에 따라 날아가는 모양이 달라져요

날개 뒷면을 조금 내리거나, 날개 전체를 약간만 들어 올리면 날아가는 모습이 또 달라져요. 날개 모양을 바꾸어 이리저리 날려 보세요.

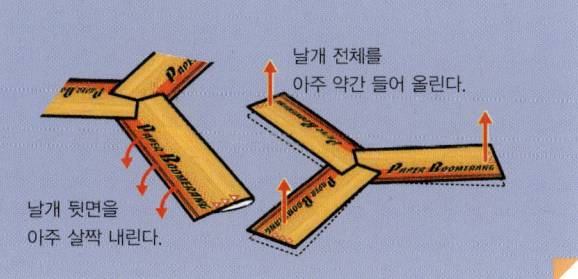

날개 전체를 아주 약간 들어 올린다.

날개 뒷면을 아주 살짝 내린다.

⚠ 사람이나 동물을 향해 던지지 마세요. 도로나 찻길 근처에서 던지지 마세요.

실험 19 확대경과 돋보기로 만든다! 나만의 천체망원경

생활용품점에서 구할 수 있는 확대경과 돋보기를 활용해 천체망원경을 만들어 보세요.

확대경과 돋보기 등 볼록렌즈 여럿을 조합해 만드는 망원경이에요. 17세기 독일의 천문학자인 케플러가 사용하여 '케플러식 망원경'이라고 부르기도 해요.

⚠️ 확대경이나 수제 천체망원경으로 절대 태양을 직접 보지 마세요. 눈을 다칠 수 있어요.

준비물

- 확대경 2개
- 노안용 돋보기
- 커터 칼
- 가위
- 스카치테이프
- 검은색 종이(종이 원통과 같은 길이와 너비)
- 원통형 과자 상자(바닥이 종이인 제품) 2개(하나는 뚜껑만 필요하다.)

만드는 법

⚠️ 커터 칼을 사용할 때는 조심하세요.

1. 확대경 2개를 겹쳐 놓고, 스카치테이프로 어긋나지 않게 고정한다.

빈틈이 생기면 종이를 끼워요.

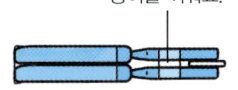

확대경 크기가 다를 때는 중심점을 맞춰요.

2. 과자 통 뚜껑 한가운데에 1을 스카치테이프로 붙인다.

손잡이 부분은 되도록 겹쳐지지 않게 붙이세요.

3. 다른 과자 통 뚜껑에는 돋보기를 스카치테이프로 붙인다. 안경의 렌즈만 빼서 붙여도 된다. 뚜껑 한가운데에 구멍을 뚫고 붙인다.

렌즈의 볼록한 부분이 위로 오도록 해요.

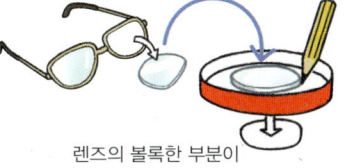

렌즈의 볼록한 부분이 뚜껑 바깥으로 가도록 놓아요.

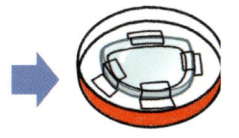

4. 가장자리만 조금 남기고 과자 통 바닥을 동그랗게 잘라 낸다.

5. 과자 통에 검은색 종이를 둘둘 감는다. 망원경 몸통이 된다.

통이 움직일 수 있도록 간격을 살짝 두어요.

6. 5의 망원경 몸통에 3의 뚜껑을 덮고, 스카치테이프로 붙인다.

돋보기 렌즈에서 볼록한 부분이 바깥쪽으로 가요.

7. 6의 몸통 반대쪽에 2의 뚜껑을 덮고, 스카치테이프로 붙인다.

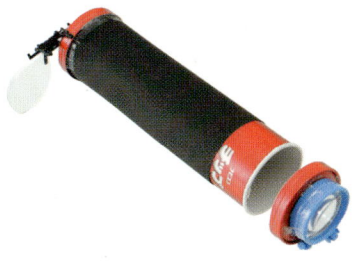

8. 망원경 몸통을 앞뒤로 움직이면서 가장 잘 보이는 길이로 조정한다.

어떻게 망원경이 될까요?

노안용 돋보기와 확대경으로 만든 3장의 렌즈 덕분에 멀리 있는 풍경이 가까이 있는 것처럼 보여요.

거꾸로 보인다.

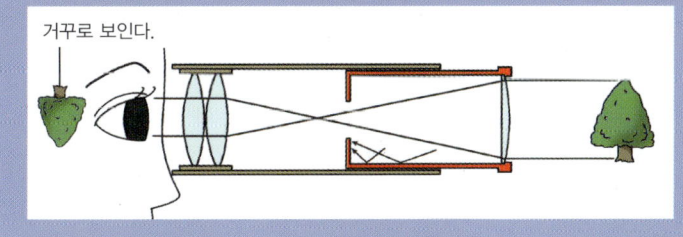

● 렌즈가 깨지지 않도록 조심하세요. 꼭 어른과 함께 만들어요.

장난감 만들기 실험

4장

신나게 놀며 만들기를 하자!

미술 실험

즐겁게 실험하며 귀여운 소품도 만들 수 있는
여러 방법을 알차게 모았어요.
손수 만든 선물을 하고 싶을 때나 미술 시간에 만들기 할 때도 딱!

실험 1

뒤집으면 친구가 나타난다!
반짝반짝 돔 수족관

물이 들어 있는 평범한 병처럼 보이지만…….
거꾸로 뒤집으면 친구가 짠~ 하고 나타납니다!
반짝반짝 빛나는 예쁜 수족관을 내 손으로
직접 만들어 보아요.

준비물

- 스티로폼 용기
- 비즈 공예용 끈
- 쿠킹 포일
- 반짝이
- 큼직한 유리병
- 스티로폼과 금속을 붙일 수 있는 접착제
- 바늘
- 유성펜

만드는 법

1 스티로폼 용기를 잘라서 고둥 모양 조각 2개와 작은 원 조각을 오려 낸다.

나중에 병에 넣고 물을 채우면 실제보다 크게 보이므로 자그마하게 만들어요.

가위와 커터 칼을 사용할 때는 조심하세요.

2 오려 낸 고둥 모양 조각 2개에 비즈 공예용 끈을 끼워 접착제로 붙인다.

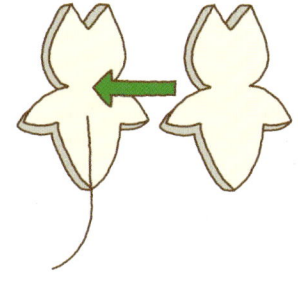

3 고둥 주위를 깎아 내서 모양을 다듬는다. 유성펜으로 무늬도 그린다.

커터 칼을 사용할 때는 조심하세요.

4 작은 원 조각 중심에 바늘로 구멍을 뚫고, 두 고둥 모양 조각 사이에 끼운 끈을 통과시킨다. 끈 끝에 스카치테이프를 붙여서 원 조각을 병뚜껑에 붙인다.

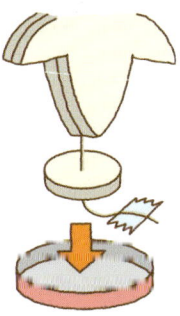

바늘을 사용할 때는 조심하세요.

5 쿠킹 포일 양면에 유성펜으로 색을 칠하고 3~4mm 정사각형 모양으로 자른다.

시판 반짝이를 내서 사용해도 돼요.

6 병에 물을 가득 채우고, 색을 칠한 쿠킹 포일과 반짝이를 넣는다. 고둥 조각을 병 안에 넣고 뚜껑을 꽉 닫는다.

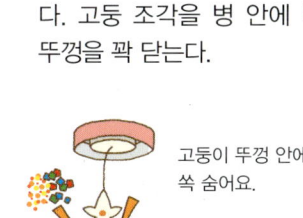

고둥이 뚜껑 안에 쏙 숨어요.

물고기나 펭귄 모양으로 만들어도 멋있어요.

❗ 병 안을 채우는 액체의 종류를 바꾸어 보세요.

병 안에 세탁용 풀을 녹인 물을 채우면 쿠킹 포일이나 반짝이가 떨어져 내리는 속도가 느려져요. 설탕물이나 식염수 등 다양한 액체를 넣고 어떻게 달라지는지 실험해 보세요.

세탁용 풀은 투명한 제품을 사용하세요.

미술 실험

실험 2 — 기름을 굳히고 크레파스를 녹이면……
알록달록 빛나는 양초

기름이 알록달록한 양초로 변신! 세상에 단 하나뿐인 나만의 양초에 불을 밝혀 근사한 밤 분위기를 만들어 보세요.

준비물

- 식용유
- 폐식용유용 기름 응고제
- 크레파스
- 연실
- 나무젓가락
- 내열성 유리병
- 은박 베이킹 컵
- 얼음 틀(내열 재질)

⚠ 주의(꼭 어른과 함께 읽어 주세요!)

- 완성된 양초는 기름을 굳혀 만들어서 오래 가지 않아요. 최대한 빨리 사용하세요.
- 실험하는 동안 화상을 입지 않도록 주의하고, 무엇보다 화재가 나지 않도록 주의하세요.
- 양초에 불을 붙일 때는 타기 쉬운 물건은 주위에서 치우고, 양초를 평평하고 안전한 곳에 두어요.
- 양초에 불이 붙으면 절대로 불 가까이 다가가지 마세요. 또 화재가 일어나지 않도록 주의하세요.
- 양초에 불을 붙이면 병과 베이킹 컵이 뜨거워요. 화상을 입지 않도록 주의하세요.

만드는 법

1 식용유를 데우고 폐식용유용 기름 응고제를 넣는다. 기름 온도는 기름 응고제 사용 설명서를 참고하자.

⚠ 뜨거운 기름은 위험하니 반드시 어른에게 부탁하세요.

2 굳기 전에 기름을 내열성 유리병과 베이킹 컵에 붓는다. 기름이 뜨거울 때 잘게 갈아 낸 크레파스를 넣어 녹인다.

커터 칼을 사용할 때는 조심하세요.

3 나무젓가락에 연실(심이 될 부분)을 묶어서 병 입구에 건다. 기름이 식어서 굳으면 실이 약 1~2cm 나오도록 길이를 조정해 자른다.

❖ 줄무늬 양초

1 기름 응고제를 넣은 기름을 병에 따르고, 잘게 갈아 낸 크레파스로 색을 낸다. 심을 넣고 굳힌다.

2 다른 색 크레파스를 넣은 기름을 위에 다시 붓는다.

❖ 미니 양초

1 기름 응고제를 넣은 기름을 얼음 틀에 넣어 굳힌다. 실리콘 재질로 된 틀을 사용하면 나중에 빼내기 쉽다.

갈아 낸 크레파스를 넣어 녹여요.

2 굳으면 틀에서 꺼내 베이킹 컵에 넣는다. 기름 응고제를 넣은 기름을 채우고, 심을 넣어 굳힌다.

베이킹 컵으로 만든 양초 위에 미니 양초를 얹어도 귀여워요.

- 식용유로 만든 양초는 손으로 만지면 끈적끈적해요.

4장

실험 3

전자레인지로 눌린 꽃을 만들면……
선물하기 좋은 꽃 소품

예쁜 꽃과 이파리를 눌러서 압화(눌린 꽃)를 만들어 보세요.
전자레인지를 사용하면 빠르고 깔끔하게 만들 수 있답니다.

소품 보관함

카드

책갈피

준비물

- 꽃과 잎(너무 두껍지 않은 것)
- 쌀(약 1kg)
- 내열 용기(전자레인지 사용이 가능한 것)
- 키친타월
- 핀셋
- 코팅 필름
- 손수건
- 소품을 만들 병과 도화지 등
- 목공용 본드

만드는 법

1 내열 용기에 쌀을 3cm 높이까지 채운다.

2 키친타월을 두 번 접어, 꽃과 이파리를 끼우고 1 위에 올린다.

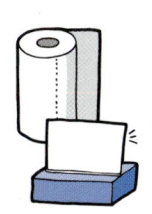 

꽃끼리 붙지 않도록 조심하세요.

3 2 위에 쌀을 다시 3cm 높이로 붓는다.

4 뚜껑을 덮지 않고 전자레인지(600w)에서 1분을 돌린다. 쌀이 식을 때까지 2~3분 정도 기다린다.

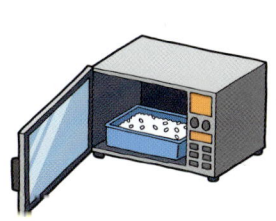

5 키친타월을 펼쳐 꽃을 핀셋으로 집어 빳빳하게 펴진 느낌이 들면 완성. 흐물거리면 수분이 남아 있다는 뜻이니 전자레인지에서 1분가량 더 돌린다.

여러 번 돌려도 빳빳해지지 않으면 키친타월 사이에 끼운 채, 신문지 위에 올려, 어른에게 다리미로 다려 달라고 부탁하세요. 다리미 온도는 약으로 설정하세요.

6 커터 칼로 코팅 필름을 꽃 모양으로 자른다. 눌린 꽃을 종이나 병 위에 올리고, 위에 코팅 필름을 겹쳐 놓는다. 필름의 바닥 종이를 벗기고, 손수건으로 공기가 빠지도록 필름 위를 문지르며 붙인다.

커터 칼을 사용할 때는 조심하세요.

종이에 붙일 때는 목공용 본드로만 붙여도 괜찮아요.

! 어떻게 전자레인지로 압화를 만들 수 있을까요?

전자레인지는 꽃 속의 수분만 데워 증발시켜요. 그 수분을 쌀이 흡수하여 꽃이 보송보송하게 마르는 원리랍니다. 또 쌀의 무게 때문에 꽃이 쪼그라들지 않고 납작하게 펴져요.

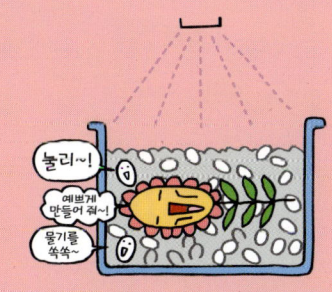

⚠ 전자레인지는 꼭 어른과 함께 사용하세요. 너무 오래 돌려서 뜨거워지면 내용물이 탈 수 있어요.
⚠ 전자레인지에서 돌린 쌀은 뜨거워져요. 달구어진 쌀을 맨손으로 만지지 않도록 주의하세요.

실험 4

여름 바닷가에서의 추억을 남기자!
조개껍데기 나비 표본

조개껍데기는 크기나 모양이 제각각 다르게 생겼어요. 바닷가에서 다양한 조개껍데기를 주워 와서 추억을 담아 나비 모양 표본을 만들어 보세요.

준비물

- 다양한 조개껍데기
- 나사, 건전지, 연필, 빨대 등 나비 몸통이 될 길쭉한 물건
- 가느다란 철사
- 비즈
- 택배 상자와 하얀 마분지
- 양면테이프와 접착제

만드는 법

1 가느다란 철사를 구부려 나비 몸통이 될 물건에 접착제로 붙인다.

2 1에 조개껍데기 4장을 좌우 대칭이 되도록 접착제로 붙인다.

3 비즈로 눈을 만들어 붙인다. 나비 여러 마리를 만든다.

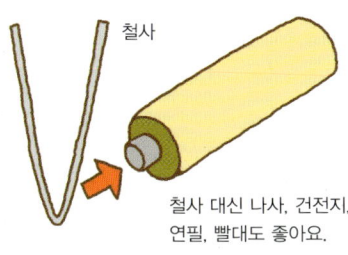
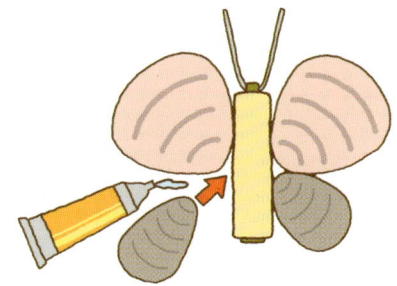
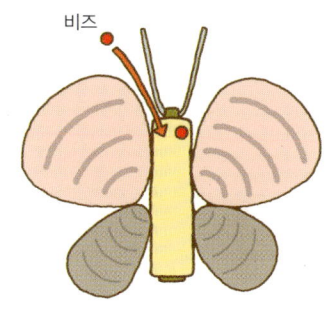

4 표본 상자를 만든다. 택배 상자를 자르고 풀로 하얀 마분지를 위에 붙여 바탕 종이를 만든다.

5 택배 상자를 3cm 너비로 잘라, 4의 바탕 종이 크기에 맞추어 접착제로 세워서 붙인다.

6 표본 상자에 조개껍데기로 만든 나비를 가지런하게 늘어놓고, 양면테이프와 접착제로 붙인다.

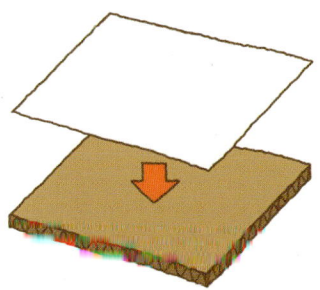
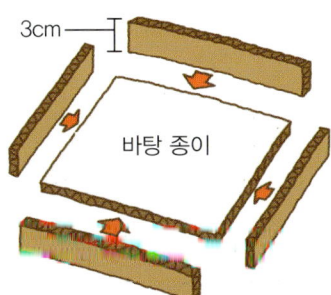

조개껍데기 문양을 관찰해 보세요

껍데기 2개가 붙어 있는 조개를 어려운 말로 '이매패류'라고 불러요. 조개껍데기 문양은 하나하나 달라요. 문양이 똑같은 조개는 하나도 없답니다. 바닷가에서 주워 온 조개껍데기를 자세히 관찰해 보세요. 어떤 종류의 조개인지 도감에서 찾아보고, 표본에 적어 두면 더욱 알찬 추억을 만들 수 있어요.

실험 5

지점토에 물을 섞어 짜면……
몽실몽실 크림 냉장고 자석

지점토에 물을 섞어 만든 반죽을, 짜는 주머니에 넣고 누르면 크림처럼 몽실몽실한 모양으로 쭈욱 나와요. 뒷면에 고무 자석을 붙이면 가볍고 깜찍한 냉장고 자석 완성!

준비물

- 지점토(경량 점토) 1봉지
- 물 50mL
- 지퍼백(밀봉과 냉동실 사용이 가능한 제품)
- 짜는 주머니와 깍지
- 작게 자른 우유팩
- 각종 장식(비즈, 리본, 움직이는 눈동자 스티커 등)
- 고무 자석(없으면 일반 자석)

만드는 법

1 지퍼백에 지점토 1봉지와 물 50mL를 넣고 손으로 조물조물 치댄다.

지점토는 브랜드에 따라 질감이 조금씩 달라요.

물의 양은 어른과 함께 반죽 상태를 관찰하며 조절하세요.

2 짜는 주머니에 깍지를 끼운다.

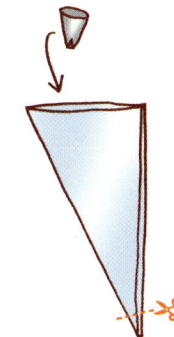

3 지퍼백 아래를 조금 잘라서 지점토 반죽을 짜는 주머니에 채운다.

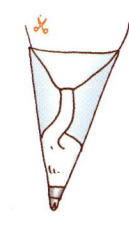 

4 우유팩을 뜯어서 펼쳐 안쪽 면에 지점토 반죽을 짠다. 마르기 전에 비즈와 스티커 등을 붙여 장식한다.

다양한 모양으로 짜 보세요.

5 그대로 하루 동안 말린다. 뒷면에 고무 자석을 잘라 양면테이프로 붙인다.

■ 학교에 가져갈 때는 철제 쿠키통 안에 붙여서 가져가면 깨뜨리지 않고 안전하게 가져갈 수 있어요.

? 왜 묽은 지점토가 마르면서 딱딱하게 굳을까요?

지점토는 펄프(나무에서 얻는 종이의 원료)에 물과 풀 등의 재료를 더해 찰흙처럼 만든 제품이에요. 물을 더하면 부드러워진답니다. 시간이 지나면 수분이 증발해 딱딱하게 굳고, 수분이 날아가면서 무게도 가벼워져요.

● 지점토로 만든 크림을 과자로 착각해서 먹지 않도록 주의하세요.

실험 6

부드러운 지점토에 색깔을 입히면……
진짜처럼 먹음직스러운 마카롱

물을 섞어 크림처럼 부드러워진 지점토와, 물을 섞지 않고 색을 낸 지점토를 섞어 누구나 깜빡 속아 넘어갈 정도로 진짜 같은 마카롱을 만들어 보세요.

준비물

- 지점토(경량 점토) 1봉지
- 물 50mL
- 지퍼팩(밀봉과 냉동실 사용이 가능한 제품)
- 짜는 주머니와 깍지
- 색깔 지점토나 물감
- 베이킹 시트(오븐 사용이 가능한 종이 포일로 대체가 가능하다.)
- 동그란 모양 쿠키 틀
- 비즈 등 각종 장식

만드는 법

1 지퍼팩에 지점토 한 봉지와 물 50mL를 넣고 손으로 조물조물 치댄다.

2 짜는 주머니에 깍지를 끼운다. 지퍼팩 아래를 살짝 자르고 지점토를 짜는 주머니에 채운다.

3 하얀 지점토에 물감을 조금씩 섞어 주무른다. 색이 있는 시판 제품을 사용해도 된다.

물의 양은 어른과 함께 상태를 관찰하며 조절하세요.

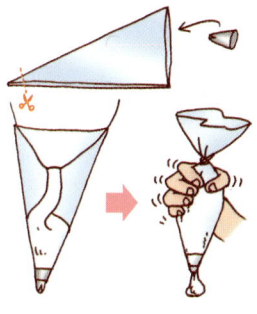

크림처럼 부드러운 지점토 준비 완료.

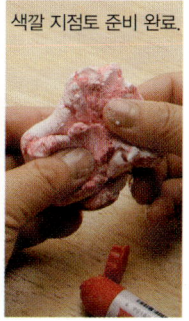

물은 섞지 않는다. 색깔 지점토 준비 완료.

4 베이킹 시트 위에 색을 낸 지점토를 두께 5mm로 민다. 동그란 모양의 쿠키 틀로 찍는다.

5 모서리를 손가락으로 훑어 둥글게 다듬는다. 2개씩 짝을 지어 만든다.

6 마르면 크림처럼 부드러운 지점토 반죽을 사이에 짜 넣는다. 위에도 짜서 올리고 비즈 등 장식을 붙인다.

틀을 거꾸로 들고 찍어요. 바닥까지 누르지 말고 가장자리를 남기세요.

가장자리를 살짝 남겨야 진짜 마카롱처럼 보여요.

- 지점토로 만든 마카롱을 진짜 마카롱으로 착각해 먹지 않도록 주의하세요.

4장

실험 7

밀가루 점토를 조물조물하면……
깜찍한 미니어처 요리

밀가루 점토를 활용해 작디작은 미니어처 요리들을 만들어 보세요.
꼭 진짜 같답니다.

> **준비물**
> - 시판 밀가루 점토
> - 물감
> - 접시로 사용할 재료(일회용 플라스틱 컵 바닥이나 페트병 바닥 등)
> - 목공용 본드
> - 유성펜
> - 보관용 밀폐 용기

🧪 기본 만드는 법

1 만들고 싶은 요리에 맞추어 밀가루 점토에 물감을 섞어 준비한다.

시판 밀가루 점토에 없는 색은 여러 색 점토를 섞어 만들어요.

밀가루 점토에 물감을 섞어 색을 낼 수도 있어요.

색깔별로 다른 용기에 담아 두세요.

2 일회용 플라스틱 컵 바닥을 오려 미니 접시를 만든다.

하얀 물감에 목공용 본드를 약간 섞어 미니 접시 위에 발라요. 일반 물감이 아닌 아크릴 물감은 목공용 본드를 섞지 않고 그냥 발라요.

페트병 바닥을 잘라 만들면 유리 접시처럼 보여요.

문양을 그릴 때는 유성 펜으로 그리고, 뒷면을 하얀 물감으로 칠해요.

3 미니 접시에 밀가루 점토로 만든 요리를 올리고 목공용 본드로 붙인다.

요리 전체의 모양을 보아 가며 붙이세요.

다음 쪽을 참고하여
다양한 요리를 만들어 보세요.

❓ 왜 밀가루 점토는 탄력이 있을까요?

밀가루 점토의 원료가 되는 밀가루는 전 분과 '글루텐'이라는 단백질로 이루어져 있어요. 글루텐은 고무처럼 쭉쭉 늘어나고, 쫀득쫀득하게 탄력이 있답니다.

탄력이 있어서 누르면 쏘옥 들어갔다가 원래대로 돌아와요. 이와 달리 고무찰흙은 누르면 원래대로 돌아오지 않아요.

● 밀가루 점토로 만든 미니어처 요리를 진짜로 착각해서 먹지 않도록 주의하세요.

◆ 오므라이스

준비물
- 밀가루 점토(노란색, 연두색, 빨간색, 흰색)
- 물감
- 목공용 본드
- 못 쓰는 칫솔
- 일회용 아이스크림 숟가락
- 미니 접시(129쪽을 보세요.)

양상추
연두색 점토를 얇게 펴서 이파리를 만든다.

목공용 본드로 접시에 붙인다.

감자 샐러드
흰색 점토를 조물조물 뭉쳐 보슬보슬한 느낌을 낸다.

방울토마토
빨간색 점토를 동글동글하게 뭉친다. 목공용 본드를 겉에 얇게 발라 광택을 낸다.

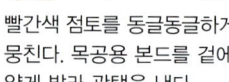

오므라이스
노란색 점토로 모양을 만들고, 못 쓰는 칫솔로 표면을 쓸어내린다.

케첩
물감과 목공용 본드를 섞어 일회용 아이스크림 숟가락으로 오므라이스 위에 끼얹는다.

◆ 돈가스

준비물
- 밀가루 점토(황토색, 연두색, 노란색, 흰색)
- 물감
- 목공용 본드
- 유성펜
- 못 쓰는 칫솔
- 일회용 아이스크림 숟가락
- 미니 접시(129쪽을 보세요.)

레몬
동그랗게 뭉친 흰색 점토에 얇게 민 노란색 점토를 덧씌워 자른다.

모양은 펜으로 그린다.

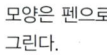

채 썬 양배추
연두색 점토를 얇게 밀어 약간 굳으면 커터 칼로 얇게 자른다.

돈가스
황토색 점토로 모양을 만든다. 칫솔로 표면을 톡톡 두드려 가슬가슬한 모양을 낸다.

소스
물감과 목공용 본드를 섞어서, 일회용 아이스크림 숟가락으로 돈가스 위에 끼얹는다.

◆ 햄버그스테이크

준비물
- 밀가루 점토(갈색, 연두색, 노란색, 흰색, 빨간색)
- 물감
- 목공용 본드
- 이쑤시개
- 못 쓰는 칫솔
- 일회용 아이스크림 숟가락
- 미니 접시(129쪽을 보세요.)

햄버그스테이크
갈색 점토로 모양을 만들고, 못 쓰는 칫솔로 표면을 톡톡 두드린 뒤에 이쑤시개로 콕콕 찌른다.

방울토마토 오므라이스를 보세요.

채 썬 양배추 돈가스를 보세요.

달걀 프라이
흰색 점토로 달걀흰자를 만들고, 노른자를 얹을 부분을 손가락으로 움푹 누른다. 노란색 점토로 만든 노른자를 움푹 들어간 부분에 붙이고, 목공용 본드를 얇게 발라 반질반질한 광택을 낸다.

데미글라스 소스
물감과 목공용 본드를 섞은 다음, 일회용 아이스크림 숟가락으로 끼얹는다.

● 광택을 낼 때는 목공용 본드와 물을 같은 양으로 섞어서 묽게 만든 목공용 본드를 발라 주세요.

◆ 닭튀김

준비물
- 밀가루 점토(황토색, 연두색, 초록색, 빨간색)
- 못 쓰는 칫솔
- 목공용 본드
- 이쑤시개
- 미니 접시(129쪽을 보세요.)

채 썬 양배추
돈가스를 보세요.

오이
얇게 늘려서 편 초록색 점토로 긴 연두색 점토를 감는다. 약간 마르면 커터 칼로 비슷하게 썬다.

닭튀김
황토색 점토를 여러 모양으로 빚고, 못 쓰는 칫솔로 표면을 톡톡 두드려 거칠거칠한 느낌을 낸다.

방울토마토 오므라이스를 보세요.

◆ 햄버거

준비물
- 밀가루 점토(갈색, 연두색, 흰색, 황토색)
- 물감
- 목공용 본드
- 이쑤시개
- 못 쓰는 칫솔
- 빨간 색종이

감자튀김
황토색 점토를 밀어서 납작하게 만들고, 못 쓰는 칫솔로 표면을 톡톡 두드린 다음, 커터 칼로 얇게 썬다.

빵
흰색 점토로 모양을 만들고, 물감으로 표면에 색을 칠한다. 마르면 묽게 만든 목공용 본드를 발라 광택을 내고, 가운데를 잘라 아래위로 반을 나눈다.

1mm 두께
빨간 색종이로 봉투를 만들어요.

동그랗게 빚어 만든 고기패티(햄버그스테이크를 보세요.)와 양상추(오므라이스를 보세요.)를 목공용 본드를 발라 빵 사이에 끼우고 고정한다.

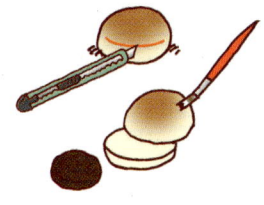

◆ 핫도그

준비물
- 밀가루 점토(갈색, 연두색, 흰색, 황토색)
- 물감
- 목공용 본드
- 못 쓰는 칫솔
- 일회용 아이스크림 숟가락
- 미니 접시(129쪽을 보세요.)

소시지
소시지와 비슷한 색 점토를 만들어 모양을 빚는다. 마르면 케첩(오므라이스를 보세요.)을 만들어 일회용 아이스크림 숟가락으로 끼얹는다.

빵
흰색 점토로 모양을 만들고, 물감으로 표면에 색을 칠한다. 마르면 묽게 만든 목공용 본드를 발라 광택을 내고, 한가운데를 잘라서 펼친다.

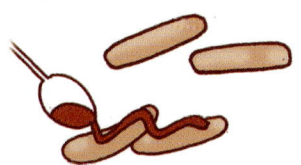

감자튀김
햄버거를 보세요.

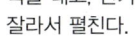

소시지와 양상추(오므라이스를 보세요.)에 목공용 본드를 발라 빵 사이에 끼우고 고정한다.

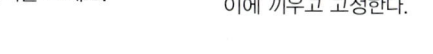

● 밀가루 점토로 만든 미니어처 요리를 진짜로 착각해 먹지 않도록 주의하세요.

◆ 감자 샐러드

준비물
- 밀가루 점토(흰색, 빨간색, 초록색)
- 미니 접시

흰색 점토에 얇게 민 빨간색과 초록색 점토를 작게 잘라 섞는다.

미니 접시는 페트병 바닥을 잘라 만든다.

◆ 도넛

준비물
- 밀가루 점토(황토색, 갈색)
- 빨대 ● 물감 ● 분가루
- 목공용 본드 ● 포장용 종이

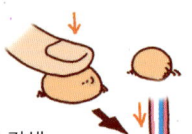

황토색과 갈색 점토를 약 8mm로 뭉쳐 손가락으로 살짝 누른다. 빨대로 구멍을 낸다.

소스(돈가스를 보세요.)를 바른다.

흰색 물감과 목공용 본드를 섞어 바른다.

분가루를 솔솔 뿌린다.

◆ 다코야키

준비물
- 밀가루 점토(황토색, 빨간색, 초록색) ● 물감 ● 목공용 본드
- 연필 깎은 찌꺼기

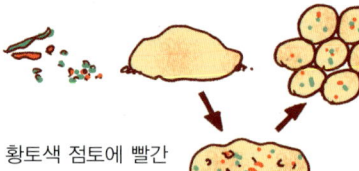

소스(돈가스를 보자.)를 바르고, 연필 깎은 뒤에 생기는 찌꺼기를 뿌린다.

황토색 점토에 빨간색과 초록색 점토를 작게 잘라 뿌리고, 둥글게 뭉친다.

◆ 오코노미야키 (여러 재료를 넣은 부침개)

준비물
- 밀가루 점토(황토색, 빨간색, 초록색, 연두색) ● 물감
- 목공용 본드 ● 연필 깎은 찌꺼기

황토색 점토에 빨간색과 초록색 점토를 각각 잘라 섞은 다음 둥글게 밀어 두 덩이를 만든다. 군데군데 양배추 채(돈가스를 보세요.)를 끼운다.

칼집을 넣고 소스(돈가스를 보세요.)를 바르고 연필 깎은 뒤에 생기는 찌꺼기를 얹는다.

◆ 푸딩

준비물
- 밀가루 점토(노란색, 흰색)
- 물감 ● 목공용 본드
- 주걱 등 ● 미니 접시

크림은 흰색 점토를 동그랗게 뭉쳐 주걱처럼 얇은 도구로 모양을 내서 만든다.

노란색 점토로 모양을 만든다. 소스(돈가스를 보세요.)를 만들어 끼얹는다.

미니 접시는 페트병 바닥을 잘라 만든다.

◆ 롤케이크

준비물
- 밀가루 점토(노란색, 흰색, 빨간색)
- 쿠킹 포일 ● 주걱
- 미니 접시(129쪽을 보세요)

노란색 점토를 길게 밀어 흰색 점토에 올려놓고 돌돌 감는다. 살짝 마르면 커터 칼로 자른다. 쿠킹 포일을 정사각형 모양으로 잘라 깐다.

크림(푸딩을 보세요.)을 올리고, 한쪽을 뾰족하게 딸기 모양으로 만든 빨간색 점토를 얹는다.

● 밀가루 점토로 만든 미니어처 요리를 진짜로 착각해서 먹지 않도록 주의하세요.

실험 8 | 밀가루 점토 요리를 활용하여……
미니어처 레스토랑 오픈!

미술 실험

상자 위에 미니어처 요리를 조르르 올려놓으면 근사한 레스토랑이 뚝딱 완성! 상자 안에 담아 가지고 다니며 놀 수 있어요.

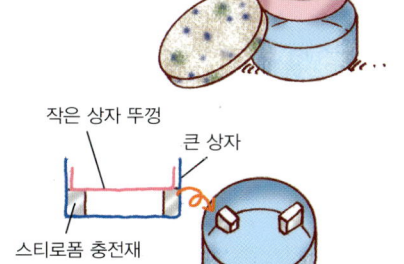

학교에 가지고 갈 때는 2단으로 된 상자에 담아요.

준비물

- 미니어처 요리(128~132쪽을 참고해 만든다.)
- 뚜껑이 있는 둥근 종이 상자(문구점 등에서 파는 선물 상자) 큰 것과 작은 것(큰 상자 안에 쏙 들어가는 크기) 1개씩
- 스티로폼 충전재(택배나 가전제품 상자 안에 들어 있는 스티로폼)

만드는 법

1 작은 상자는 뚜껑만 사용한다. 큰 상자 안에 식은 상자 뚜껑이 알맞게 들어가도록 스티로폼 충전재를 잘라 붙인다.

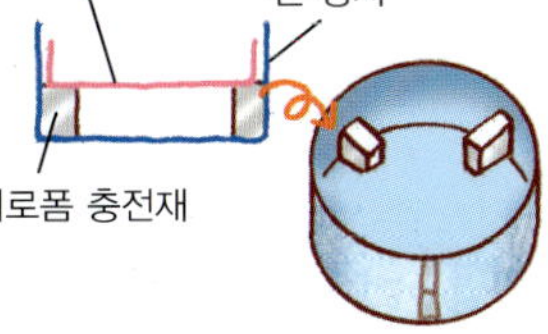

작은 상자 뚜껑
큰 상자
스티로폼 충전재

2 뚜껑이 2단이 되도록 겹치면 더 멋스럽다.

스티로폼 충전재 조각

뚜껑 2개를 겹친 높이에 맞추어 스티로폼 충전재 조각을 붙여 뚜껑을 지탱해요.

실험 9

페트병을 오븐에 넣어 구부리면······

수제 보석 액세서리

잘라서 색칠한 페트병 조각을 오븐에서 구우면······

동그랗게 구부러져요!

동그랗게 구부러진 페트병 조각은 꼭 보석 같아요. 여러 조각을 이리저리 붙이면 깜찍한 꽃 한 송이가 완성된답니다.

준비물

- 1.5L 페트병 1개
- 유성펜
- 쿠킹 포일
- 머리핀(흔히 '똑딱핀'이라고 부르는 핀.)
- 비즈 등 장식
- 송곳(구멍을 뚫을 수 있는 끝이 뾰족한 도구)
- 가위
- 페트병용 접착제

만드는 법

1 1.5L 페트병에 송곳으로 구멍을 뚫고, 구멍을 뚫은 지점부터 6cm 너비로 오려 낸다.

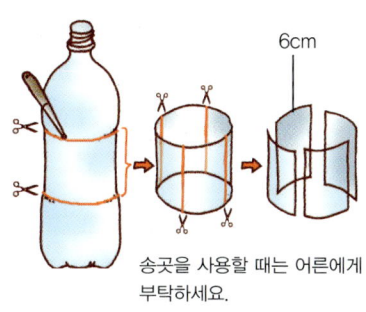

송곳을 사용할 때는 어른에게 부탁하세요.

2 유성펜으로 색을 칠하고 2cm 너비의 사각형으로 자른다.

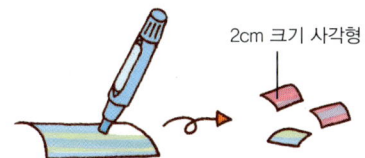
2cm 크기 사각형

3 쿠킹 포일 위에 페트병 조각을 올려 오븐에서 30초 정도 굽는다. 구워지는 모습을 관찰해 둥글게 말리면 바로 꺼낸다.

뜨거우니 꺼낼 때는 목장갑 등을 끼세요. 바로 찬물에 넣으면 빨리 식어요.

4 페트병 윗부분에서 지름 3cm 원을 오려 낸다.

사각형 조각을 오려 낼 때 사용하지 않은 윗부분을 사용해요.

5 동그랗게 오린 조각을 머리핀에 페트병용 접착제를 발라 붙인다.

접시를 엎듯이 오목한 부분이 위로 가게 붙여요.

6 동그란 조각 표면에 페트병용 접착제를 바르고 둥글게 구부린 페트병 조각을 붙이자.

한가운데 시판 비즈를 붙이면 꽃 모양이 돼요.

머리핀으로 사용하거나 옷에 꽂아 브로치처럼 쓸 수 있어요.

❓ 왜 페트병을 구우면 둥글게 구부러질까요?

페트병은 길쭉한 모양 플라스틱에 열을 가하며 공기를 불어 넣어 만들어요. 플라스틱은 다시 열을 가하면 원래 형태로 돌아가려는 성질이 있어, 구우면 작게 쪼그라들며 구부러져요.

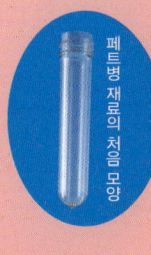
페트병 재료의 처음 모양

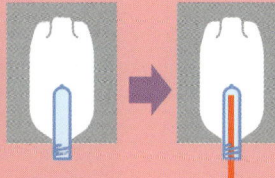
뜨거운 기계 속 틀에 페트병 재료를 넣는다.

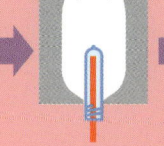
공기를 넣는다.

틀 모양으로 부푼다.

꺼내면 완성.

● 페트병을 자를 때나 오븐에서 꺼낼 때는 어른에게 부탁하세요.

실험 10: 페트병을 뜨거운 물에서 구부리면……
입체 액자 완성!

페트병에 칼집을 넣어 뜨거운 물에 담그면, 바깥쪽으로 활짝 펴져요. 페트병의 성질을 활용해 입체 액자를 만들어 보세요.

준비물

- 같은 크기의 500mL 페트병 2개
- 고무줄
- 유성펜
- 뜨거운 물(정수기의 온수)
- 찬물
- 134~135쪽에서 만든 구부러진 페트병 조각들
- 페트병용 접착제
- 사진이나 그림 등

만드는 법

1 페트병 2개를 그림처럼 자른다. 어른에게 송곳으로 구멍을 먼저 뚫어 달라고 부탁하자.

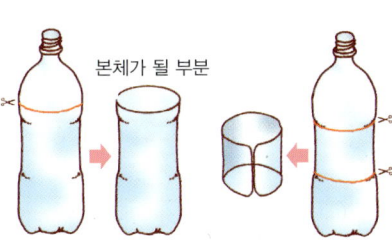

1개는 위쪽을 잘라 내고, 아래쪽을 사용해요.
1개는 가운데 부분을 잘라서 사용해요.

2 본체에 가위로 길이 3cm가량의 절개선을 넣는다. 꽃잎 모양으로 둥글게 다듬는다.

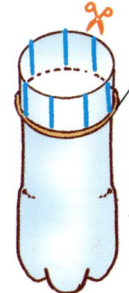 

고무줄을 감아 절개선을 표시해 놓고 잘라요.

3 유성펜으로 본체에 색을 칠한다. 꽃잎 부분을 바깥쪽으로 접는다.

여러 색을 칠할 때는 칠한 쪽 반대 면에 다른 색을 칠하면 색이 번지지 않아요.

4 뜨거운 물을 그릇에 담는다. 꽃잎 부분을 그릇 바닥에 대고 누르자. 절개선까지 구부러지면 뜨거운 물에서 꺼내 찬물에 담근다.

뜨거운 물에 데지 않도록 조심하세요.
구부러진 부분이 활짝 펴지도록 그릇 바닥에 대고 눌러요.

5 본체와 1에서 자른 페트병 가운데 부분 사이에 사진을 끼운다.

134~135쪽에서 만든 구부러진 페트병 조각들을 접착제로 붙여 사진이 떨어지지 않게 고정하세요.

■ 연필꽂이로도 활용할 수 있어요. 본체 안에 유리구슬과 물을 채우면 꽃병으로도 변신해요.

❓ 왜 뜨거운 물에 담그면 구부러질까요?

페트병은 길쭉한 플라스틱에 열을 가해 공기를 불어 넣어 만들어요. 플라스틱은 다시 열을 가하면 원래 모양으로 돌아오는 성질이 있어, 뜨거운 물에 넣으면 작게 줄어들며 구부러진답니다.

● 페트병을 자를 때나 뜨거운 물을 준비할 때는 어른에게 도와달라고 하세요.

실험 11 · 페트병 라벨을 뜨거운 물에서 작게 만들면……
아기자기한 책갈피

페트병의 포장 라벨을 뜨거운 물에 넣으면……

작게 줄어들어요!

그림이나 글자가 조그맣게 줄어들어서 신기해요. 여기에 구멍을 뚫고 리본을 달면 예쁜 책갈피가 만들어져요.

준비물

- 페트병에서 떼어 낸 라벨
- 뜨거운 물(정수기의 온수)
- 찬물
- 리본 등 장식
- 펀치

만드는 법

1 페트병의 라벨을 벗겨서 약 7cm 너비로 자른다.

2 정수기에서 온수를 받아서 그릇에 담고 라벨을 담근다.

라벨 종류에 따라 줄어들지 않을 수도 있어요.

정수기에서 온수를 받을 때는 어른에게 부탁하세요. 화상을 입지 않도록 조심해야 해요.

3 지켜보고 있다가 가장자리가 쪼글쪼글해지기 전에 뜨거운 물에서 꺼내 찬물에 담근다.

4 어른에게 다리미로 다려 달라고 부탁해서 라벨을 평평하게 만든다. 가장자리에 펀치로 구멍을 뚫어 리본을 단다.

뜨거운 물에서 꺼낼 때는 젓가락을 이용하세요.

다리미를 낮은 온도에 맞추고 라벨 위에 천을 덮어 다려요.

❓ 왜 라벨을 뜨거운 물에 담그면 줄어들까요?

페트병 라벨은 대개 '폴리스타이렌'이라는 물질로 만드는데, 이 물질은 열을 가하면 쪼그라드는 특성이 있어요.

페트병에 라벨을 붙일 때도 이런 성질을 이용해요. 원통 모양으로 만들어서 상표 등을 인쇄한 폴리스타이렌을 페트병 안쪽에 대고 바깥쪽에서 열을 가하지요. 그러면 폴리스타이렌이 쪼그라들며 페트병 모양에 딱 맞게 달라붙는답니다.

● 뜨거운 물을 준비할 때나 다리미를 사용할 때는 꼭 어른에게 부탁하세요.

실험 12 플리스 천을 잘라서 묶기만 하면······
보송보송한 소품이 가득!

작아서 못 입는 플리스 재질의 옷이나 무릎 담요를 잘라 묶으면 깜찍한 소품을 뚝딱 만들 수 있어요.

미니 미니 손가방

쿠션

모자

머플러

> **준비물**
> - 안 입는 플리스 재질 옷
> - 종이
> - 유성펜
> - 자
> - 재단 가위
> - 펠트
> - 수예용 본드 등 접착제
> - 퀼팅 솜(누비솜)

◆ 미니 미니 손가방

만드는 법

1 종이를 접어 그림과 같은 본을 만든다.

2 유성펜으로 종이 본을 플리스 천에 옮겨 그린다.

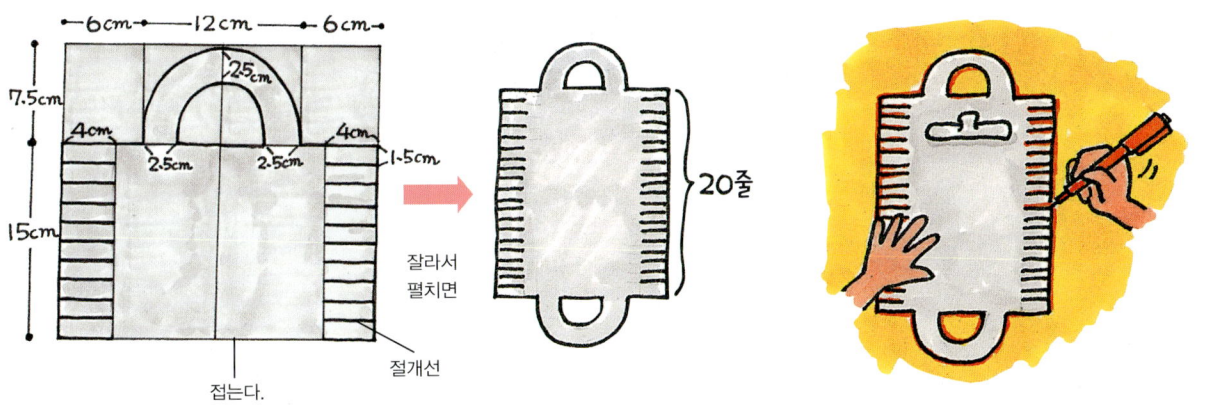

3 표시한 선을 따라 자른다.

이 부분은 잘라 내고 쓰지 않아요.

4 반으로 접고 양 끝은 매듭을 지어 묶는다.

2줄을 잡아서 두 번씩 묶어요.

남은 플리스 천과 펠트를 귀여운 모양으로 잘라 접착제로 붙여도 예뻐요.

◆ 모자

🧪 만드는 법

1 27cm×53cm 플리스 천을 준비해, 그림과 같이 두 군데를 잘라 낸다.

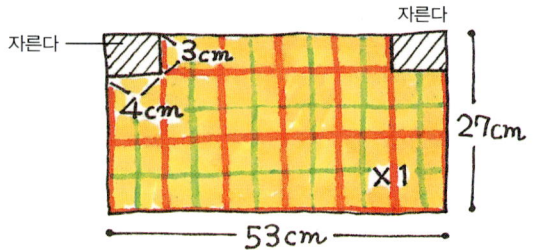

2 양 끝에 너비 1.5cm, 길이 4cm 절개선을 넣어서 16줄을 만든다.

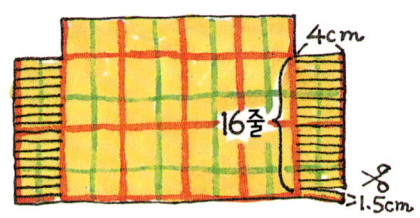

3 반으로 접어 아래서부터 매듭을 지어 연결한다.

2줄을 잡아서 두 번씩 묶어요.

4 전부 묶으면 플리스 테이프로 윗부분을 꽉 묶는다.

◆ 머플러

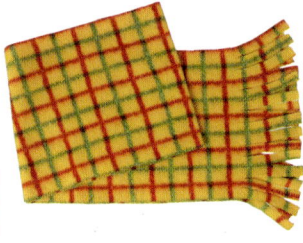

머플러와 모자를 세트로 맞추면 더욱 깜찍해요!

🧪 만드는 법

1 1m×21cm 크기의 플리스 천을 준비한다.

2 너비 1.5cm, 길이 10cm로 절개선을 넣어서 양 끝에 장식으로 14줄을 만든다.

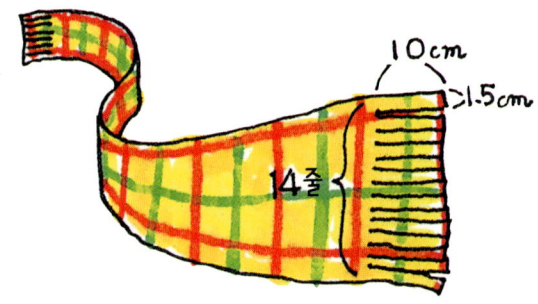

◆ 쿠션

🧪 만드는 법

1 한 변이 35.5cm인 정사각형의 플리스 천 2장을 준비하여 그림과 같이 네 군데씩 잘라 낸다.

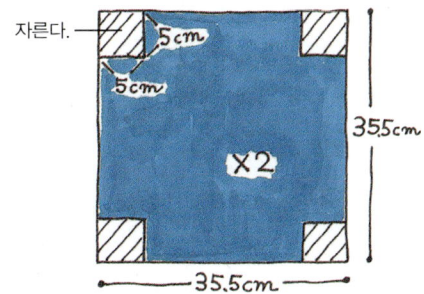

2 두 장 모두 네 변에 너비 1.5cm, 길이 5cm로 절개선을 넣고 장식으로 17줄을 만든다.

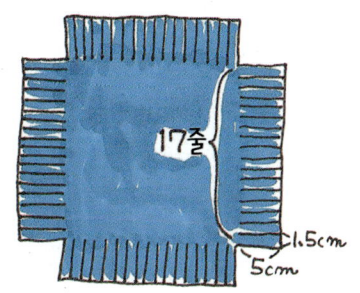

3 2장을 겹쳐 놓고, 2줄씩 매듭지어 묶는다. 세 변을 묶고, 솜을 넣고 나서 나머지 한 변도 묶는다.

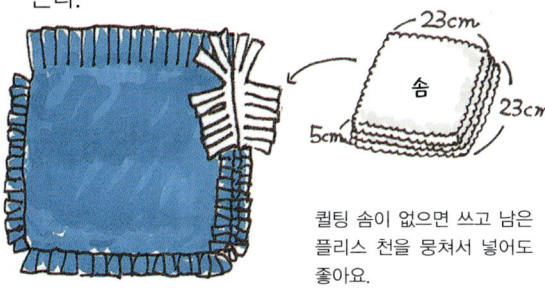

퀼팅 솜이 없으면 쓰고 남은 플리스 천을 뭉쳐서 넣어도 좋아요.

4 좋아하는 모양으로 오린 플리스 천을 접착제로 붙인다. 자잘한 장식은 펠트로 만들어 붙인다.

❓ 왜 플리스 천은 잘라도 올이 풀리지 않을까요?

일반 천은 실을 짜서 만들기 때문에 자른 부분이 올이 풀려 너덜거리지요. 그런데 플리스 재질의 천은 자른 부분에 따로 올 풀림 방지 처리를 하지 않아도 올이 풀려서 너덜거리지 않는답니다. 플리스 천은 펠트와 마찬가지로 섬유를 압축해 만들기 때문이에요. 그래서 잘라서 바로 간단하게 소품을 만들 수 있어요.

면 소재 천 ➡ 자른 부분의 올이 풀린다

플리스 천 ➡ 자른 부분의 올이 풀리지 않는다

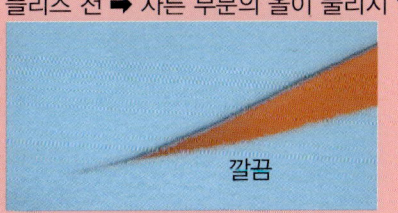

실험 13 | 펠트 원모를 뭉치면……
올망졸망 열두 띠 인형

펠트 원료인 원모를 조물조물 뭉쳐 깜찍한 열두 띠 동물 친구들을 만들어요!

준비물

- 원모(뜨개방 등에서 판매)
- 재단 가위
- 비누
- 대야
- 평평한 체
- 수건
- 여러 색깔 펠트
- 수예용 본드 등 접착제
- 유성펜
- 종이
- 털실 철사
- 이쑤시개
- 펀치
- 압정

미술 실험

먼저 펠트 공을 만들자

만드는 법

1 약 10cm 길이의 원모 다발을 가위로 약 1cm씩 자른다.

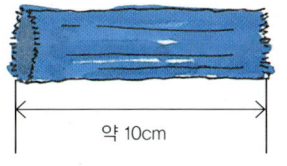

공 1개를 만들 만큼의 분량

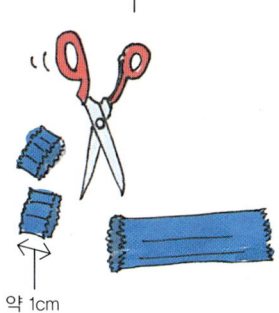

약 1cm

2 손으로 조물조물하면서 뭉친 부분을 풀어 솜처럼 보송보송한 상태로 만든다.

3 살살 뭉쳐서 펠트 공을 만든다.

폭신 폭신

주먹밥을 만들 듯 동그랗게 뭉쳐요.

4 미지근한 물에 담가 비누나 손세정제로 조물조물 빤다. 거품이 나도록 비벼 가며 뭉친다.

피부가 약한 사람은 고무장갑을 끼세요.

동그랗게 뭉쳐질 때까지 손으로 조물거리며 뭉치는 작업을 반복하세요.

5 동그랗게 뭉쳐지면 물을 채운 다른 대야에 펠트 공을 넣고 헹구며 계속 동그랗게 뭉친다.

거품을 낼 때보다 손끝에 힘을 조금 더 주고 헹궈요.

6 수건 위에 힘껏 굴린다. 물기를 제거하고 평평한 체에서 며칠 동안 말린다.

수건

가끔 데굴데굴 굴려 주세요.

145

펠트 공으로 인형을 만들자

◆ 개

앞에서 만든 펠트 공을 바탕으로 열두 띠 인형을 만들어요.
가장 기본이 되는 개부터 차근차근 만들어 보세요!

1. 크기가 다른 파란색 펠트 공 2개를 수예용 접착제로 붙인다. 접착하는 면을 평평하게 가위로 조금 잘라 둔다.

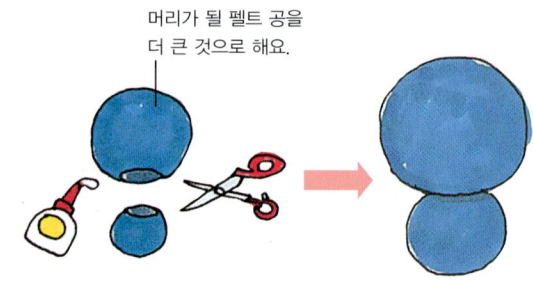
머리가 될 펠트 공을 더 큰 것으로 해요.

2. 하늘색, 파란색, 빨간색, 분홍색, 흰색, 검은색 펠트를 준비해 오른쪽 그림처럼 잘라 둔다. 각 부위를 수예용 접착제로 펠트 공에 붙인다.

눈은 종이를 펀치로 뚫거나, 오려서 만들어 붙인다. 흰색으로 만든 눈에 유성펜으로 눈동자를 그려 넣고 눈썹도 그린다.

★ 붙일 위치에 각 부위를 놓고 위치를 확실하게 정한 다음 붙이세요.

뒤에서 본 모습

아래쪽에 압정을 꽂으면 혼자서도 잘 서요.

⚠ 압정을 꽂을 때는 다치지 않도록 조심하세요.

❓ 어떻게 원모로 펠트를 만들까요?

원모(양털) 표면은 비늘 같은 모양(큐티클)으로 뒤덮여 있답니다. 원모는 물을 빨아들이면 큐티클이 열리며 주위 털과 엉기기 쉬워져요. 뜨거운 물에 담그거나 비누로 빨면 큐티클이 더 잘 열려요. 젖은 원모를 다시 말리면 작고 단단하게 줄어들며 뭉쳐져서 우리가 아는 펠트가 돼요.

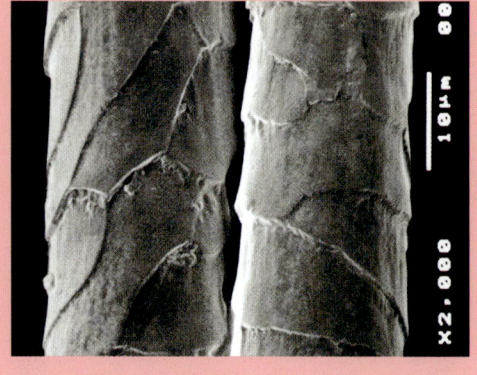
양털 표면을 확대한 사진

● 인형을 가지고 다닐 때는 압정에 찔리지 않도록 조심하세요. 집에서 앉혀 둘 때만 압정을 꽂아 두어요.

만들기 쉬운 순서로 정리해 두었어요. 용과 뱀을 제외하면 모두 크기가 다른 펠트 공 2개로 만들어요.

◆ 쥐
1. 펠트로 만든 각 부위와 종이로 만든 눈을 붙인다.
2. 눈동자, 코, 입, 수염을 펜으로 그린다.

◆ 호랑이
1. 펠트로 만든 각 부위와 종이로 만든 눈을 붙인다.
2. 눈동자, 코, 입, 수염을 펜으로 그린다.
꼬리의 무늬는 갈색 펜으로 그려요.

◆ 토끼
1. 펠트로 만든 각 부위와 종이로 만든 눈을 붙인다.
2. 코, 입을 검은색 펜으로, 눈은 빨간색 펜으로 그린다.

◆ 원숭이
1. 펠트로 만든 각 부위와 종이로 만든 눈을 붙인다.
2. 눈동자, 코, 입을 펜으로 그린다.

◆ 양
1. 볼 표면을 이쑤시개로 잡아당긴다.
2. 분홍색 털실 철사를 돌돌 말아 귀를 만들어 붙인다.
3. 펠트로 만든 각 부위와 종이로 만든 눈을 붙인다.
4. 눈동자, 코, 입을 펜으로 그린다.
복슬복슬해져요.

◆ 돼지
1. 머리 윗부분은 이쑤시개로 뒤적여서 복슬복슬하게 만든다.
2. 펠트로 만든 각 부위와 종이로 만든 눈을 붙인다.
3. 눈동자, 코, 입, 무늬를 그린다.

◆ 말
1. 머리로 쓸 큰 펠트 공에, 코끝이 될 작은 펠트 공을 붙인다.
   - 접착하는 면을 평평하게 잘라 두어요.
   - 가위로 절개선을 넣어요.
2. 펠트로 만든 각 부위와 종이로 만든 눈을 붙인다.
3. 눈동자, 코, 입을 펜으로 그린다.
   - 꼬리에 절개선을 넣어요.

◆ 소
1. 머리로 쓸 펠트 공에, 코끝이 될 작은 펠트 공을 붙인다.
   - 접착하는 면을 평평하게 잘라 두어요.
   - 붙여요.
2. 펠트로 만든 각 부위와 종이로 만든 눈을 붙인다.
3. 눈동자, 코, 입을 펜으로 그린다.

◆ 닭
1. 펠트로 만든 각 부위와 종이로 만든 눈을 붙인다.
2. 눈동자를 펜으로 그린다.

◆ 용
1. 머리로 쓸 펠트 공에서 가위로 입 부분을 잘라낸다.
2. 크기가 서로 다른 펠트 공 3개를 이어 붙인다.
3. 펠트로 만든 각 부위와 종이로 만든 눈을 붙인다.
4. 펜으로 눈동자, 코를 그린다.

◆ 뱀
1. 머리로 쓸 펠트 공에 가위로 절개선을 넣는다.
   - 끝에 접착제를 발라 절개선에 끼워요.
2. 크기가 서로 다른 펠트 공 3개를 이어 붙인다.
3. 펠트로 만든 각 부위와 종이로 만든 눈을 붙인다.
4. 눈동자, 코를 펜으로 그린다.

여러 색깔 원모를 잘라 동글동글하게 한데 뭉치면 대리석 무늬처럼 화려하게 만들 수 있어요.

5장

실험하며 요리까지 뚝딱!

요리 실험

부엌에서 실험을 하며 맛있는 간식까지 만들 수 있어요.
흠흠, 냄새까지 맛있는 신기한 실험실의 주인공이 되어 보세요.

실험 1
블루베리 주스와 달걀을 슥슥 섞고 핫케이크 가루를 더해 노릇노릇하게 구우면……
초록색 핫케이크 완성!

블루베리 주스와 달걀을 섞으면 보라색이 되지만, 여기에 핫케이크 가루까지 더해 구우면 짜잔! 안이 초록색인 핫케이크가 탄생한답니다.

실험 방법

1 달걀 1개와 블루베리 주스 130mL를 잘 섞는다.

2 핫케이크 가루 한 봉지(150g)를 넣는다. 프라이팬에서 양면을 골고루 굽는다.

포도 주스나 다른 보라색 채소 주스로도 가능해요.

왜 초록색으로 변할까요?

핫케이크 가루에 들어 있는 베이킹파우더는 알칼리성 물질이에요. 블루베리 주스는 알칼리성 물질과 섞이면 보라색에서 초록색으로 변한답니다.

보라색 핫케이크가 될 줄 알았죠?

● 꼭 어른과 함께 실험하세요. 보통의 핫케이크보다 타기 쉬우므로 찬찬히 관찰하며 조심조심 구우세요.

실험 2

초록색 핫케이크에 레몬즙을 뿌리면……
분홍색으로 변한다!

레몬즙을 뿌리자마자 핫케이크의 초록색 부분이 분홍색으로 변해요.

실험 방법

1 앞의 실험 방법대로 핫케이크를 굽는다.

2 안에 레몬즙을 살짝 뿌린다.

많이 뿌리면 시큼해지니 조금만 뿌려요.

왜 분홍색으로 변할까요?

레몬즙은 강한 산성 물질이에요. 블루베리 주스는 산성 물질과 섞이면 불그스름하게 변하지요. 레몬즙이 베이킹파우더의 알칼리성을 없애고 핫케이크를 분홍색으로 변하게 해요.

실험 3: 핫케이크 가루에 물과 블루베리 잼을 섞어서 전자레인지에 돌리면……
민트색 머핀 완성!

핫케이크 가루에 물과 잼을 섞어 전자레인지에 돌리면 봉긋하게 부풀어 올라요. 연한 보라색이 변해서 신기하게도 연한 초록색을 띤 민트색 머핀이 돼요.

실험 방법

1 종이컵에 핫케이크 가루 네 숟가락과 물 두 숟가락을 넣고 잘 섞는다. 여기에 블루베리 잼을 작은 숟가락으로 한두 숟가락 넣고 골고루 섞는다.

2 종이컵에 랩을 느슨하게 씌우고 전자레인지(600W)에서 1분을 돌린다.

뜨거우니 전자레인지에서 꺼낼 때는 어른에게 부탁하세요.

왜 민트색으로 변할까요?

핫케이크 가루에 들어 있는 베이킹파우더는 알칼리성 물질이에요. 블루베리 잼은 알칼리성 물질과 섞이면 보라색에서 민트색으로 변한답니다.

●어른과 함께 안전하게 실험하세요.

실험 4 민트색 머핀에 레몬즙을 뿌리면……
분홍색으로 변한다!

요리 실험

연한 민트색 머핀에 레몬즙을 뿌리면 연한 분홍색으로 변신한답니다.

실험 방법

1 앞의 실험 방법대로 머핀을 만든다.

2 레몬즙을 아주 살짝 뿌린다.

많이 뿌리면 시큼해지니 조금만 뿌려요.

왜 분홍색으로 변할까요?

레몬즙은 강한 산성을 띠고 있어요. 블루베리 잼은 산성 물질과 섞이면 불그스름하게 변한답니다. 산성인 레몬즙이 베이킹파우더의 알칼리성을 없애고 분홍색으로 변하게 해요.

실험 5

슬라이스 치즈를 전자레인지에 돌리면……
부풀었다가 꾸덕하게 굳는다!

슬라이스 치즈를 전자레인지에 넣고 돌리면 치즈가 봉긋하게 부풀었다가 꾸덕꾸덕하게 굳어요. 그냥 먹는 것하고는 또 다른 별미랍니다. 색다른 맛과 식감을 즐길 수 있어요!

실험 방법

1 전자레인지 사용이 가능한 내열 접시에 랩을 팽팽하게 씌운다. 랩 위에 종이 포일을 한 장 깔고 그 위에 슬라이스 치즈를 얹는다.

피자 치즈처럼 잘 늘어지는 치즈 말고 일반 슬라이스 치즈를 사용하세요.

2 전자레인지(600W)에 2분을 돌린다.

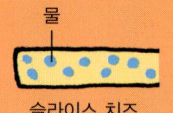

뜨거우니 전자레인지에서 꺼낼 때는 어른에게 부탁하세요.

❓ 왜 부풀어 오를까요?

전자레인지에 돌리면 치즈 속 수분이 수증기로 변해요. 그래서 부피가 늘어나면서 부풀어 올라요.

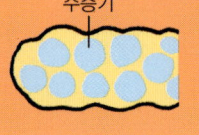

●어른과 함께 안전하게 실험하세요.

실험 6

얇게 자른 감자를 전자레인지에 돌리면……
포테이토칩 완성!

얇게 자른 감자를 전자레인지에 돌리면 바삭바삭한 포테이토칩이 뚝딱 완성된답니다.

실험 방법

1 감자를 얄팍하게 썬다.

손이 베이지 않도록 주의하세요.

2 내열 접시에 랩을 팽팽하게 씌운다. 랩 위에 종이 포일 한 장을 깔고 그 위에 감자 5~7장을 얹는다. 전자레인지(600W)에 3~4분을 돌린다.

뜨거우니 전자레인지에서 꺼낼 때는 어른에게 부탁하세요.

왜 딱딱해질까요?

전자레인지에 돌리면 얇게 자른 감자에서 자꾸자꾸 수증기가 빠져나와 수분이 없어져요. 감자가 마르면서 딱딱해지는 거예요.

● 어른과 함께 안전하게 실험하세요.

실험 7 — 캐러멜을 전자레인지에 돌리면……
녹아서 부드러워진다!

캐러멜을 전자레인지에 돌리면 안에서 부글부글 거품이 나요. 전자레인지에서 꺼내면 딱딱하던 캐러멜이 부드럽게 녹아 있답니다. 말캉말캉해진 캐러멜을 식히면 다시 원래대로 단단해져요.

🧪 실험 방법

1. 내열 접시에 종이 포일을 깔고 캐러멜 6개를 올린다.
2. 전자레인지(600W)에서 30초간 돌린다. 팝콘 등 과자를 캐러멜에 찍어 먹는다.

뜨거운 캐러멜을 꺼낼 때는 어른에게 부탁하세요

❓ 왜 부드러워질까요?

설탕, 물엿, 버터 등 캐러멜에 들어가는 재료들은 모두 열을 가하면 부드럽게 풀어지는 성질을 가지고 있어요. 특히 버터는 낮은 온도에서도 녹기 때문에 캐러멜이 빨리 녹게 만들지요.

● 어른과 함께 안전하게 실험하세요.

실험 8

젤리를 전자레인지에 돌리면……
녹아서 흐물흐물해진다!

요리 실험

곰돌이나 애벌레 등 다양한 모양의 젤리를 전자레인지에 돌리면 안에서 부글부글 거품을 내며 원래 색을 그대로 유지한 채 녹아내려요. 녹아서 흐물거리는 젤리를 식히면 다시 쫀득쫀득한 젤리로 돌아간답니다.

🧪 실험 방법

1 내열 접시에 종이 포일을 깔고 젤리 12개(약 30g)를 올린다.

2 전자레인지(600W)에서 30초간 돌린다. 냉장실에서 식히면 한 덩어리로 굳으면서 커다란 젤리가 된다. 큼직하게 뭉친 젤리를 잘라서 먹어 보자.

뜨거워진 젤리를 꺼낼 때는 어른에게 부탁하세요.

❓ 왜 녹을까요?

젤리는 과즙을 젤라틴으로 굳혀 만들어요. 젤라틴은 동물 뼈와 껍질을 끓여 만드는 하얀색 물질로, 열을 가하면 녹고 식히면 굳는 성질이 있지요.

● 어른과 함께 안전하게 실험하세요.

실험 9 | 딸기에 설탕을 뿌리면······
딸기에서 빨간 물이 나온다!

딸기에 설탕을 뿌려 2시간가량 재우면, 딸기에서 발그스름한 물이 잔뜩 흘러 나와요.

실험 방법

1 딸기 1팩을 잘 씻어 꼭지를 따고, 설탕 네 숟가락을 골고루 뿌린다.

2 2시간을 재우고 발그스름한 물이 나오면 물과 사이다를 섞어 마셔 본다.

❓ 왜 딸기에서 물이 나올까요?

딸기에는 설탕에 든 것보다 더 많은 수분이 들어 있어요. 딸기와 설탕이 같은 농도가 되려고 딸기 속 수분이 설탕 쪽으로 빠져나와요.

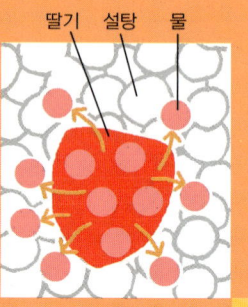

딸기 / 설탕 / 물

| 실험 10 | 딸기에서 나온 물을 우유에 부으면······ |

아래쪽만 발그스름해진다!

요리 실험

딸기에서 나온 빨간 물을 우유에 살살 부으면 아래쪽에 가라앉아요. 2단으로 나뉜 재미있는 음료를 마실 수 있답니다.

실험 방법

1 컵에 우유를 따른다.

2 앞의 실험에서 만든 딸깃물을 컵 가장자리에 대고 살살 붓는다.

딸깃물 대신 시중에 파는 시럽으로도 같은 모양을 만들 수 있어요.

❓ 왜 아래로 가라앉을까요?

절인 딸기에서 나온 붉은 물에는 설탕이 잔뜩 들어 있어요. 우유보다 딸기에서 나온 물이 더 무겁지요. 그래서 아래로 가라앉는답니다.

설탕

실험 11

녹인 한천에 홍차를 넣고 기다리면……
말캉하게 굳는다!

한천 가루

한천은 냉장실에 넣고 잠시만 기다려도 굳는답니다. 녹인 한천에 홍차를 넣고 잠깐만 기다리면 홍차 한천 젤리 완성!

실험 방법

1 냄비에 물 400mL, 한천 가루 4g, 설탕 두 숟가락을 넣는다. 거품이 날 때까지 2~3분 끓이며 한천과 설탕을 녹인다.

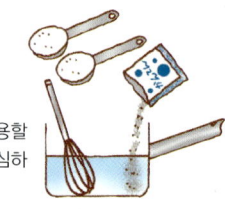

불을 사용할 때는 조심하세요.

2 불에서 내리고 홍차 티백을 넣는다. 홍차가 살짝 식으면 틀에 담고 잠시 그대로 둔다.

냉장실에 넣으면 더 빨리 굳어요.

왜 한천이 굳을까요?

한천은 우뭇가사리 등 해조류로 만든 식품이에요. 온도가 35~40℃보다 아래로 내려가면 굳는 성질이 있어서 서늘한 방에 두기만 해도 굳어요.

우뭇가사리 친구들

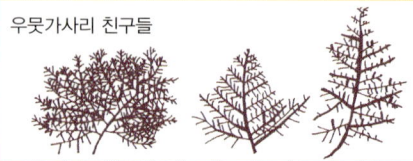

●어른과 함께 안전하게 실험하세요.

실험 12
녹인 젤라틴에 홍차를 넣고 기다렸지만……
굳지 않았다!

젤라틴

그냥 두면 굳지 않아요.

녹인 젤라틴은 녹인 한천과 달리 그냥 두면 굳지 않아요. 냉장실에서 식혀야 굳어서 홍차 젤리가 완성돼요.

실험 방법

1 정수기에서 온수 250mL을 받아서 젤라틴 5g을 넣고 녹인다. 설탕 2숟가락을 넣어 골고루 섞는다.

2 홍차 티백을 넣는다. 살짝 식으면 틀에 담아 냉장실에 넣어 식힌다.

뜨거운 물을 사용할 때는 조심하세요.

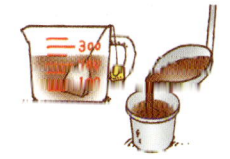

왜 젤라틴은 그냥 굳지 않을까요?

젤라틴은 동물의 뼈와 껍질로 만든 식품 첨가물이에요. 온도가 15~20℃로 내려가야 굳기 때문에 실온에서는 굳지 않아요.

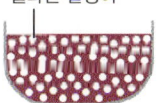

젤라틴 알갱이

온도가 높으면 굳지 않는다. | 15~20℃에서 굳는다.

실험 13

적양배추 우린 물에 실 모양 곤약을 데치면……

푸르스름해진다!

적양배추를 우린 물에 실 모양 곤약을 데치면 하얀 곤약이 푸르스름한 색으로 변해요. 보라색이었던 물은 파랗게 변하지요.

실험 방법

1. 얇게 채 썬 적양배추(4분의 1통)를 찬물 400cc에 데친다.

2. 부글부글 끓으면서 적양배추에서 색이 우러나 물이 보라색으로 변하면 실 모양 곤약을 넣는다. 3분 뒤에 꺼낸다.

적양배추는 건져 내세요.

불을 사용해서 실험할 때는 조심하세요.

왜 푸르스름하게 변할까요?

적양배추를 우린 물은 알칼리성 물질과 섞이면 푸르스름한 색으로 변하는 성질이 있는데, 곤약이 바로 알칼리성이랍니다.

● 어른과 함께 안전하게 실험하세요.

실험 14

푸르스름하게 변한 실 모양 곤약에 식초를 뿌리면……
분홍색으로 변한다!

요리 실험

푸르스름하게 물든 곤약에 식초를 뿌리자마자 선명한 분홍색으로 변한답니다.

실험 방법

1. 푸르스름하게 변한 곤약에 식초를 살짝 뿌린다.
2. 여기에 초간장을 뿌려 먹는다.

❓ 왜 분홍색으로 변할까요?

적양배추를 우린 물은 산성 물질과 섞이면 붉은색으로 변해요. 곤약은 알칼리성이고 식초는 산성이랍니다.

적양배추를 우린 물 | 곤약을 넣었다. | 곤약이 들어 있던 물도 넣었다. | 식초를 넣었다.

실험 15 — 적양배추 우린 물로 밥을 끓이면……
보라색 죽이 만들어진다!

적양배추를 데친 보라색 물에 밥을 끓이면 보라색 죽이 돼요.

실험 방법

1. 적양배추를 데쳐 보라색 물을 만든다. 적양배추는 건져 낸다.

2. 보라색 물에 밥을 넣고 끓여 죽을 만든다. 소금을 넣어 간을 맞춘다.

여러 채소를 넣으면 색도 모양도 맛도 한층 다채로워져요.

왜 보라색일까요?

밥은 알칼리성도 산성도 아닌 중성이에요. 적양배추를 데쳐 만든 보라색 물은 중성 물질을 섞어도 색이 변하지 않고 보라색 그대로랍니다. 하얀 밥은 물들기 쉬워요. 밥에 적양배추 우린 물을 넣으면 보라색 물이 들며 예쁜 보라색 죽이 만들어져요.

●어른과 함께 안전하게 실험하세요.

실험 16

보라색 죽에 다양한 재료를 넣으면……
저마다 다른 색으로 변한다!

요리 실험

● 넣기 전

● 넣은 뒤

레몬즙
불그스름해졌다.

식초
분홍색으로 변했다.

소금물
변하지 않았다.

달걀노른자
푸르죽죽해졌다.

실험 방법

1. 적양배추를 우려 보라색 물을 만든다.
2. 식초 등 다양한 재료를 조금씩 넣어 본다.

어른에게 간을 맞춰 달라고 부탁하세요.

왜 색이 변할까요?

적양배추로 만든 물은 어떤 물질이 산성인지 알칼리성인지 판별할 수 있게 해 주어요. 산성 물질을 섞으면 불그스름하게 변하고, 알칼리성 물질을 섞으면 파란색이나 초록색으로 변하기 때문이에요. 중성 물질에서는 색이 변하지 않아요.

● 어른과 함께 안전하게 실험하세요.

실험 17 — 래디시를 식초에 담그면……
식초가 붉게 변한다!

얇게 썬 래디시를 식초에 담그고 5분쯤 기다리면 식초가 붉게 변해요. 시간이 지나면 래디시의 하얀 속살도 붉게 바뀌지요.

실험 방법

1. 래디시 3개를 얇게 썬다.

2. 설탕 두 숟가락을 섞은 식초 50mL에 30분간 재워 둔다.

설탕은 맛을 내기 위해 넣는 재료예요.

 →

왜 식초가 붉게 변할까요?

래디시 껍질에 들어 있는 안토시아닌이라는 색소가 식초에 녹아 나며 붉은색을 내기 때문이에요. 안토시아닌이 산성인 식초와 반응해 불그스름하게 변한답니다.

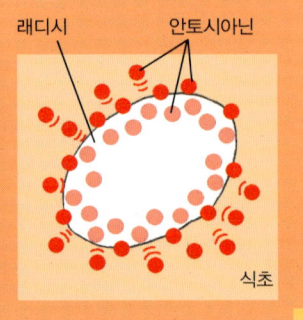

래디시 / 안토시아닌 / 식초

실험 18

생강을 식초에 담그면……
분홍색으로 변한다!

요리 실험

얇게 저민 생강을 몇 시간 동안 식초에 담가 두면, 노르스름한 색을 띠던 식초와 생강이 옅은 분홍색으로 변한답니다.

실험 방법

1. 생강 한 톨을 얇게 저민다.

2. 설탕 두 숟가락을 섞은 식초 50mL에 2시간 정도 담가 둔다.

설탕은 맛을 내기 위해 넣어요.

❓ 왜 분홍색으로 변할까요?

생강에는 눈에 보이지 않는 안토시아닌 색소가 들어 있어요. 안토시아닌이 산성인 식초와 비슷해 식초와 생강 모두 은은한 분홍색으로 변하지요.

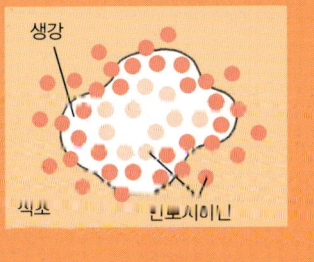

167

실험 19 — 식초 넣은 물에 껍질 벗긴 우엉을 담그면……
우엉이 하얀색 그대로다!

↓ 식초에 담그지 않고 그대로 둔 우엉

식초에 담가 둔 우엉

우엉은 껍질을 막 벗겼을 때는 하얗지만, 시간이 지나면서 거무스름하게 변해요. 껍질을 벗기자마자 바로 식초에 담가 두면 신기하게도 색이 변하지 않고 하얀색을 유지한답니다.

실험 방법

1. 찬물 300mL에 식초 한 숟가락을 넣는다.
2. 우엉 껍질을 벗겨 식초를 탄 물에 담근다. 그대로 요리에 사용할 수 있다.

우엉 껍질은 칼등으로 살살 밀면 벗겨져요.

왜 하얀색을 유지할까요?

우엉에는 공기 중의 산소와 만나면 검게 변하는 성분이 들어 있어요. 그런데 식초가 이 성분의 작용을 억제해 주지요. 또 식초와 같은 산성 물질에는 색소를 무색으로 유지시키는 플라보노이드라는 성분도 들어 있답니다.

우엉   산소   식초 우엉

| 실험 20 | 중화면에 카레와 우스터소스를 뿌리면……

색이 이렇게 변한다!

카레를 물에 풀어서 뿌리면

처음에는 카레처럼 노란색이지만,

시간이 지나면 빨갛게 변해요!

붉게 물든 면에 우스터소스를 뿌려 보세요. 다시 노란색으로 돌아온답니다.

실험 방법

1 약 90℃의 물 400mL에 카레 가루 두 숟가락을 넣어서 녹인다.

2 갓 삶은 중화면(간수를 넣은 제품)에 뿌린다. 색이 빨갛게 변하면 우스터소스를 뿌려 본다.

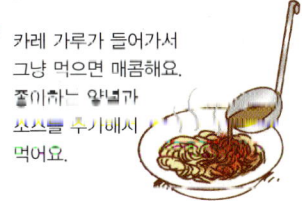
카레 가루가 들어가서 그냥 먹으면 매콤해요. 좋아하는 양념과 소스를 뿌리면서 먹어요.

왜 색이 변할까요?

카레 가루에는 강황(울금)이라는 향신료가 들어 있어요. 강황에 들어 있는 색소는 알칼리성을 만나면 불그스름하게 변해요. 중화면은 알칼리성인 간수를 사용해 만들기 때문에 강황과 만나 빨갛게 변한답니다. 반면에 우스터소스는 산성이라 색이 원래대로 돌아오지요.

● 어른과 함께 안전하게 실험하세요. 물에 풀지 않은 고형 카레로는 색이 거의 변하지 않아요.

실험 21: 쿠킹 포일을 식빵 위에 올려 구우면……
그 부분을 빼고 구워진다!

쿠킹 포일을 식빵 위에 올려 오븐 토스터에 구워 보세요. 포일을 올린 부분만 구워지지 않고 하얀색이 그대로 남아 있답니다.

실험 방법

1 쿠킹 포일을 좋아하는 모양으로 오린다.

별 모양은 반으로 접어서 자르면 편리해요.

2 식빵 위에 올려 오븐 토스터에 살짝 굽는다.

왜 쿠킹 포일을 올린 부분만 구워지지 않을까요?

쿠킹 포일이 열을 튕겨 내어서 쿠킹 포일 아래쪽 빵에는 열이 전달되지 않아요. 그래서 구워지지 않고 하얀색이 그대로 남아 있답니다.

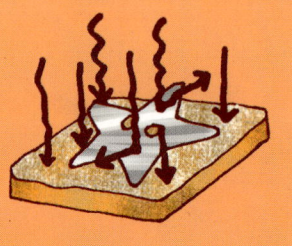

● 어른과 함께 안전하게 실험하세요. 전자레인지에는 넣지 마세요.

실험 22 눌러서 모양을 찍은 식빵을 구우면……
그 부분을 빼고 구워진다!

쿠키 틀로 꼭 눌러서 모양을 찍은 식빵을 구우면, 틀로 누른 부분은 파삭하긴 하지만 노릇노릇하게 구워지지는 않아요.

실험 방법

1 손가락으로 식빵을 눌러 좋아하는 모양을 만든다.

2 오븐 토스터에 굽는다.

쿠키 틀을 사용하면 훨씬 깔끔해요.

손을 깨끗이 씻고 누르세요.

왜 구워지지 않을까요?

손이나 틀로 누른 부분은 식빵 반죽이 쑥 들어가요. 그 부분에는 수분이 남아 잘 마르지 않기 때문에 노릇노릇하게 구워지지 않는답니다.

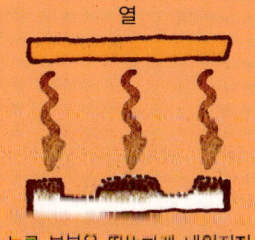

누른 부분은 따뜻하게 데워지지만, 노릇하게 구워지지는 않는다.

실험 23 | 물로 낙서한 식빵을 구우면……
젖은 부분은 구워지지 않는다!

식빵에 물로 낙서해서 바로 구우면, 어떻게 될까요? 낙서한 부분만 구워지지 않고 하얗게 남아요.

실험 방법

1 손가락을 물에 적셔 식빵에 그림을 그리거나 낙서를 한다.

손을 깨끗이 씻고 실험해요.

2 물기가 마르기 전에 오븐 토스터에 굽는다.

왜 젖은 부분만 안 구워질까요?

오븐 토스터의 열은 물을 증발시켜서 빵을 바삭바삭하게 만들어요. 물에 젖은 부분은 물을 증발시키는 데 오래 걸려서 구워지지 않지요.

실험 24 | 레몬즙으로 그림을 그린 식빵을 구우면……
그림 부분은 진한 갈색이다!

요리 실험

식빵에 레몬즙으로 그림을 그려 잘 말린 다음에 구워 보세요. 레몬즙으로 그린 부분만 진한 갈색으로 구워진답니다.

실험 방법

1 손가락으로 레몬즙을 찍어 식빵에 그림을 그린다.

손을 깨끗이 씻고 실험해요.

2 잘 말린 다음 오븐 토스터에 굽는다.

충분히 말린 다음에 구워야 해요.

왜 레몬즙이 묻은 부분만 변할까요?

레몬즙의 산성 물질은 더 낮은 온도에서 빵이 구워지도록 빵의 성질을 바꾸어요. 레몬즙이 묻은 부분만 먼저 구워지기 시작해서 더 짙은 색이 난답니다.

● 잘 말려서 굳지 않으면, 물을 묻혔을 때와 비슷한 색밖에 나오지 않아요.

5장

실험 25

우유에 레몬즙을 넣으면……
몽글몽글 멍울이 생긴다!

이렇게 몽글몽글 멍울이 생긴답니다.

실험 방법

1 컵 가득 우유를 따라 놓고 레몬 반 개 분량의 즙을 짜 넣는다.

우유를 따뜻하게 데우면 더 빨리 몽글몽글해져요.

2 우유에 레몬즙 대신 식초를 넣어도 몽글몽글 멍울이 생긴다.

왜 우유에 멍울이 생길까요?

레몬즙과 식초에는 '산'이 들어 있기 때문이에요. 산에는 우유 속 단백질을 굳히는 힘이 있답니다.

레몬즙
단백질

174

| 실험 26 | 몽글몽글해진 우유를 커피 필터에 거르면……
덩어리만 남는다!

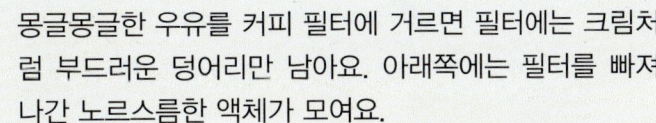
몽글몽글한 우유를 커피 필터에 거르면 필터에는 크림처럼 부드러운 덩어리만 남아요. 아래쪽에는 필터를 빠져나간 노르스름한 액체가 모여요.

실험 방법

1 컵에 커피 필터를 끼운다. 몽글몽글한 상태로 만든 우유를 붓는다.

2 남은 덩어리는 코티지치즈가 되고, 필터 아래로 빠져나온 노르스름한 액체는 물과 설탕을 넣으면 마실 수 있다.

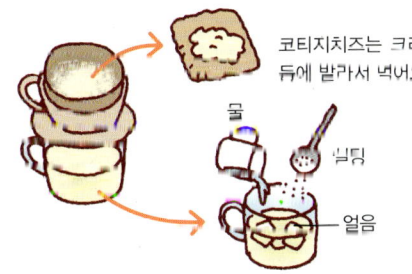

필터 아래로 빠져나온 액체는 뭘까요?

우유에서 유지방과 단백질 등을 걸러 내고 남은 액체를 '유청'이라고 불러요. 유청은 영양가가 무척 풍부해요. 맛은 새콤하지요. 요구르트 위에 말갛게 떠 있는 액체가 바로 유청이에요.

요리 실험

실험 27 — 탄산음료에 설탕을 넣으면……

부글부글 거품이 넘친다!

탄산음료에 설탕을 듬뿍 넣어 보세요.
부글부글 거품이 넘친답니다.

실험 방법

컵에 탄산음료를 넉넉하게 따르고, 설탕을 한 숟가락 크게 떠서 넣는다.

넘칠 수 있으니 컵 아래에 그릇을 받쳐 두세요.

소금을 넣으면 넣자마자 엄청나게 거품이 일어나요. (소금을 넣은 음료는 마실 수 없어요.)

왜 거품이 날까요?

탄산음료의 거품은 이산화탄소예요. 설탕을 넣으면 이산화탄소가 설탕 알갱이 주변에 붙어 둥둥 떠오른답니다. 그래서 거품이 부글부글 일어나며 컵 밖으로 넘쳐요.

소금을 넣으면 탄산음료와 소금이 반응해 이산화탄소가 많이 생겨요.

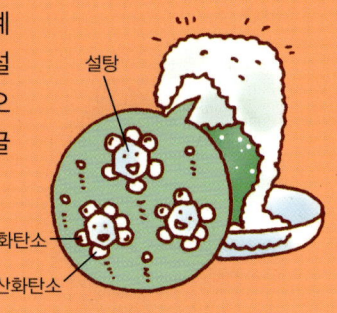

실험 28: 홍차에 꿀을 넣으면……
거무스름하게 변한다!

홍차에 꿀을 넣고 잘 섞으면 거무스름한 색으로 변해요. 색이 조금 이상해도 맛은 좋아진답니다.

실험 방법

홍차에 꿀 한 숟가락을 넣고 잘 섞는다.

❓ 왜 거무스름한 색으로 변할까요?

홍차의 향과 맛은 '타닌'이라는 성분 때문이에요. 꿀 안에 있는 '철분'이 타닌과 만나서 거무스름하게 변해요.

실험 29 — 인덕션 레인지로 녹여 만든다!
알록달록한 마블 캔디

사탕을 녹여 섞으면 알록달록 다채로운 무늬의 마블 캔디로 변신한답니다!

준비물

- 사탕
- 인덕션 레인지(종이 포일을 올릴 수 있고 온도 설정이 가능한 전열 기구면 돼요. 고기를 구워 먹는 전기 그릴 등도 가능해요.)
- 종이 포일과 베이킹 컵
- 이쑤시개

실험 방법

★ 쿠킹 포일이나 종이 재질이 아닌 은박 베이킹 컵은 뜨겁게 달궈질 수 있으니 사용하지 마세요.

1 종이 포일을 10cm×10cm 크기로 자른다. 나중에 집기 쉽도록 가장자리를 조금 접어 둔다.

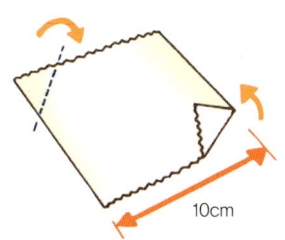

2 인덕션 레인지를 120℃로 맞춘다. 인덕션 레인지 위에 종이 포일을 올리고 색이 서로 다른 사탕을 2~3개 올린다.

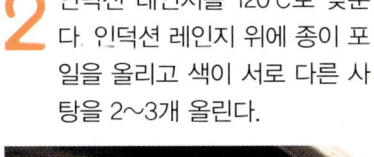

3 2~3분 지나면 사탕이 열로 점점 녹는다.

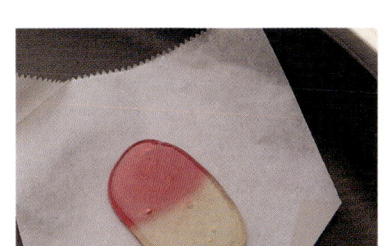

4 녹은 사탕을 이쑤시개로 섞어 대리석 무늬를 만든다.

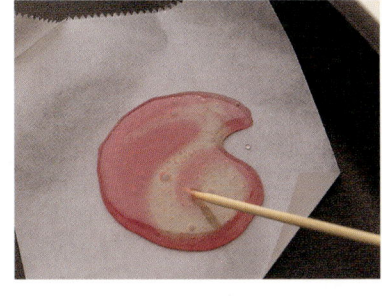

5 종이 포일의 접어 둔 부분을 잡고 접시 등에 옮겨 담아 식힌다.

■ 베이킹 컵에서 그대로 굳히면 동그란 사탕이 만들어진다.

왜 사탕이 녹을까요?

사탕은 설탕과 여러 재료를 섞어 만들어요. 설탕을 물에 넣고 열을 가하면 화학 반응(물질이 다른 물질로 변화하는 현상)을 일으키면서 녹아요. 그래서 설탕으로 만든 사탕도 녹지요. 설탕은 녹을 때 온도에 따라 다른 모습이 되어요.

 110℃

투명하고 끈적한 시럽

160℃

갈색을 띠고 끈적끈적한 물엿 상태.

190℃

진한 갈색 캐러멜. 푸딩 등에 사용한다.

● 어른과 함께 안전하게 실험하세요. 뜨거운 사탕을 다룰 때는 조심하세요.

실험 30 아이싱으로 그림을 그린다!

장식 ☆ 쿠키

직접 만든 아이싱으로 쿠키에 그림을 그리고
글씨를 쓰며 즐겁게 장식해 보세요.

준비물

- 달걀흰자 조금
- 슈거 파우더 세 숟가락
- 레몬즙 약간
- 식용 색소, 코코아, 말차 등 색을 낼 약간의 재료
- 구슬 등 각종 장식 재료

실험 방법

1 달걀을 흰자와 노른자로 나눈다. 흰자만 사용한다.

2 슈거 파우더 세 숟가락에 달걀흰자를 작은 숟가락으로 한 번 넣는다.

큼직한 그릇에서 만들어요.

3 숟가락으로 잘 섞으면 달걀흰자가 점점 굳는다.

4 레몬즙 2~3방울을 넣고 다시 섞는다. 뻑뻑한 크림 같은 상태가 되면 아이싱 완성.

5 이쑤시개나 숟가락을 이용해 쿠키에 아이싱으로 그림을 그리거나 글씨를 쓴다.

■ 색을 낼 때는 식용 색소를 물에 녹여 이쑤시개 끝에 살짝 묻혀 아이싱과 섞는다. 코코아와 말차는 아이싱에 직접 섞는다.

❓ 왜 묽은 아이싱이 점점 굳을까요?

레몬즙의 '산'이 달걀흰자의 단백질을 단단하게 굳히고 하얗게 만들기 때문이에요. 레몬즙을 넣은 아이싱은 새하얗고 단단하지만, 레몬즙을 넣지 않으면 표면만 살짝 굳고 색깔도 새하얘지지 않아요.

레몬즙을 넣은 아이싱 | 레몬즙을 넣지 않은 아이싱

손가락으로 누르면 쑥 들어간다.

실험 31 설탕이 신의 한 수!
딸기 찹쌀떡과 보글보글 젤리

설탕의 성질을 이용하여 만드는 하얗고 빨간 간식을 소개할게요.
보드라운 떡으로 딸기를 통째로 감싼 딸기 찹쌀떡과,
하얀 거품까지 한꺼번에 굳힌 신기한 젤리랍니다.

◆ 딸기 찹쌀떡 만드는 법

준비물 (2개 분량 기준)

- 팥앙금 약 80g
- 딸기 2개(물로 깨끗이 씻어 물기를 닦아 둔다.)
- 구워 먹는 찹쌀떡(기리모찌) 2개
- 떡 1개당 물 한 숟가락
- 떡 1개당 설탕 약간
- 전분 약간

🧪 실험 방법

1. 팥앙금을 둘로 나누어 동그랗게 뭉친다. 한 덩이를 손바닥에 올려 납작하게 펴고, 꼭지를 딴 딸기를 위에 올리고 앙금으로 감싼다.

2. 큼직한 내열 유리 그릇에 떡 1개당 물 한 숟가락을 넣어 담는다. 랩을 씌워 전자레인지(600W)에 약 1분을 돌린다.

3. 떡이 부드러워지면 설탕을 조금 넣고 잘 섞는다. 떡이 딱딱해서 잘 섞이지 않으면 물을 아주 약간 넣고 다시 전자레인지에 몇 초 돌린다.

4. 넓은 접시에 전분 한두 숟가락을 뿌려서 펼친다. 그 위에 부드러워진 떡을 올리고 동글납작하게 편다.

5. 손 위에 떡을 올리고, 딸기를 넣은 팥앙금을 가운데에 놓고 떡으로 감싼다.

6. 동그랗게 모양을 잡고 이음매가 아래로 가도록 놓는다. 보드랍고 새콤달콤한 딸기 찹쌀떡 완성!

❓ 왜 식어도 부드러울까요?

보통 떡을 전자레인지에 돌려 부드럽게 만든 다음에 잠시 식게 두면 수분이 없어지며 딱딱해져요. 하지만 딸기 찹쌀떡은 식어도 부드러운 질감을 그대로 유지해요. 부드러운 맛의 비결은 설탕! 설탕에는 수분을 끌어당기는 힘이 있어요. 떡에 수분이 모여 있어서 부드러운 식감을 유지할 수 있답니다.

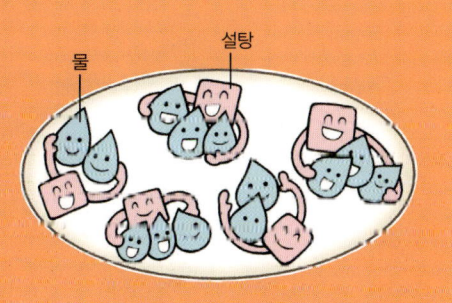

● 전자레인지에서 꺼낸 그릇은 뜨거워요. 꼭 어른에게 꺼내 달라고 하세요.

◆ 보글보글 젤리 만드는 법

준비물 (1개 분량 기준)

- 크랜베리 주스처럼 붉은색을 띤 주스 200mL
- 입자가 고운 그래뉼러당 한 숟가락
- 가루 젤라틴 10g
- 뜨거운 물(80℃ 이상) 60mL
- 사이다 100mL

🧪 실험 방법

★ 오렌지 주스나 사과 주스를 사용하면 맥주처럼 보이게 만들 수 있어요.

1 가루 젤라틴을 뜨거운 물 60mL에 녹인다. 잘 섞어서 투명해질 때까지 녹인다.

가루 젤라틴
섞을 때 화상을 입지 않도록 주의하세요.

2 큼직한 그릇에 주스와 그래뉼러당을 넣어 잘 섞은 다음, 사이다를 조심조심 붓는다.

3 1의 젤라틴 녹인 물을 2에 넣고 거품기로 재빨리 섞는다.

4 그릇을 얼음물 위에 올려 거품기로 젓는다.

5 그릇 안에 담긴 내용물이 차가워지고 끈기가 생기면 유리잔에 담는다.

6 냉장실에 넣어 굳힌다. 거품까지 함께 굳은 신기한 젤리가 완성된다.

❓ 왜 거품이 생길까요?

젤라틴은 동물의 뼈와 껍질 등을 끓여 만든 식품 첨가제예요. 설탕에는 수분을 끌어당기는 성질이 있지요. 젤라틴 녹인 물에 설탕을 넣으면 설탕이 젤라틴의 수분을 빼앗아 자잘하고 고운 거품이 생기는데, 이렇게 만들어진 거품은 쉽게 사라지지 않아요.

젤라틴

6장

수업 시간이 즐거워진다!

수학·과학 실험

수학과 과학 수업에 도움이 되는 실험을 소개할게요.
즐겁게 실험하며 원리를 이해할 수 있어요.
나중에 수업 시간에 실험한 내용을 만나면 정말 반가울 거예요.

실험 1 채소와 과일 씨앗을 뿌리면……

먹지 않고 버리는 채소와 과일의 씨앗을 흙에 심으면 어떻게 될까요?

파프리카

단호박

사과

옥수수 (팝콘을 만드는 옥수수 씨앗)

실험 방법

1 씨앗을 고운체에 담아 씨앗 주변에 묻은 미끈미끈한 이물질을 물로 깨끗이 씻어 낸다.

2 씨앗을 물에 하룻밤 동안 담가 둔다. 다음 날 물에 가라앉은 씨앗을 사용한다.

3 일회용 플라스틱 컵을 5cm 높이로 자르고 꽃집에서 파는 흙(물을 부으면 봉긋하게 부풀어 오르는 흙)을 넣어 채운다. 흙 전체에 골고루 물을 뿌리고 그 위에 씨앗을 올린다.

4 흙이 마르지 않도록 매일 물을 준다. 따뜻한 곳에서 키운다.

각기 다른 싹이 난다!

'물'과 '공기'와 '적당한 온도'가 만나면 싹이 터요. 싹의 크기와 모양은 제각기 달라요.

파프리카
- 떡잎 앞에 씨앗이 붙어 있다.
- 뿌리는 흙속에 있다.

단호박
- 떡잎이 크다.
- 씨앗을 덮고 있던 껍질이 떨어져 나왔다.
- 뿌리

사과
- 떡잎 사이로 잎이 났다.
- 떡잎
- 뿌리

옥수수
- 뿌리
- 떡잎이 한 장이다.

❓ 왜 싹이 날까요?

씨앗 속에는 잎과 줄기와 뿌리가 될 부분, 종피(씨앗을 감싸고 있는 껍질), 영양분이 있어요. 다 함께 싹을 틔울 준비를 하고 있답니다. 실험에 사용한 네 식물 중 옥수수를 빼면 모두 떡잎(처음으로 나는 잎)이 두 장이에요.

• 감 씨 내부
- 배젖(영양분)
- 종피
- 떡잎
- 어린뿌리
- 잎과 줄기와 뿌리가 될 부분

실험 2 콩을 심으면……

밥에 넣기도 하고 반찬으로도 먹는 콩.
흙에 심고 물을 주면 어떻게 될까요?

대두

완두콩

팥

흰강낭콩

실험 방법

1 콩을 하룻밤 동안 물에 넣어 불린다.

2 일회용 플라스틱 컵을 5cm 높이로 잘라, 꽃집에서 파는 흙(물을 부으면 봉긋하게 부풀어 오르는 흙)으로 채운다. 흙 전체에 골고루 물을 뿌리고 그 위에 콩을 올린다.

3 흙이 마르지 않도록 매일 물을 준다. 따뜻한 곳에서 키운다.

씨앗을 심었을 때처럼 싹이 난다!

'콩'도 씨앗의 일종이라서 물을 주면 부지런히 싹을 틔운답니다.

완두콩 - 잎, 떡잎, 뿌리

대두 - 잎, 떡잎, 뿌리

흰강낭콩 - 잎, 떡잎, 뿌리

팥 - 잎, 떡잎, 뿌리

❓ 왜 싹이 날까요?

콩이 바로 씨앗이기 때문이에요. 사과 씨앗은 배젖에 영양분이 듬뿍 들어 있지만, 콩에는 배젖이 없고 떡잎에 영양분이 저장되어 있어요. 콩은 떡잎의 영양분을 이용해 싹을 틔운답니다.

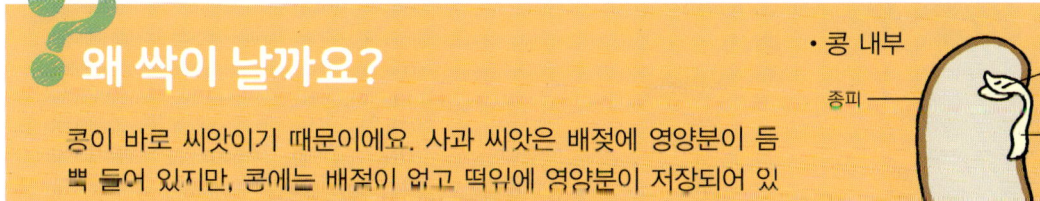
• 콩 내부 - 종피, 배젖, 어린뿌리(잎과 줄기 외 뿌리가 되는 부분), 떡잎

실험 3: 여러 물건에 자석을 갖다 대면……
철로 만든 물건이 자석에 붙는다!

일상에서 사용하는 다양한 물건에 자석을 갖다 대 보세요. 철로 만든 물건인지 아닌지 확인할 수 있답니다.

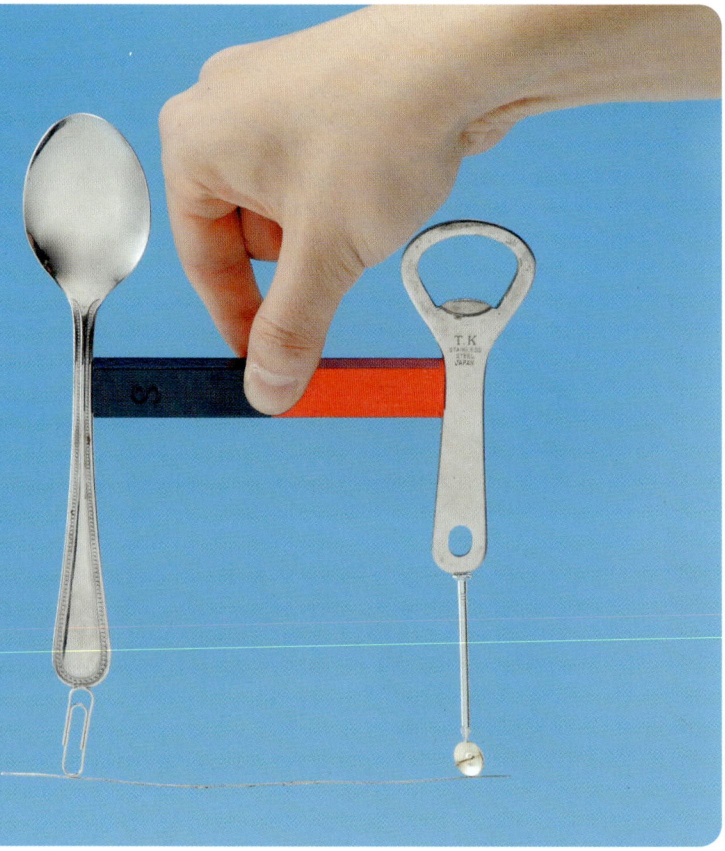

실험 방법

일상에서 사용하는 다양한 물건에 자석을 갖다 대 본다.

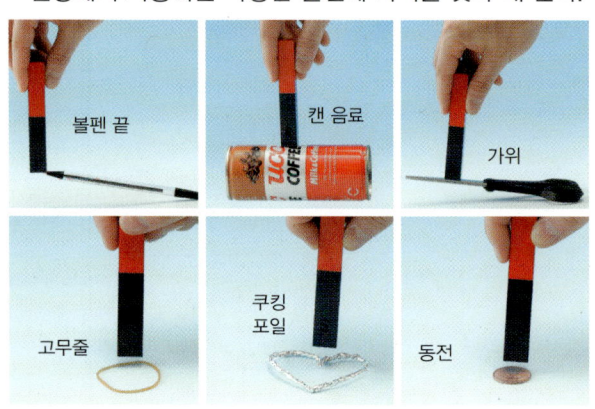

볼펜 끝 / 캔 음료 / 가위 / 고무줄 / 쿠킹 포일 / 동전

❓ 왜 자석에 철이 붙을까요?

철 속에는 작은 자석이 잔뜩 들어 있기 때문이에요. 평소에는 작은 자석들이 각각 다양한 방향을 향하고 있어요. 그러다가 자석을 철에 갖다 대면 철 속의 자석이 힘을 갖게 돼요. 자석의 N극과 S극은 마주 당기는 성질이 있어 두 자석이 가까이 가면 서로 붙어요.

● 신용카드나 현금카드처럼 자석을 갖다 대면 안 되는 물건도 있어요. 실험하기 전에 먼저 어른에게 물어보세요.

실험 4

일회용 손난로와 방습제는……
자석에 붙는다!

일회용 손난로와, 과자나 김에 들어 있는 방습제는 뜻밖에도 자석에 붙는답니다.

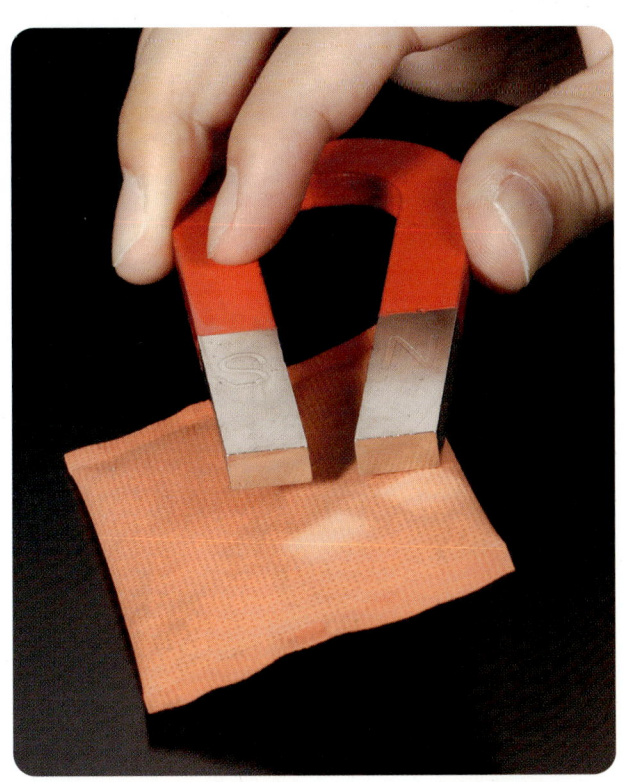

🧪 실험 방법

일회용 손난로와, 식품에 들어 있는 방습제에 자석을 갖다 대 본다.

❓ 왜 자석에 붙을까요?

일회용 손난로와 방습제에는 철가루가 들어 있기 때문이에요. 일회용 손난로는 공기 중 산소와 철이 결합할 때 나오는 열을 이용해 따뜻해져요. 또한 방습제는 철이 산소와 결합하면서 봉지 속 산소를 없애 식품이 상하지 않도록 방지하는 역할을 해요. 철과 산소를 흡착하지 않는 방습제에는 자석이 붙지 않아요.

⚠️ 일회용 손난로와 방습제는 봉지를 뜯어 내용물을 꺼내면 뜨겁게 달아올라요. 절대로 봉지를 뜯지 마세요.

실험 5   자석에 철가루를 뿌리면······
자석의 힘을 눈으로 확인할 수 있다!

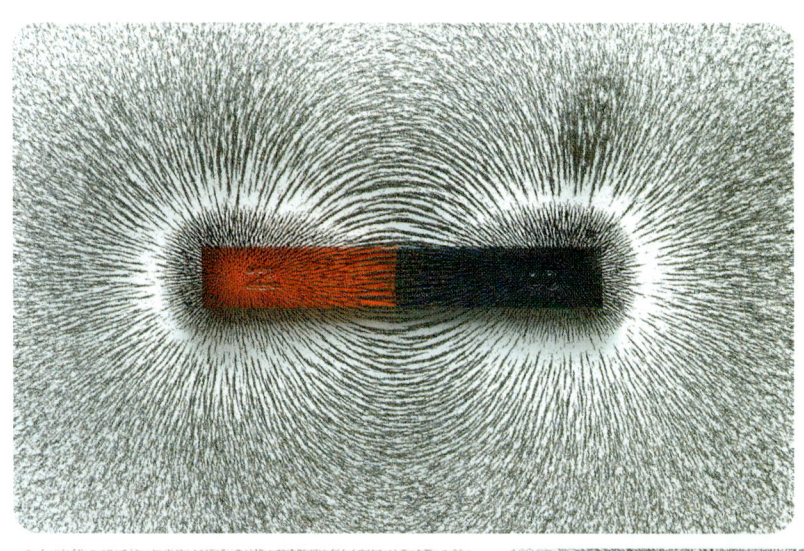

눈에 보이지 않는 자석의 힘을 철가루를 이용해 눈으로 볼 수 있게 해 주는 실험이에요. 자석의 힘은 우리가 '극'이라고 부르는 양쪽 끝에서 가장 세요. 실험을 통해 다른 극(빨간색 N극과 파란색 S극)은 서로 끌어당기고, 같은 극(N극끼리, S극끼리)은 서로 밀어 낸다는 사실을 알 수 있어요.

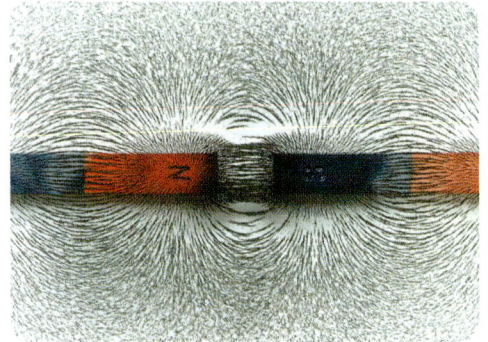 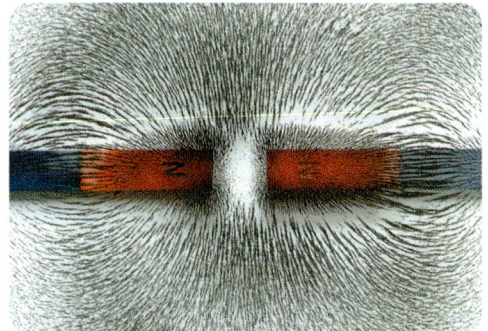

실험 방법

1. 자석을 일회용 비닐봉지에 담아 철가루 사이에 넣는다. 철가루가 붙는다.

2. 종이컵이나 플라스틱 컵 안에 비닐봉지를 넣고 자석을 꺼내면 철가루가 떨어진다.

3. 자석 위에 투명한 책받침을 놓는다. 책받침 위에 모은 철가루를 뿌린다.

엎지르지 않도록 조심하세요.

아래에 신문지를 깔아 두세요.

철가루에 생기는 무늬의 정체는 뭘까요?

철가루에 생기는 무늬는 자석의 힘(자력)과 작용 방향을 나타내는 자력선이에요. 자력은 양 끝의 극에서 가장 강해요.

실험 6
자석 2개를 서로 가까이 가져가면……
한가운데 클립이 떨어진다!

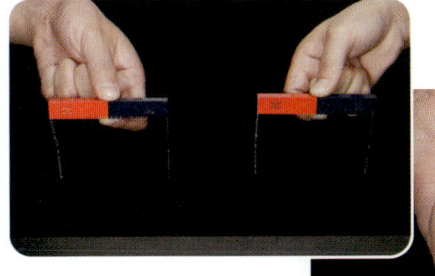

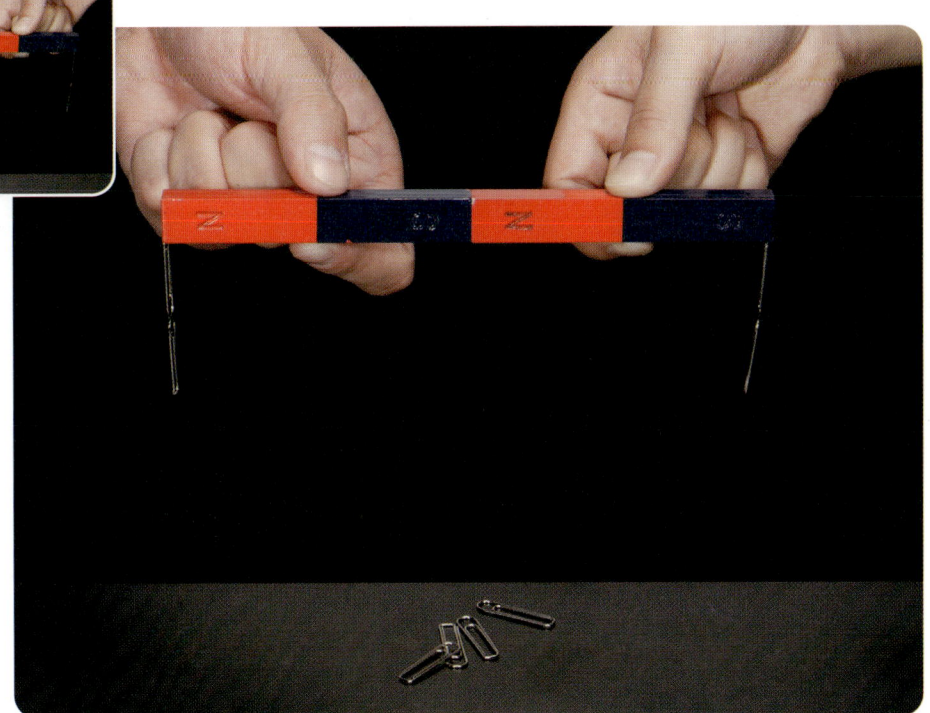

S극과 N극 양쪽에 모두 클립을 붙인 자석 2개를 준비해요. 자석 둘을 서로 가까이 가져가면 가운데 부분의 클립이 자석에서 뚝 떨어져요.

실험 방법

1. 자석 2개를 준비해 S극과 N극에 각각 철로 된 클립을 붙인다.

2. 클립을 붙인 채 자석 2개를 가까이 가져간다.

? 왜 클립이 떨어질까요?

자석 2개를 가까이 가져가면 두 자석이 한 줄로 늘어서면서 또 하나의 자석이 돼요. 맞붙은 부분은 극의 성질이 사라지면서 자석의 힘을 잃지요. 그래서 클립이 떨어져요.

! 자석을 자르면 극이 생겨요

자석의 가운데 부분은 자석의 힘이 약해요. 자석을 자르면 새로운 극이 생기며 철이 달라붙는 힘이 생기지요.

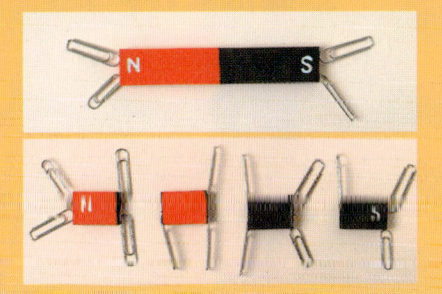

실험 7 | 자석에 붙어 있던 클립을 떼어 내도……
클립끼리 계속 붙어 있다!

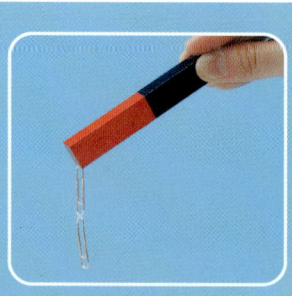
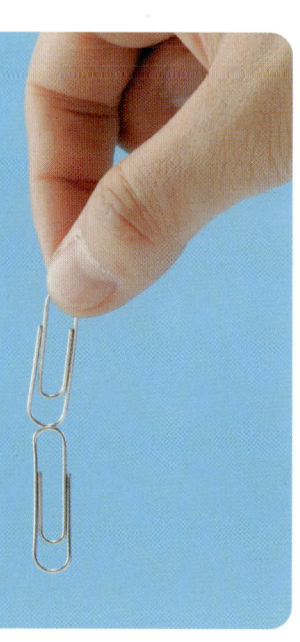

자석에 붙은 클립에 다른 클립을 하나 더 붙여요. 그 상태로 자석에서 클립을 떼어 내도 두 클립은 서로 붙어 있답니다.

🧪 실험 방법

1. 자석에 철로 된 클립을 2개 이상 붙인다.

2. 클립들이 붙은 상태에서 자석을 떼어 낸다. 클립은 여전히 서로 붙어 있다.

❓ 왜 클립이 떨어지지 않을까요?

철은 자석에 붙이면 자석의 힘을 띠게 되어요. 클립이 일시적으로 자석이 되어서 클립들끼리 서로 붙어 떨어지지 않는답니다.

실험 8 | 가위를 자석으로 문지르면……
가위에 클립이 붙는다!

자석으로 문지른 가위는 자석의 성질을 띠어요. 그래서 클립을 가져다 대면 클립이 찰싹 붙어요.

🧪 실험 방법

1. 가위를 자석으로 문지른다.

2. 자석을 치운 다음, 가위를 클립처럼 철로 된 물건 가까이 가져가 본다.

❗ 자석의 힘은 언제 사라질까요?

자석으로 문지르면 철은 자석처럼 힘을 가져요. 하지만 조금 지나면 철이 가진 자석의 힘은 사라져요. 보통의 자석도 시간이 지나면 힘이 점점 약해진답니다.

실험 9 — 클립과 자석 사이에 종이를 끼워도……
클립이 붙으려 한다!

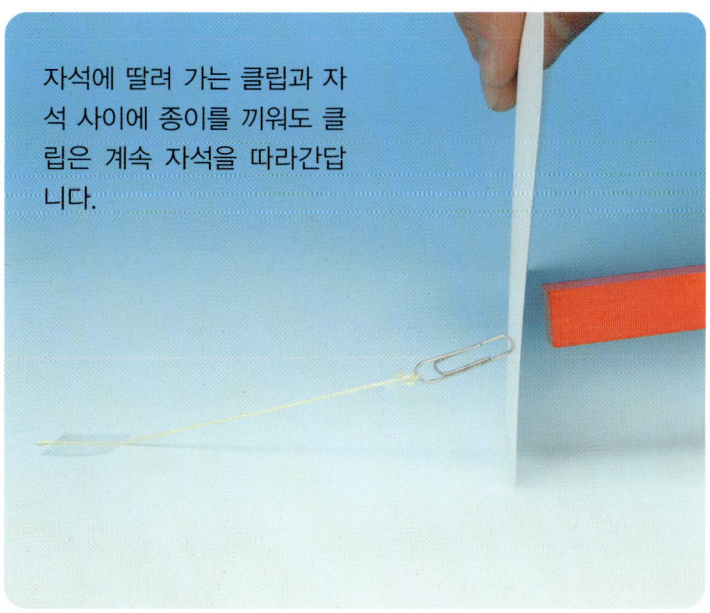

자석에 딸려 가는 클립과 자석 사이에 종이를 끼워도 클립은 계속 자석을 따라간답니다.

실험 방법

1. 클립에 실을 묶어 실 끝을 스카치테이프로 바닥에 붙인다.
2. 자석을 가까이 가져가 클립이 딸려 오면, 클립과 자석 사이에 종이를 끼워 본다.

> **자석과 물체 사이에 다른 물건을 끼워 보세요**
>
> 종이 두께를 바꾸거나, 종이가 아닌 물건을 끼우며 다양한 방법으로 실험해 보세요.

실험 10 — 클립과 자석 사이에 가위를 넣었더니……
클립이 뚝 떨어졌다!

자석에 딸려 가는 클립과 자석 사이에 가위를 넣으면 클립이 뚝 떨어져요.

실험 방법

종이를 넣는 대신, 이번에는 가위처럼 철로 된 물건을 사이에 넣어 본다.

> **왜 클립이 떨어질까요?**
>
> 중간에 다른 철이 있으면 자석의 힘이 클립이 있는 곳까지 미치지 못하고 멈추어요. 이때 중간에 있는 철은 자석의 힘을 띠지만, 이 실험에서는 클립을 끌어당길 정도의 힘을 갖지 못해 클립이 뚝 떨어졌지요.

실험 11 거울로 초콜릿에 빛을 비추면……

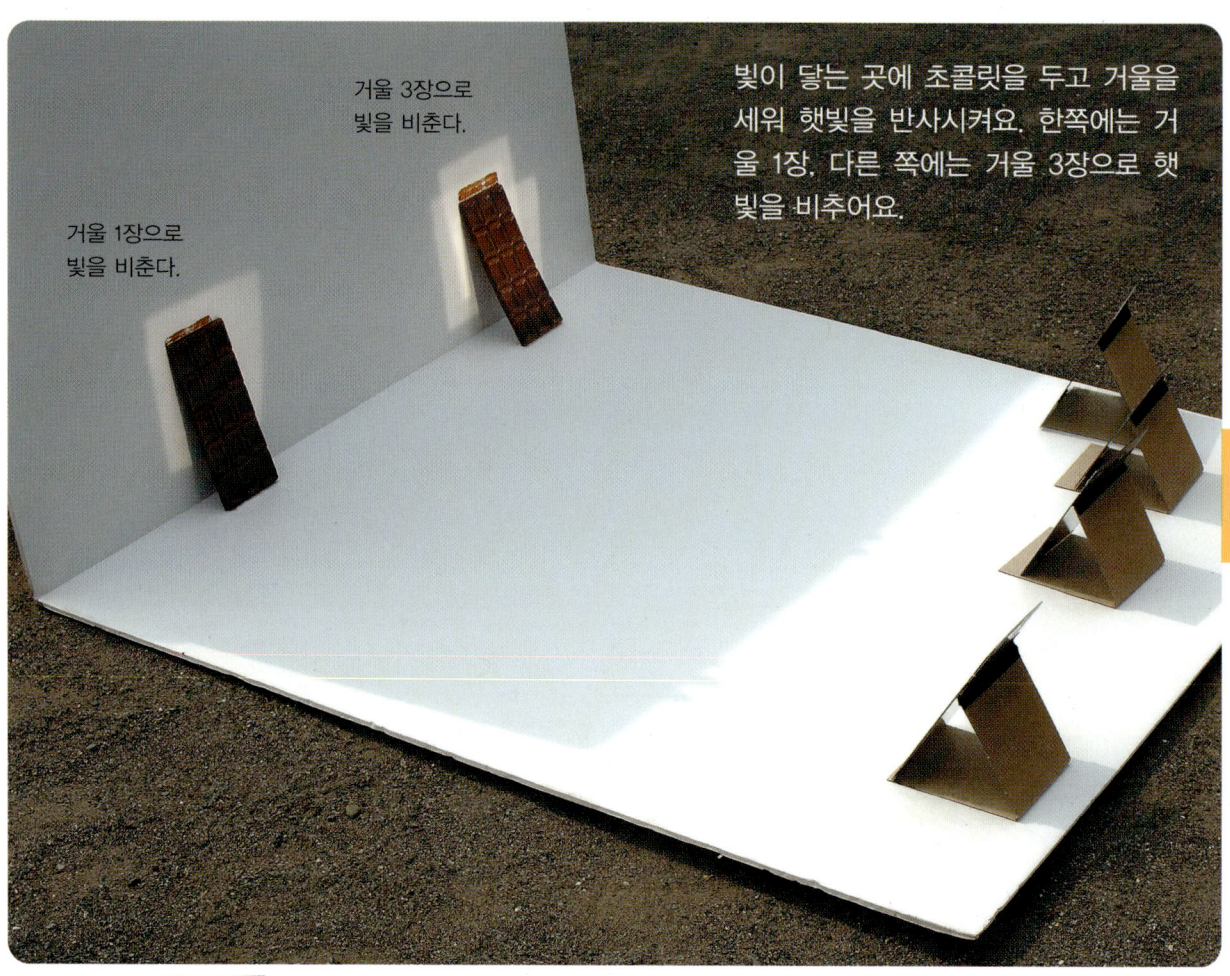

거울 3장으로 빛을 비춘다.

거울 1장으로 빛을 비춘다.

빛이 닿는 곳에 초콜릿을 두고 거울을 세워 햇빛을 반사시켜요. 한쪽에는 거울 1장, 다른 쪽에는 거울 3장으로 햇빛을 비추어요.

준비물
- 거울(각도를 바꿀 수 있는 거울) 4장
- 판 모양 초콜릿 2개
- 초콜릿을 세울 수 있는 받침대나 그릇

실험 방법

1 햇빛이 들어오는 곳에 초콜릿을 세울 수 있는 지지대를 만든다. 실험 과정에서 초콜릿이 녹아내리기 때문에 아래에 그릇을 두면 편리하다.

2 한쪽에는 거울 1장으로 모은 빛이, 다른 쪽에는 거울 3장으로 모은 빛이 초콜릿까지 닿도록 거울의 위치를 정한다.

3 거울에서 반사된 빛이 닿는 위치에 초콜릿을 세워 둔다.

● 초콜릿은 결과를 분명하게 확인할 수 있는 재료예요. 하지만 초콜릿이 없으면 얼음으로 대체할 수도 있어요. 어른의 허락을 받아 실험하세요.

거울이 많은 쪽이 빨리 녹는다!

30초쯤 뒤에 먼저 녹기 시작한다.

1분 뒤

빠르게 변화가 나타나요. 거울 3장으로 빛을 비춘 초콜릿이 먼저 흐물흐물하게 녹아내려요.

❗ 거울로 빛을 모아 적의 배를 불태웠던 아르키메데스

고대 그리스 철학자 아르키메데스(353쪽을 보세요.)는 로마와 전쟁할 때 수많은 병사에게 거울을 들려서 빛이 로마의 배를 조준하도록 했어요. 빛이 집중되자 로마의 배는 불타올랐고, 로마군은 허둥지둥 배를 돌려 도망쳤다고 해요.

⚠ 거울에 반사된 빛을 직접 보지 않도록 주의하세요. 눈을 다칠 수도 있어요. 또 다른 사람을 향해 거울로 빛을 반사하며 장난치지 마세요.

실험 12 - 거울로 햇빛을 모으면……
빛이 겹쳐질수록 온도가 올라간다!

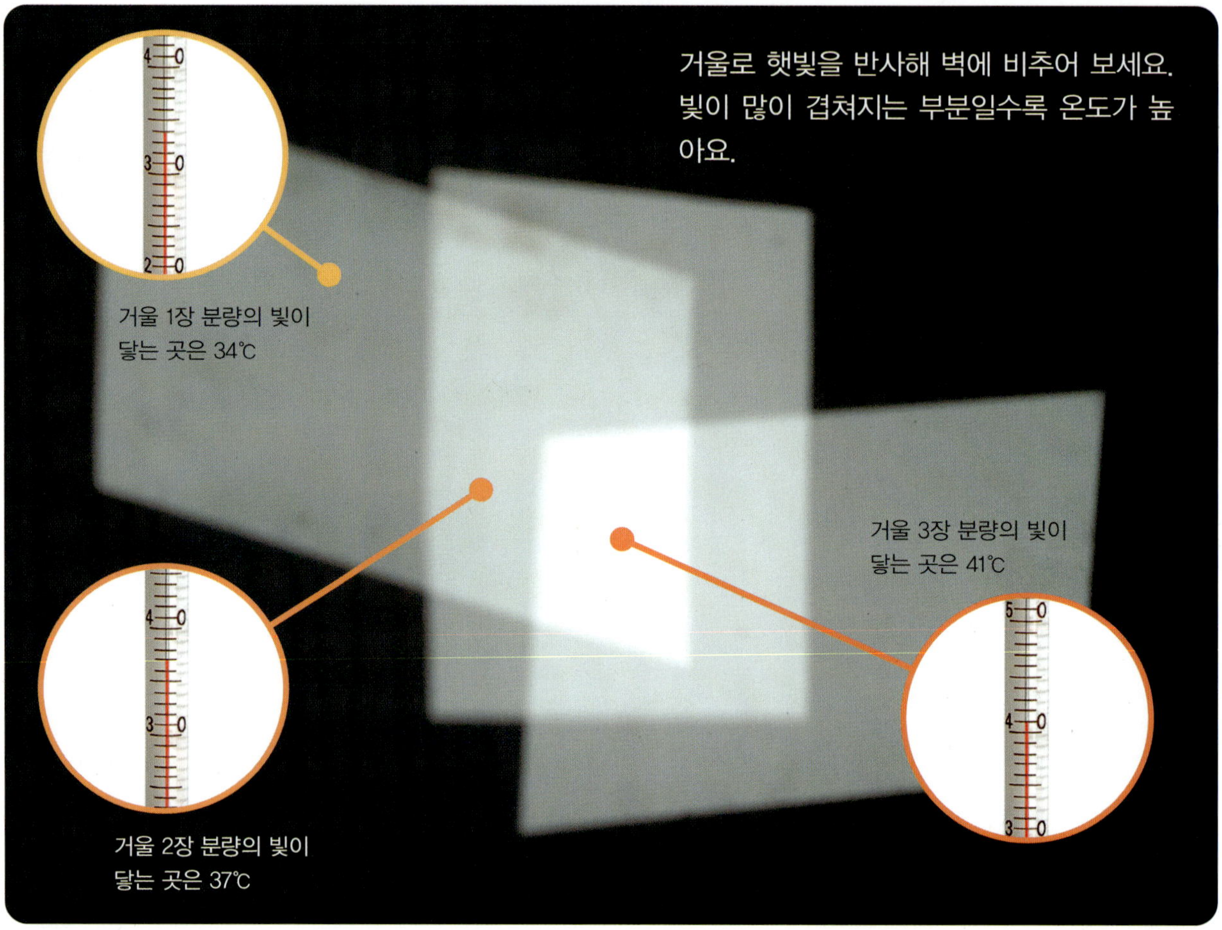

거울로 햇빛을 반사해 벽에 비추어 보세요. 빛이 많이 겹쳐지는 부분일수록 온도가 높아요.

거울 1장 분량의 빛이 닿는 곳은 34℃

거울 2장 분량의 빛이 닿는 곳은 37℃

거울 3장 분량의 빛이 닿는 곳은 41℃

실험 방법

1. 햇빛을 거울로 벽에 반사시킨다. 어두운 곳에서 실험하면 더 잘 보인다.

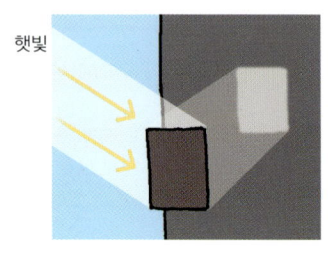

2. 빛을 반사시킨 곳의 온도를 각각 재 본다.

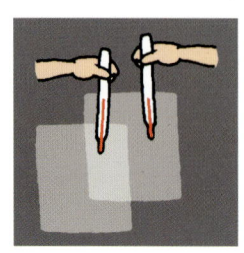

왜 온도가 올라갈까요?

햇빛은 열을 가지고 있어요. 거울로 빛을 모으면 그만큼 더 많은 열이 모이지요. 그래서 빛이 겹쳐지는 곳일수록 온도도 올라간답니다.

⚠ 거울에 반사된 빛을 직접 보지 않도록 주의하세요. 눈을 다칠 수도 있어요. 또 다른 사람을 향해 거울로 빛을 반사하며 장난치지 마세요.

실험 13 | 다양한 사물을 활용하면······
재미난 그림자가 생긴다!

그림자는 빛과 반대 방향으로 생기지요. 요모조모 궁리해 보고 신기한 모양을 만들어서 그림자놀이를 즐겨 보세요.

눈동자 괴물

낙타

원숭이

공 위에서 재주 부리기

실험 방법

날씨가 맑은 날, 공원처럼 넓은 곳에서 그림자놀이를 한다. 친구들과 힘을 합치거나 도구를 이용해 다양한 그림자를 만들어 본다. 태양과 그림자의 방향을 잘 생각해야 한다.

해시계는 5천 년 전부터 있었어요.

태양이 움직이면 그림자도 움직이지요. 해시계는 이 원리를 이용해 시간을 알 수 있게 해 주는 도구예요. 해시계는 인류가 최초로 만든 시계랍니다.

실험 14 플라스틱 자 2개로······

자 2개 사이에 종이를 끼워 위아래로 맞물려 보세요.

플라스틱 자

실험 방법

1 플라스틱 자 2개를 준비한다. 보통 눈금 있는 부분이 두께가 얇다. 그 부분을 서로 마주 보게 놓는다.

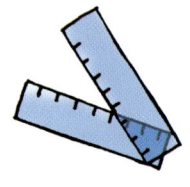

2 자 사이에 종이를 끼우고, 두 자를 딱 붙인다. 가위로 종이를 자를 때처럼 자 사이에 종이를 끼우고 자끼리 서로 딱 맞게 맞물린다.

가위로 자를 때와 같아요

가위는 날과 날로 종이를 빈틈없이 잡아 종이 섬유를 위아래로 찢는 도구예요.

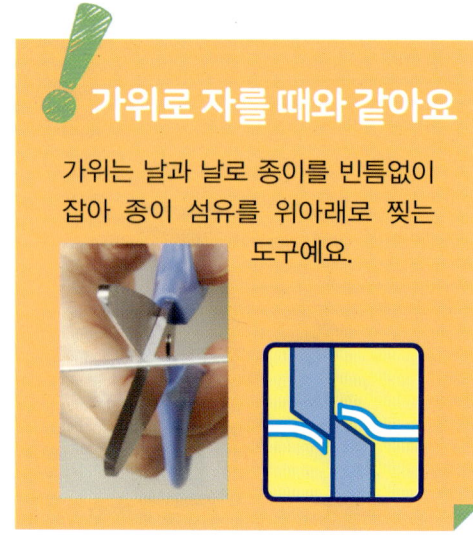

가위처럼 종이를 자를 수 있다!

가위처럼 종이를 잘랐어요!
가윗날을 자세히 들여다보면 커터 칼과 달리
그리 날카롭지 않아요. 가위는 '지렛대'의 원
리를 이용해 물건을 자르는 도구랍니다.

❓ 어떻게 작은 힘으로도 깔끔하게 자를 수 있을까요?

막대기를 이용해 작은 힘을 크게 바꾸는 것을 '지렛대의 원리'라고 불러요. 지렛대에는 '작용점' '힘점' '받침점'이 있어요. 받침점부터 힘점까지의 길이가, 받침점부터 작용점까지의 길이보다 짧으면 작은 힘을 크게 바꿀 수 있지요. 가위는 지렛대의 원리를 이용해 작은 힘으로 깔끔하게 종이를 자를 수 있게 해 주어요.

힘점 힘을 주는 곳
받침점 힘점과 작용점을 지탱하는 곳
작용점 힘점의 힘을 큰 힘으로 바꾸어 주는 곳

받침점 근처, 즉 가윗날 깊숙이 넣어서 종이를 자르면 더 작은 힘으로 자를 수 있어요.

실험 15

건전지의 양극과 음극에 전선을 연결하면……
전선이 꼬여도 전구에 불이 켜진다!

꼬마전구는 어떤 상황에서 불이 켜질까요? 전선을 구불구불하게 감아 건전지의 양극(+)과 음극(-)에 연결해 보세요. 짜잔, 불이 켜졌네요!

준비물

- 꼬마전구   ● 전선이 달린 소켓   ● 건전지   ● 건전지 홀더와 집게 전선이 있으면 편리하다.

실험 방법

전선 연결하는 방법을 이리저리 바꾸며, 어떻게 하면 꼬마전구에 불이 들어오는지 실험해 본다.

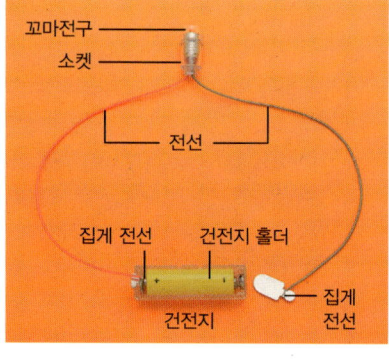

어떻게 해야 불이 들어올까요?

건전지의 양극, 꼬마전구, 음극이 하나의 고리로 이어지면 전기가 통해요. 전선이 꼬여 있어도, 전선을 펼쳐도, 하나의 고리로 이어져 있기만 하면 꼬마전구에 불이 켜져요.

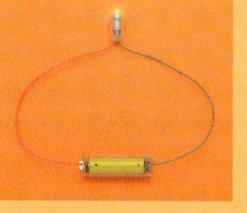

202

실험 16

건전지의 양극과 음극에 전선을 연결하면……
전선이 길어도 전구에 불이 켜진다!

집게 전선을 이용해 전선을 길게 연결해도 꼬마전구에 불이 환하게 들어온답니다. 전선이 길어도 전기가 지나는 길이 하나의 고리로 이어지면 전기가 통해요.

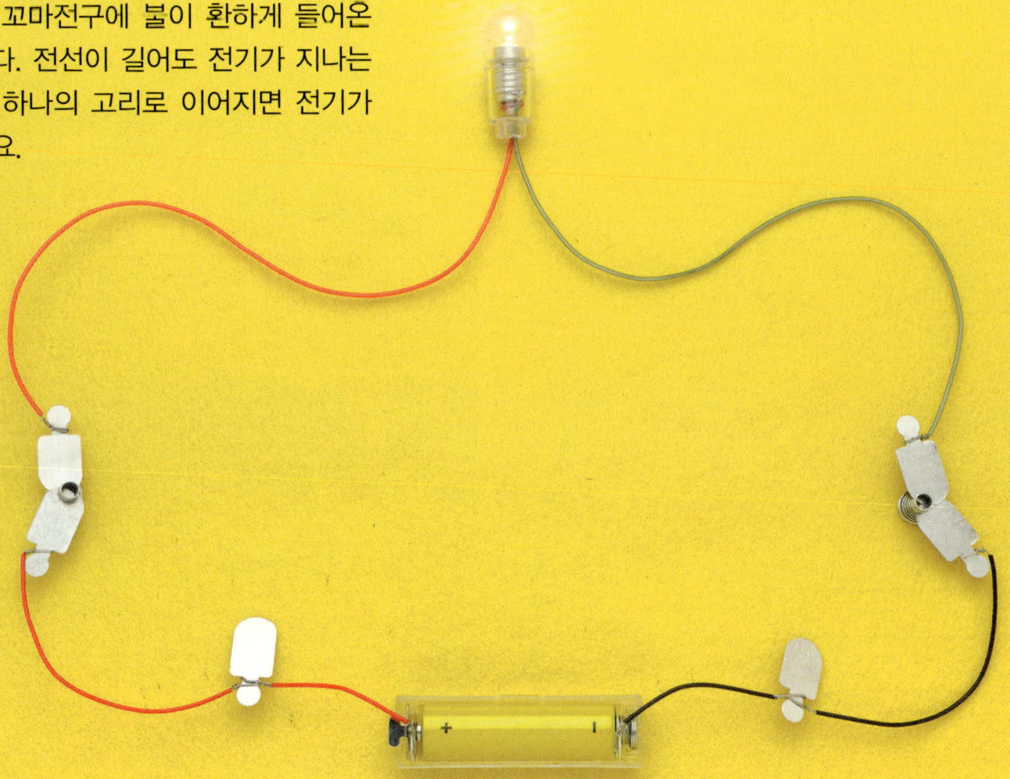

실험 방법

짧은 전선과 집게 전선을 활용해 전선의 길이를 바꾸어 본다. 전선끼리 길이를 다르게 연결하며 실험한다.

언제 불이 안 들어올까요?

양극과 음극을 지나는 고리가 만들어지지 않으면 꼬마전구에 불이 들어오지 않아요. 또한 건전지는 극이 아닌 곳에서는 전기가 흐르지 않아서, 건전지의 다른 곳에 전선을 연결하면 불이 들어오지 않는답니다.

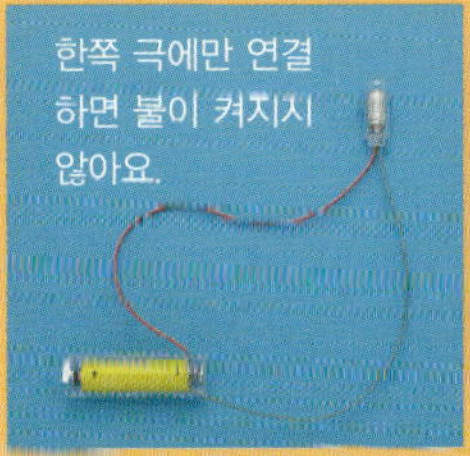

한쪽 극에만 연결하면 불이 켜지지 않아요.

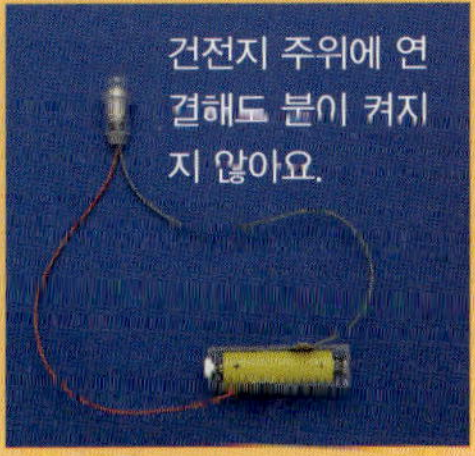

건전지 주위에 연결해도 불이 켜지지 않아요.

실험 17 전기가 지나는 길에 다양한 물체를 연결하면……

꼬마전구와 건전지가 전선으로 올바르게 이어져 전기가 지나는 길을 '회로'라고 불러요. 회로 중간에 다양한 물체를 연결해 보세요. 전기가 통하는 물체와 통하지 않는 물체가 있다는 사실을 알 수 있답니다.

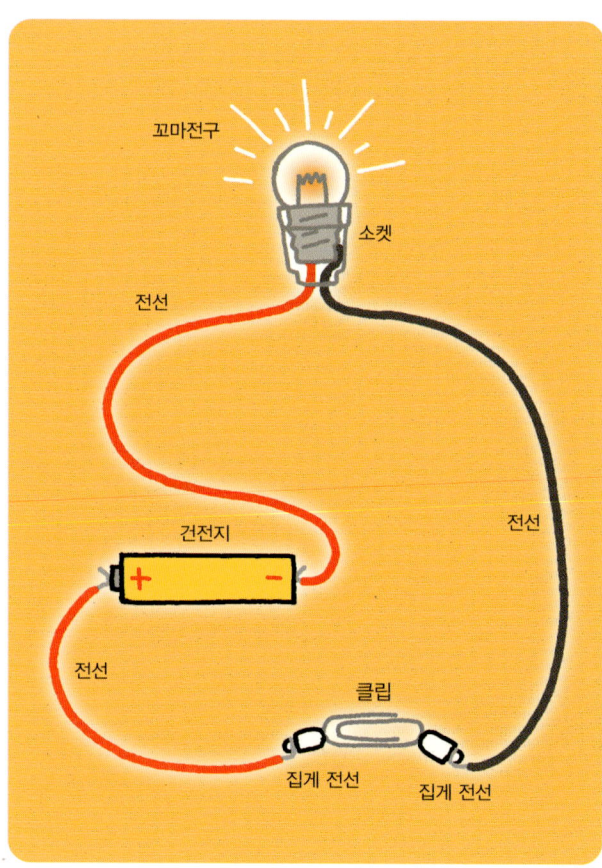

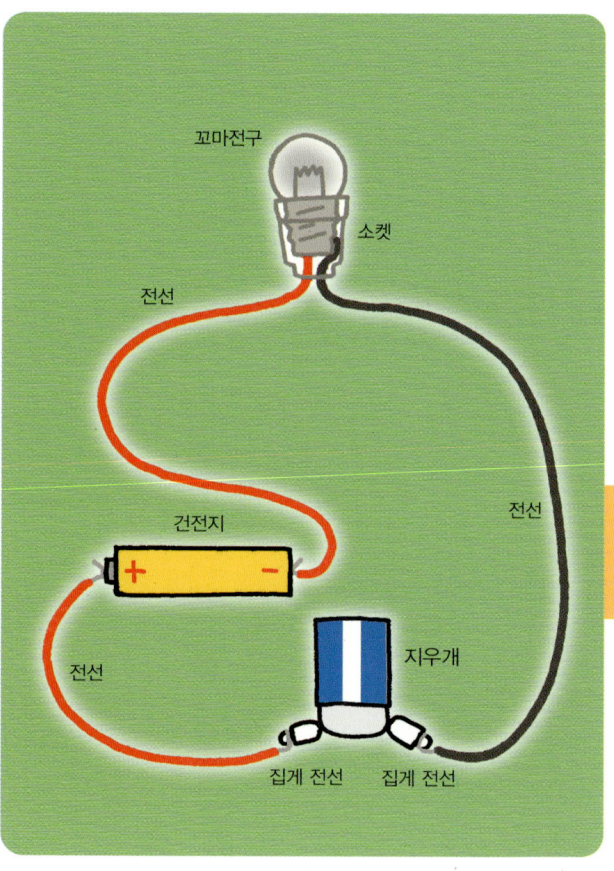

실험 방법

1. 꼬마전구와 건전지의 양극과 음극을 전선으로 올바르게 연결한다. 위 그림처럼 전선과 전선 중간에 다양한 물체를 연결해 본다.

2. 꼬마전구에 불이 들어오면 전기가 통하는 물체, 들어오지 않으면 전기가 통하지 않는 물체다.

3. 불이 들어올지, 들어오지 않을지를 예상하며 실험한다. 결과를 보고 왜 불이 들어오거나 들어오지 않았는지 이유를 생각해 본다.

금속에 전기가 통한다는 사실을 알게 된다!

● 전기가 통하는 물체(철 등의 금속)

● 전기가 통하지 않는 물체(금속이 아닌 물건)

실험 18 건전지 2개를 직렬로 연결하면……
전구에 불이 환하게 켜진다!

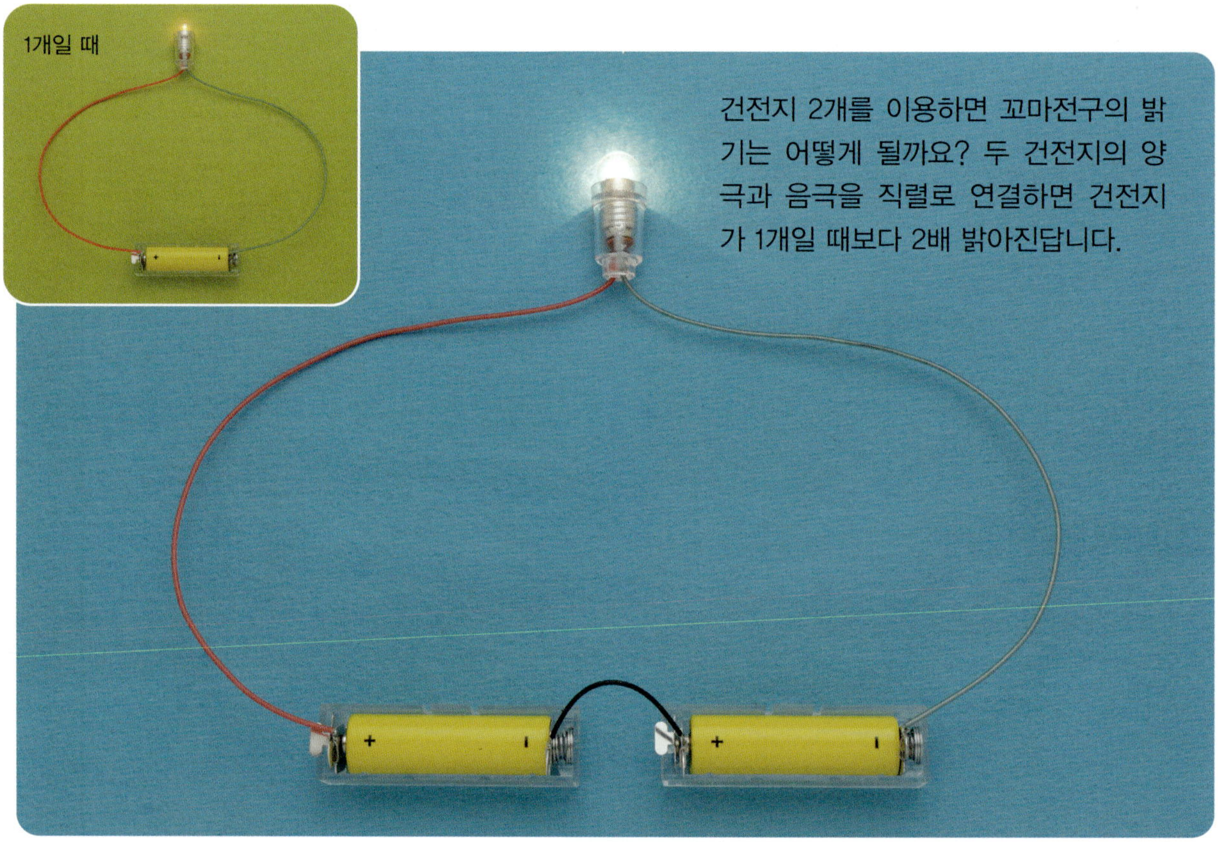

1개일 때

건전지 2개를 이용하면 꼬마전구의 밝기는 어떻게 될까요? 두 건전지의 양극과 음극을 직렬로 연결하면 건전지가 1개일 때보다 2배 밝아진답니다.

🧪 실험 방법

건전지 양극(+)에 다른 건전지의 음극(-)을 연결하는 방식으로 회로를 연결한다. 이를 '직렬연결'이라 부른다.

❓ 왜 직렬로 연결하면 밝아질까요?

페트병에 구멍을 뚫으면 물이 새어 나와요. 두 페트병을 겹쳐 높게 세우면 그만큼 물이 더 세차게 쏟아지는 것처럼 건전지 2개를 직렬연결하면 전류가 더 세게 흐르고, 전구는 더 환하게 불을 밝혀요.

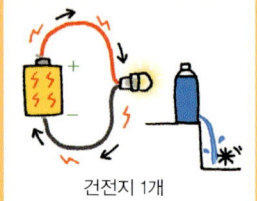

건전지 1개

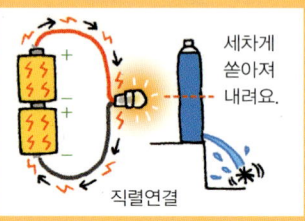

세차게 쏟아져 내려요.

직렬연결

⚠️ 양극과 음극의 방향이 잘못되면 합선이 일어나 건전지와 전선이 뜨겁게 달아오를 수 있어요. 올바른 방향으로 회로를 설치하도록 집중하세요.

실험 19

건전지 2개를 병렬로 연결하면……
전구의 밝기는 달라지지 않는다!

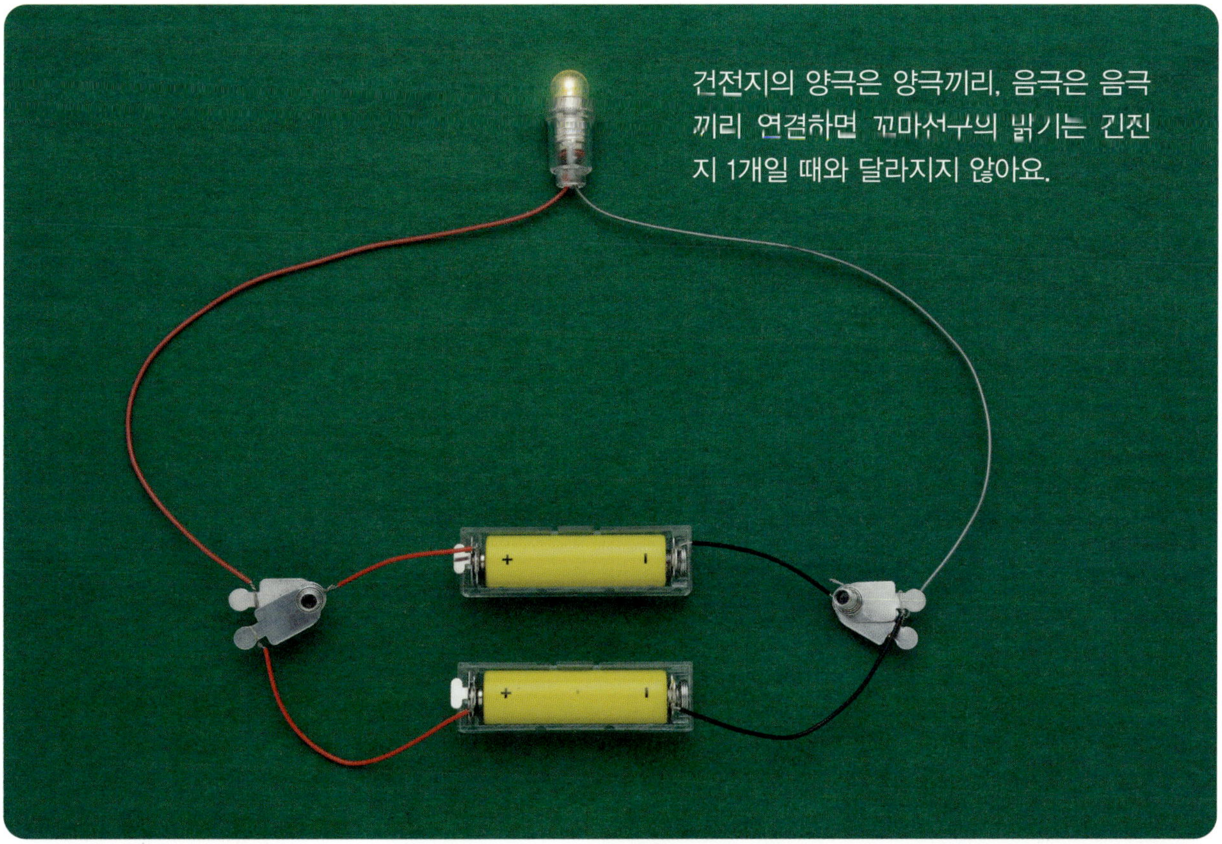

건전지의 양극은 양극끼리, 음극은 음극끼리 연결하면 꼬마전구의 밝기는 건전지 1개일 때와 달라지지 않아요.

🧪 실험 방법

건전기의 양극은 양극끼리, 음극은 음극끼리 연결하는 방식으로 회로를 만든다. 이를 '병렬연결'이라 부른다.

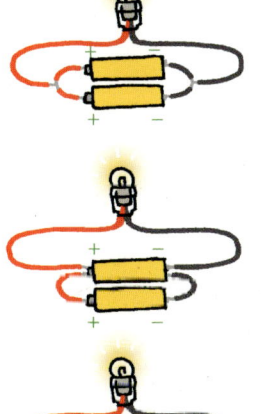

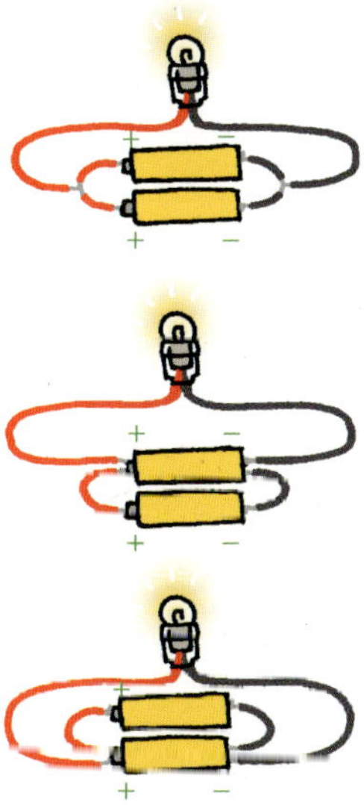

❓ 왜 병렬로 연결하면 밝기가 달라지지 않을까요?

페트병을 옆으로 나란히 놓고 빨대로 연결하면 물이 나오는 길이 2배 길어지지만, 세기는 달라지지 않아요. 병렬연결도 이와 마찬가지여서 건전지가 오래 가지만, 전류의 세기는 달라지지 않아요.

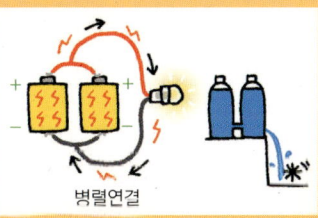

병렬연결

⚠️ 양극과 음극의 방향이 잘못되면 합선이 일어나 건전지와 전선이 뜨겁게 달아오를 수 있어요. 올바른 방향으로 회로를 설치하도록 집중하세요.

실험 20

양극과 음극을 연결한 회로가 아니면……

전구에 불이 켜지지 않는다!

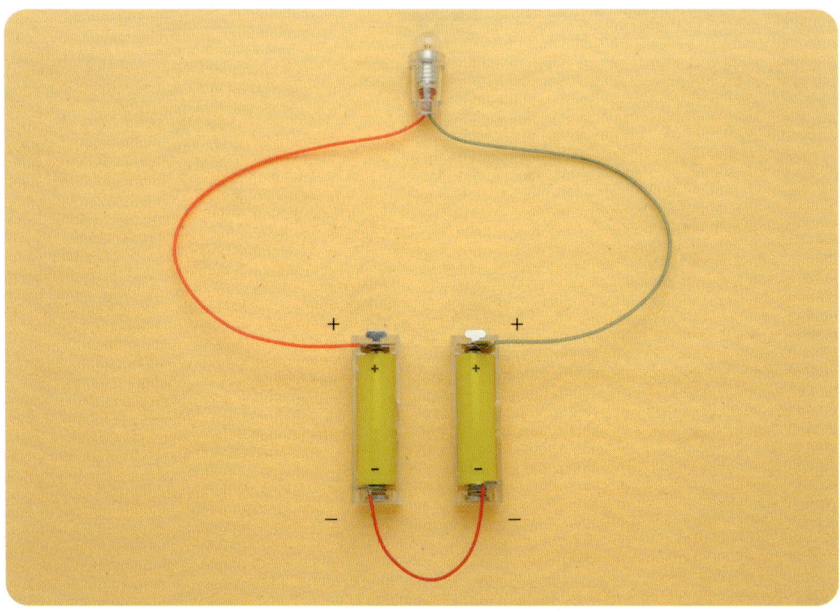

사진과 같은 방식으로 회로를 연결해 보세요. 회로가 바르게 연결된 것처럼 보이지만, 자세히 보면 잘못된 곳이 있답니다. 양극에서 음극까지 하나의 고리로 이어지지 않아 꼬마전구에 불이 들어오지 않아요.

실험 21

건전지 2개를 병렬로 연결했더니……

건전지 1개일 때와 같은 밝기!

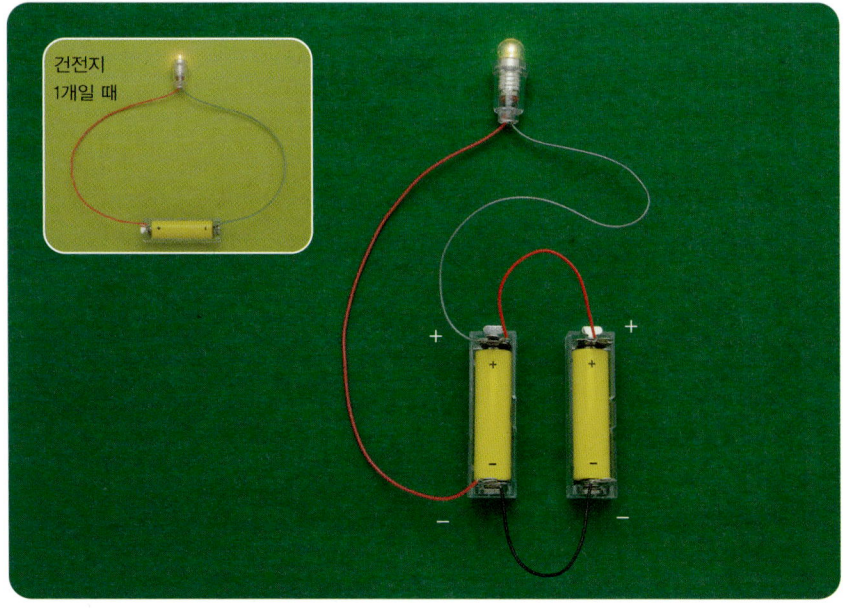

건전지 1개일 때

사진과 같은 방식으로 회로를 연결해 보세요. 전선을 따라가 보면 양극은 양극끼리, 음극은 음극끼리 연결되어 있어요. 두 건전지를 병렬연결한 것과 같지요. 이때 꼬마전구의 밝기는 건전지 1개일 때와 달라지지 않는답니다.

⚠ 연결 방식에 따라 합선이 일어나 건전지와 전선이 뜨겁게 달구어질 수 있어요. 206~209쪽에서 소개한 방법 말고 다른 방법으로 함부로 연결하지 마세요.

실험 22 — 자세히 보면 직렬연결이어서······
건전지 1개의 2배 밝기!

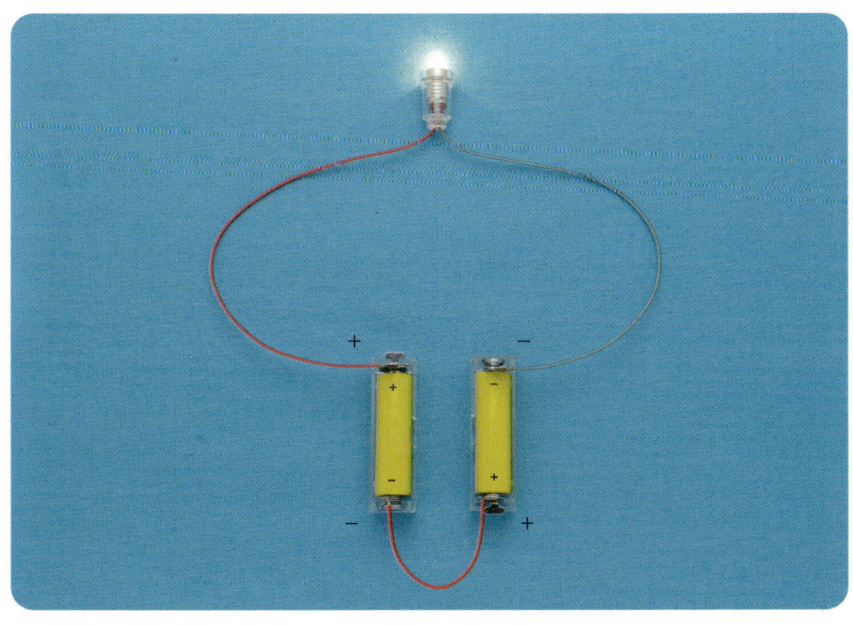

사진과 같은 방식으로 회로를 연결해 보세요.
실험 20과 얼핏 닮은꼴로 보이지만, 자세히 보면 건전지 양극과 음극이 연결되어 있어요. 딩동댕! 직렬연결이에요. 꼬마전구는 건전지 1개일 때보다 더 환하게 불을 밝힌답니다.

수학·과학 실험

실험 23 — 병렬연결처럼 보이지만, 직렬연결이어서······
건전지 1개의 2배 밝기!

사진과 같은 방식으로 회로를 연결해 보세요.
건전지가 같은 방향으로 연결되어 있으니 병렬연결처럼 보여요. 그런데 알고 보면 직렬연결이랍니다. 건전지 2개의 양극과 음극이 연결되어 있거든요. 그래서 꼬마전구 빛은 건전지 1개일 때보다 밝아요.

실험 24
엽서를 받치고 있던 손을 떼도······
물이 쏟아지지 않는다!

엽서로 뚜껑을 덮은 컵을 거꾸로 뒤집은 다음에 손을 떼도, 엽서는 떨어지지 않아요. 컵 속의 물도 쏟아지지 않는답니다!

실험 방법

1 컵에 물을 절반가량 채우고 엽서로 덮는다.

물에 물감을 풀지 않고 맹물로 실험해도 돼요.

2 한 손으로 컵을 뒤집으며 다른 손으로 받친다. 받치고 있던 손을 서서히 뗀다.

? 왜 물이 쏟아지지 않을까요?

공기는 항상 물체를 누르고 있어요. 컵에 딱 붙어 있는 엽서 밖에서도 공기가 탄탄하게 엽서를 떠받치고 있지요. 그래서 엽서가 떨어지지 않고 물도 쏟아지지 않는 답니다.

공기

● 물에 젖어도 괜찮은 곳에서 실험하세요. 컵을 떨어뜨리지 않도록 조심하세요.

7장

몸만 있으면 준비 끝!

우리 몸 실험

가장 가까이 있으면서 가장 신기한 이야깃거리가 가득한 곳이 바로 우리의 몸!
당장 따라 해 볼 수 있는 재미난 실험을 소개할게요.
가족, 친구들과 함께 즐겁게 실험해 보세요.

실험 1 — 쉬워 보이는데 생각보다 어렵다!
손가락을 하나씩 접을 수 있을까?

🧪 **실험 방법**

엄지손가락부터 차례대로 손가락을 하나씩 접어 본다. 전부 접을 수 있는 사람에게는 짝짝짝 칭찬을!

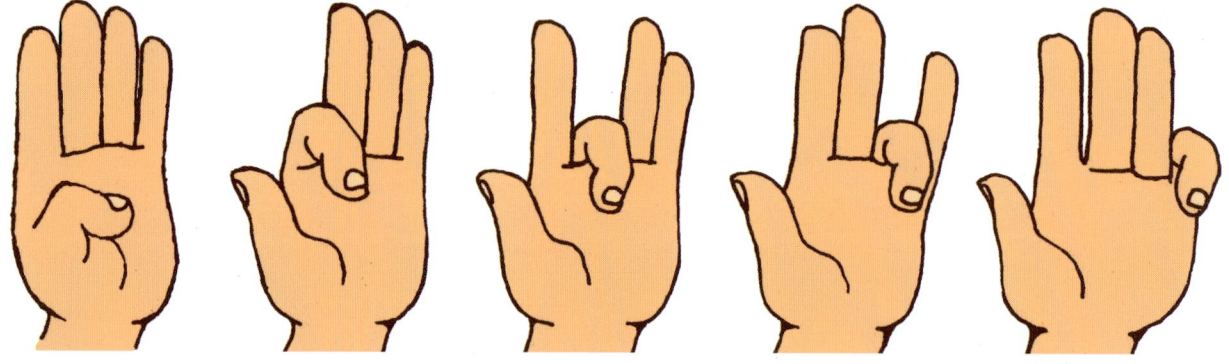

실험 2 — 할 수 있을 것 같은데 좀처럼 안 된다!
손가락 끝만 접을 수 있을까?

🧪 **실험 방법**

손가락 끝의 첫 관절만 굽혀 본다. 모든 손가락을 하나씩 똑같이 해 본다. 전부 한다면 대단한 사람!

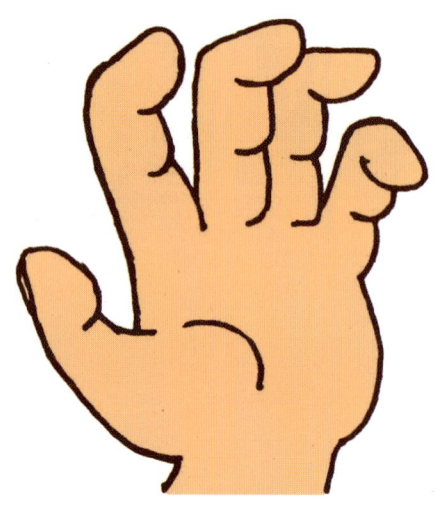

❓ 왜 손가락 끝만 접을 수 없을까요?

우리가 손가락을 사용할 때 손가락 끝의 관절만 따로 굽힐 필요가 거의 없다 보니, 그 부분이 따로 굽혀지지 않는 사람이 많답니다.

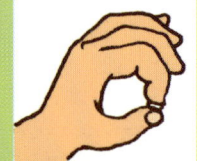

↑ 보통은 손가락 끝만 굽히는 일이 많지 않아요.

실험 3
연습하면 잘할 수 있다!
손가락 사이를 따로 벌릴 수 있을까?

🧪 **실험 방법**

다섯 손가락을 전부 딱 붙였다가, 엄지손가락만 띄어 본다. 여기까지는 쉽다. 다음으로 집게손가락, 그리고 가운뎃손가락까지 이르면 점점 어려워진다. 평소에는 하지 않는 동작이지만 연습해서 익숙해지면 잘할 수 있게 된다.

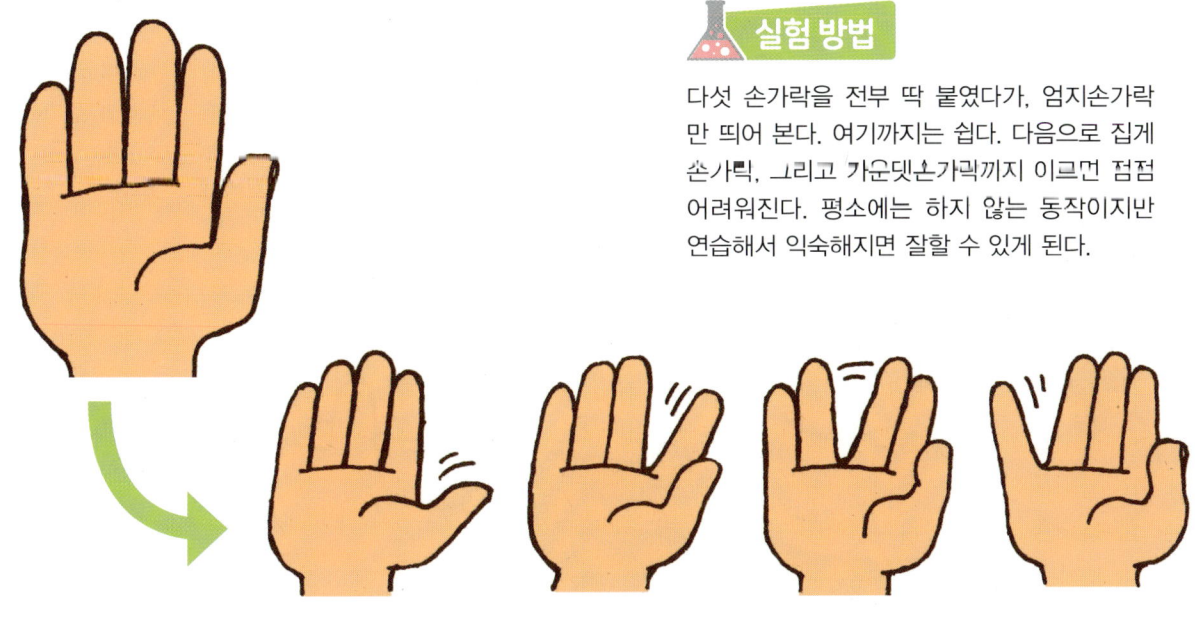

실험 4
중간부터 어려워진다!
각 손가락을 빙글빙글 돌릴 수 있을까?

🧪 **실험 방법**

양손의 손가락을 마주 붙인다. 다른 손가락은 모두 붙인 채, 두 엄지손가락만 빙글빙글 돌린다. 다섯 번 돌리고 나서 두 엄지손가락을 다시 붙인다. 이번에는 두 집게손가락만 떼서 빙글빙글 돌린다. 손가락 순서대로 차근차근 도전해 본다. 아마 가운뎃손가락부터 어려워질 것이다.

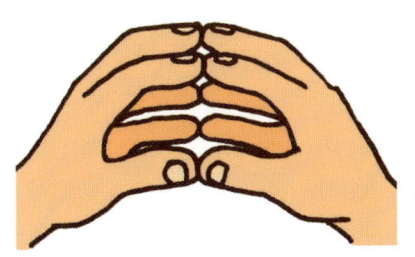

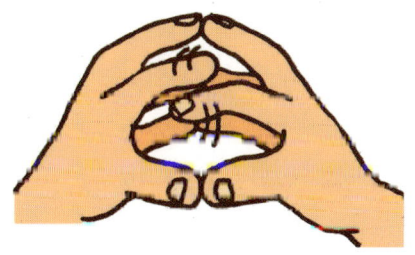

실험 5: 팔을 문지르면……
움직인 쪽 팔이 줄어든다!

짧아졌다!?

한쪽 팔만 짧게 만드는 방법이 있어요. 한쪽 손으로 다른 쪽 팔을 문질러 보세요. 수리수리마수리~ 팔아, 짧아져라~!

실험 방법

1. 양팔을 뻗어 '앞으로나란히' 자세를 취한다. 한쪽 손으로 다른 쪽 팔을 열심히 문지른다.

2. 다시 팔을 앞으로 쭉 뻗으면, 움직인 손 쪽의 팔이 짧아져 있다.

왜 팔이 짧아질까요?

운동을 반복하면 근육이 긴장해서 줄어들기 때문이에요. 근육의 긴장은 바로 풀어지지 않는 성질이 있어요. 그래서 문질러서 움직인 손 쪽의 팔이 순간 짧아져요. 잠시 지나면 원래대로 돌아오니 걱정하지 마세요!

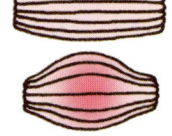

평소 근육

운동하면 긴장해서 짧아져요.

실험 6

깍지를 끼고 잡아당기면……
손가락이 움직이지 않는다!

안 움직이잖아!

두 손가락 깍지를 끼고 양쪽으로 힘껏 잡아당긴 다음, 손가락을 움직이려고 하면 생각대로 잘 움직여지지 않아요. 꼭 내 손가락이 아닌 것처럼 느껴져요!

실험 방법

1 가슴 앞에서 깍지를 끼고, 20초 동안 힘껏 잡아당긴다.

2 깍지 낀 손을 천천히 풀고, 다시 20초를 기다린다. 손가락이 잘 움직이지 않는다.

3 각 손가락을 움직여 보자. 손이 굳은 것처럼 한동안 움직이지 않는다.

❓ 왜 손가락이 안 움직일까요?

손가락 근육을 열심히 사용해서 긴장한 상태라 움직일 수 없는 거예요. 시간이 지나면 다시 원래대로 움직일 수 있으니 안심하세요.

우리 몸 실험

실험 7 — 가운뎃손가락을 구부리고 양손을 붙이면……
넷째 손가락만 잘 안 떨어진다!

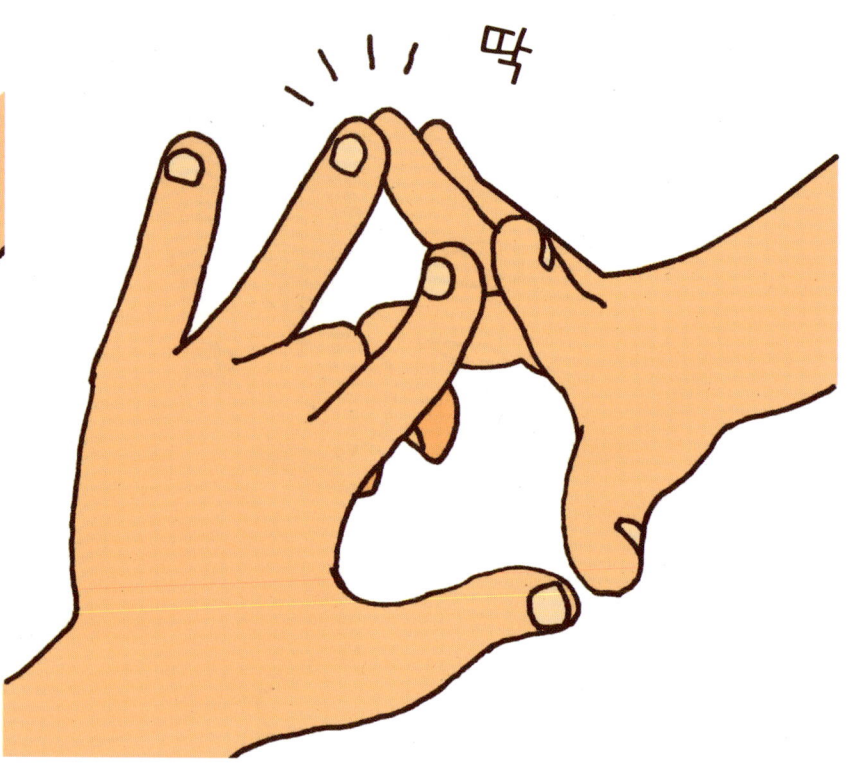

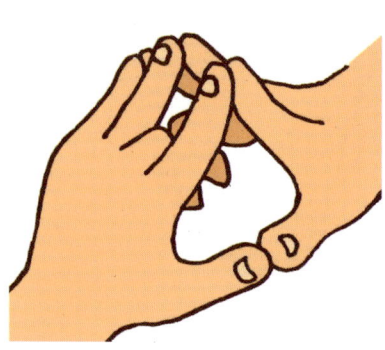

가운뎃손가락을 구부리고 양손을 마주 붙이면, 넷째 손가락이 딱 붙어서 떨어지지 않는답니다!

🧪 실험 방법

그림처럼 가운뎃손가락을 구부리고, 마주 붙인 다른 손가락을 하나씩 떼 본다. 아마 넷째 손가락이 꼼짝도 하지 않을 것이다.

❓ 왜 넷째 손가락만 뗄 수 없을까요?

손가락 근육은 '힘줄'로 뼈에 연결되어 있어요. 넷째 손가락과 가운뎃손가락의 힘줄은 하나로 이어져 있어, 가운뎃손가락을 굽히면 힘줄이 당겨져 넷째 손가락을 자유롭게 움직일 수 없게 돼요. 그 밖에도 손가락을 움직이기 어려운 경우가 있는데, 연습하면 움직일 수 있는 조합도 있답니다. 사람마다 움직임이 조금씩 달라요.

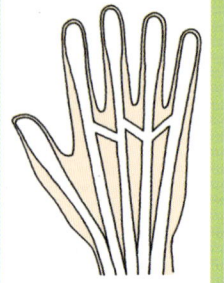 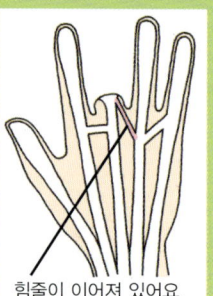

힘줄이 이어져 있어요.

실험 8

손가락의 두 번째 관절을 굽히면……

손끝이 흐물흐물 떨린다!

손가락 끝에서 두 번째 관절을 제2관절이라 불러요. 이 관절만 굽히면 그 위로는 힘이 들어가지 않아 손가락 끝이 흐물흐물 떨린답니다.

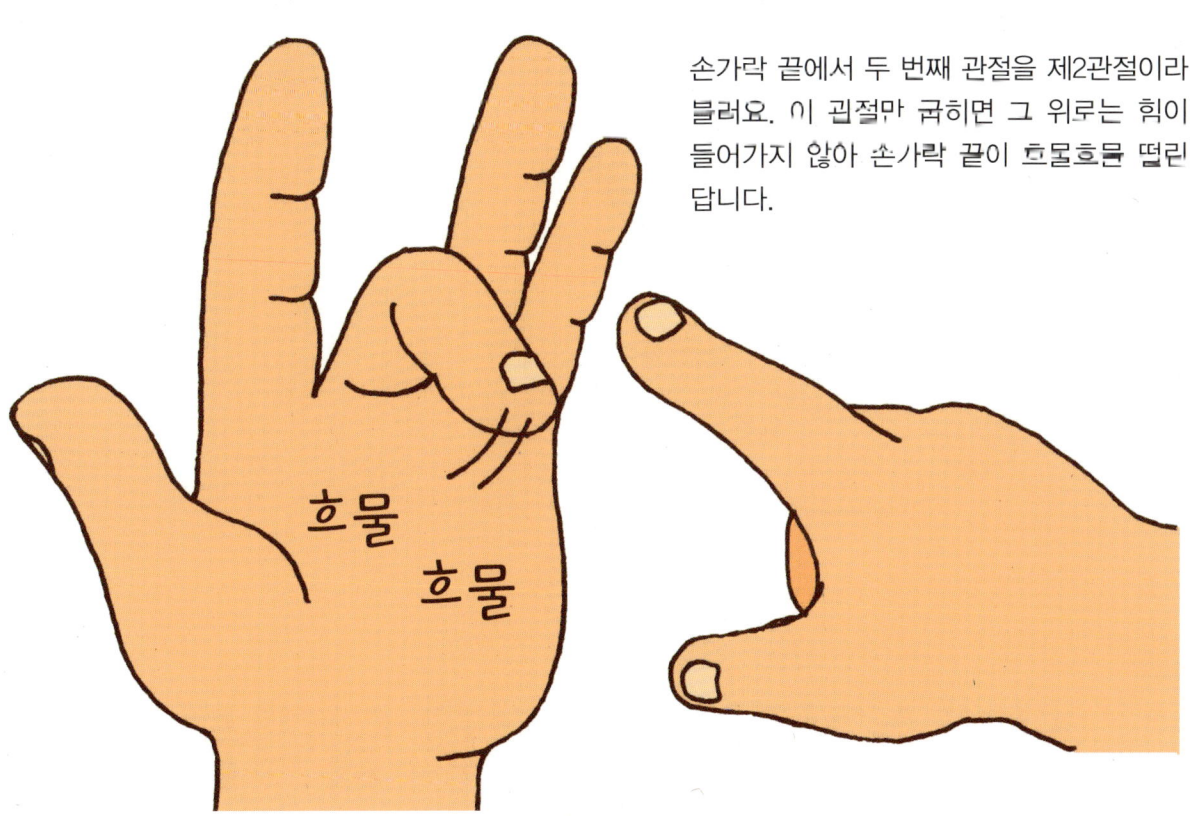

실험 방법

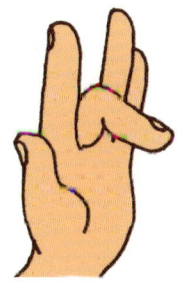

1 그림과 같이 손가락의 두 번째 관절만 굽힌다. 어느 손가락으로 실험해도 상관없다.

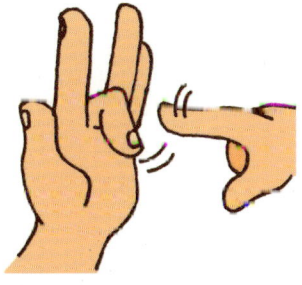

2 손가락 끝을 가볍게 두드려 본다. 흐물흐물 떨린다.

❓ 왜 흐물흐물 떨릴까요?

손가락에는 손바닥에서 손가락 끝까지 이어진 힘줄과, 힘줄을 통과하는 터널 같은 힘줄이 있어요. 두 번째 관절만 굽히면 디널의 힘줄이 끝까지 이어진 힘줄을 단단히 압박해 자유롭게 움직일 수 없게 돼요.

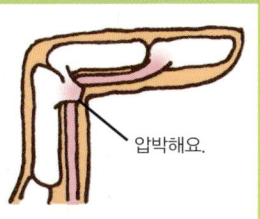

압박해요.

실험 9

연필 꽁무니끼리 꾹 누르면……
두 연필이 떨어지지 않는다!

실험 방법

1. 연필 2자루를 준비해 연필 꽁무니끼리 붙이고 15초가량 힘껏 누른다.
2. 잠시 뒤 두 연필을 떼어 내려 해도 손에 힘이 들어가지 않아 그대로 계속 붙이고 있게 된다. 시간이 좀 더 지나면 원래대로 떨어진다.

왜 연필이 떨어지지 않을까요?

뇌가 신경을 통해 명령을 내려야 몸의 근육을 움직일 수 있어요. 그런데 힘을 주는 데 신경이 온통 쏠려 뇌의 명령을 제대로 전달하지 못하면 손의 힘을 빼려고 해도 빠지지 않아요.

실험 10

집게손가락을 세우고 가만히 들여다보면……
집게손가락이 저절로 달라붙는다!

실험 방법

양손 깍지를 끼고 양쪽 집게손가락을 세워 가까이하고, 사이를 살짝 띄운다. 엄지손가락 끝을 가만히 들여다보고 있으면 집게손가락이 자석처럼 스르르 딸려 가며 달라붙는다.

왜 집게손가락끼리 달라붙을까요?

손가락은 대개 가볍게 굽혀진 상태가 정상이에요. 손가락을 쭉 뻗으려고 의식을 집중하지 않으면 좀처럼 쭉 뻗을 일이 없지요. 손가락 끝을 들여다보고 있으면 손가락을 쭉 뻗는 동작에 정신을 집중하지 못해 손가락 끝이 저절로 굽으며 달라붙게 돼요.

실험 11 — 내 손가락과 다른 사람 손가락을 붙이고, 끝을 만지면……
이상한 느낌이 든다!

우리 몸 실험

실험 방법
내 손가락과 다른 사람 손가락을 붙이고, 그 끝을 살살 만진다. 손에 닿는 감촉이 이상하게 낯설게 느껴진다.

느낌이 이상해……

왜 이상한 느낌이 들까요?
내가 어떤 물체를 만지는 감각과 만져지는 감각, 보통은 두 감각이 모두 뇌에 전달되어요. 그런데 이 실험처럼 다른 사람 손가락이 붙어 있으면, 만져지는 감각은 내가 만지는 감각만큼 전해지지 않아요. 그래서 평소와 다른 느낌이 들어요.

실험 12 — 손가락을 살짝 잡히기만 했는데……
손가락을 벌릴 수 없게 된다!

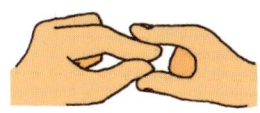

실험 방법
엄지손가락과 집게손가락을 붙이고, 누군가에게 손끝을 잡아 보라고 부탁한다. 영차 영차. 아무리 힘을 줘도 손가락을 벌릴 수 없다.

왜 손가락을 벌릴 수 없을까요?
손가락을 벌리는 근육보다 굽히는 근육이 더 굵고 튼튼하기 때문이에요. 그래서 손가락을 벌리기 위해서 잡힌 힘보다 더 강한 힘을 내려면 어마어마한 힘이 필요하답니다.

실험 13

팔을 꼬아서 깍지를 끼면……

어느 손가락인지 알 수 없게 된다!

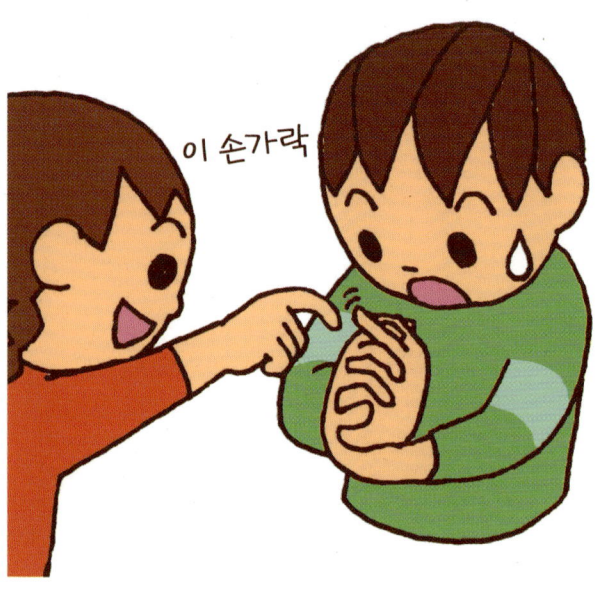

이 손가락

실험 방법

1. 손바닥이 바깥을 향한 자세로 앞으로나란히 자세를 취한다.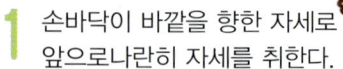
2. 양팔을 꼬아서 깍지를 낀다.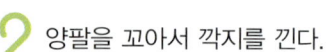
3. 깍지 낀 손을 끌어당긴다는 느낌으로 위로 올린다.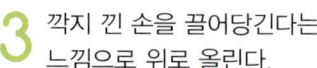
4. 다른 사람에게 손가락을 하나 골라 달라고 부탁한다. 그 손가락을 정확하게 움직일 수 있는지 확인해 본다.

왜 어느 손가락인지 알 수 없을까요?

평소와 손가락 위치가 달라지는 바람에 우리 뇌가 혼란을 일으켰기 때문이에요.

실험 14

다른 사람이 발가락을 만지면……

분명 내 발인데 어느 발가락인지 모른다!

새끼발가락?

실험 방법

양말을 벗고 맨발로 눈을 감는다. 다른 사람에게 발가락 하나를 건드려 달라고 부탁한다. 분명 내 발가락인데 어느 발가락인지 알 수 없다.

왜 어느 발가락인지 모를까요?

누가 내 몸을 만졌다는 감각은 신경을 통해 뇌로 전달돼요. 뇌에는 몸의 각 부분을 담당하도록 정해진 '감각 영역'이라는 게 있어요. 그런데 발을 담당하는 영역은 좁아서 어디를 만졌는지 세세하게 알 수 없답니다.

 실험 15

눈을 감은 채로 다른 사람이 내 팔을 누르면······
한가운데가 어디인지 알 수 없다!

🧪 **실험 방법**

1. 눈을 감고 팔을 내민다. 손바닥이 위로 가도록 팔을 뻗는다.
2. 손목부터 조금씩 팔의 가운데를 향해 연필 등으로 짚어 달라고 다른 사람에게 부탁한다.
3. 한가운데(팔꿈치 안쪽)에 왔다는 생각이 들면 멈추라고 말한다. 몇 번을 해도 정확히 가운데서 멈추지 못한다.

 팔 한가운데

❓ **왜 어디인지 느껴지지 않을까요?**

우리 팔 안쪽을 담당하는 감각 영역이 좁기 때문이에요. 그래서 어느 부위를 만지는지 정확하게 느낄 수 없답니다.

 실험 16

연필로 등을 찔러도······
몇 자루인지는 알 수 없다!

🧪 **실험 방법**

연필 4자루를 준비한다. 얇은 옷을 입고 다른 사람에게 연필을 등에 세워 달라고 부탁한다. 연필이 몇 자루인지 알아맞혀 본다.

❓ **왜 알아맞힐 수 없을까요?**

우리 등의 감각 영역도 좁기 때문이에요. 그래서 가슴이나 배와 비교하면 능는 어떻게 선느리는지 획실히 느껴지시 읺아요.

우리 몸 실험

실험 17 — 이마에 손가락 하나만 세웠을 뿐인데……
그 사람은 자리에서 일어나지 못한다!

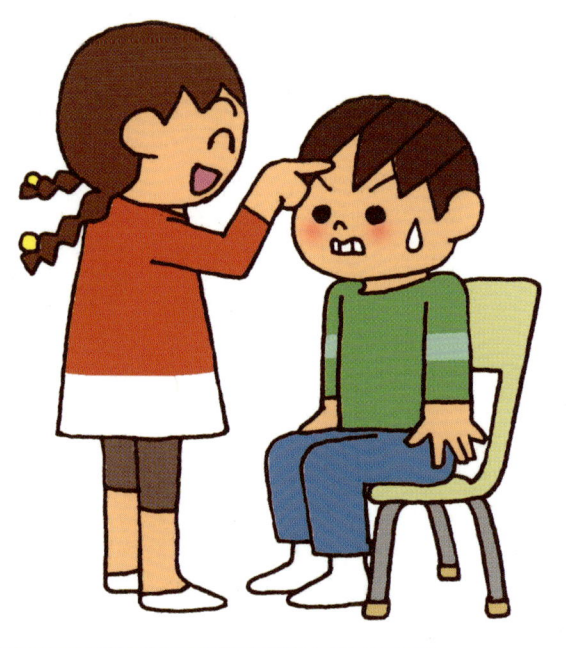

🧪 실험 방법

의자 등받이에 등을 붙이고 깊숙이 앉는다. 집게손가락을 의자에 앉은 사람 이마에 댄다. 힘을 주지 않았는데도 앉은 사람은 자리에서 일어나지 못한다.

❓ 왜 일어나지 못할까요?

의자에서 일어설 때는 몸을 앞으로 숙이고 다리 쪽으로 몸의 중심을 이동해야 해요. 한데 이마를 누르면 중심 이동이 쉽지 않답니다.

실험 18 — 다른 사람이 힘주고 있는 주먹을……
손가락 하나로 빗나가게 만들 수 있다!

🧪 실험 방법

1. 주먹을 위아래로 포개고 다른 사람에게 두 주먹을 양쪽에서 힘껏 밀어 달라고 한다.
2. 부탁 받은 사람은 손가락 하나씩으로 양 주먹을 민다.

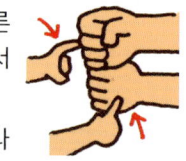

❓ 왜 주먹이 쉽게 빗나갈까요?

위아래로 포갠 손은 아무리 힘을 주어도 옆에서 들어오는 힘에는 약해요. 그래서 손가락 하나로 빗나가게 만들 수 있지요.

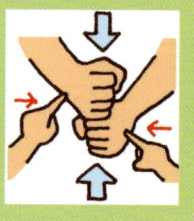

실험 19 벽에 등을 딱 붙이고 서면……
바로 앞의 물건을 집을 수 없다!

🧪 실험 방법

1. 벽에서 50cm가량 떨어진 바닥에 물건을 둔다.

2. 벽에 등을 딱 붙이고 선다. 무릎을 굽히지 않고 물건을 들어 올려 본다. 안간힘을 써도 물건에 손이 닿지 않는다.

❓ 왜 물건을 집을 수 없을까요?

몸을 앞으로 숙일 때는 뒤로 넘어지지 않도록 엉덩이를 뒤로 빼면서 균형을 맞추지요. 뒤에 벽이 있으면 그 자세를 취할 수 없어 몸을 숙이지 못해요.

실험 20 벽에 몸을 딱 붙이고 서면……
한 발로 설 수 없다!

🧪 실험 방법

그림과 같이 벽에 몸을 대고 선다. 벽에 붙지 않은 다리를 들어 올리려고 애써도 발이 땅에서 떨어지지 않는다. 평소에는 깡충깡충 한 발로 뛰어다니기까지 하는데 부들부들 떨릴 정도로 힘을 줘도 발이 땅에서 떨어지지 않는다.

❓ 왜 한 발로 설 수 없을까요?

다리를 들어 올릴 때는 서 있는 다리 쪽으로 몸이 기울며 균형을 잡아요. 이 자세를 취하지 못하면 한 발로 설 수 없답니다.

실험 21 — 팔을 꽉 잡히고 나서는……
팔이 저절로 올라간다!

내 팔이 아닌 것 같아!

실험 방법
1. 팔을 옆으로 들어 올리려고 힘을 준 자세로, 다른 사람에게 10초 동안 움직이지 못하게 잡아 달라고 부탁한다.
2. 10초가 지나면 팔을 들려고 하지 않았는데도 팔이 저절로 올라간다.

❓ 왜 팔이 저절로 올라갈까요?
팔에 힘을 주면 팔 근육이 긴장하는데, 한번 긴장된 근육은 쉽게 긴장이 풀리지 않아요. 그래서 팔을 올리려고 하지 않는데도 긴장이 풀리지 않아 팔이 저절로 올라가요.

실험 22 — 눈을 감고 제자리에서 여섯 바퀴 돌면……
몸이 멋대로 돈다!

멈추지를 않아~!

실험 방법
눈을 감고 제자리에서 여섯 바퀴를 뱅글뱅글 돌고 나서 눈을 감은 채로 양팔을 활짝 벌려 본다.

❓ 왜 팽이처럼 계속 돌까요?
우리 귀 안쪽에는 몸의 균형을 잡아 주는 '반고리관'이라는 기관이 있어요. 반고리관에는 찰랑찰랑 액체가 들어 있고, 이 움직임을 뇌가 감지하지요. 몸이 멈추어도 액체는 한동안 출렁출렁 움직이며 멈추지 않아 뇌는 아직 몸이 돈다고 착각해요. 그러면 균형을 잡는 감각에 이상이 생겨서 몸이 팽이처럼 뱅글뱅글 계속 돌아가요.

| 실험 23 | 눈을 감고 제자리걸음을 하다 보면……
어느새 다른 장소에 와 있다!

시작한 장소랑 다르잖아!

실험 방법

시작점을 표시하고 10초 동안 눈을 감고 열심히 제자리걸음을 한다.

왜 다른 장소에 와 있을까요?

사람이 같은 장소에서 제자리걸음을 할 수 있는 이유는, 눈으로 주위를 살피며 몸의 위치를 자연스럽게 바로잡기 때문이에요. 눈을 감으면 위치를 바로잡을 수 없어 표시한 지점과 다른 곳으로 이동하게 된답니다.

| 실험 24 | 손 위로 종이를 떨어뜨리면……
잡으려고 해도 잡을 수 없다!

실험 방법

1. 다른 사람에게 길이 15cm 정도의 종이나 표를 손 위쪽에 들고 있어 달라고 한다.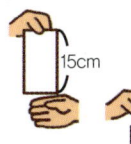
2. 종이를 떨어뜨린다. 종이가 떨어진다고 알아차리고 난 뒤에는 이미 늦었다. 종이를 잡을 수 없다.

왜 잡을 수 없을까요?

떨어지는 모습을 보고 나서 손가락을 움직일 때까지는 약 0.2초가 걸려요. 그사이에 종이는 떨어져 버려요.

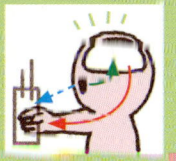

우리 몸 실험

실험 25 — 빙빙 도는 소용돌이무늬를 보고 나서 손을 보면……
손이 일그러져 보인다!

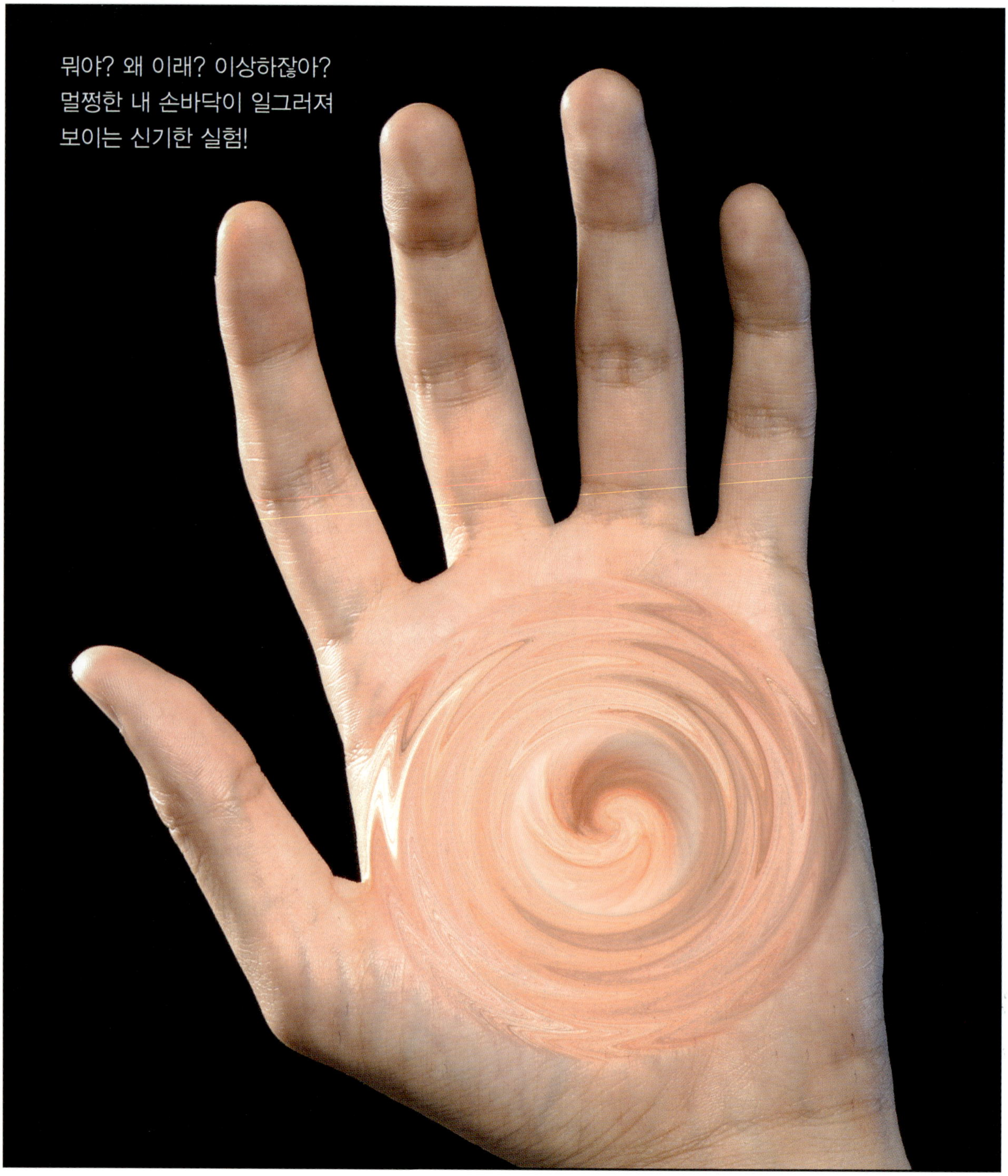

뭐야? 왜 이래? 이상하잖아?
멀쩡한 내 손바닥이 일그러져
보이는 신기한 실험!

●사진은 눈에 보이는 모습을 표현한 이미지예요. 직접 실험해 보세요.

준비물

- 안 쓰는 CD, 일회용 종이 접시, 찻잔 뚜껑 등(회전판으로 쓸 수 있는 물건)
- 유리구슬
- 스카치테이프

실험 방법

1 안 쓰는 CD의 구멍에 유리구슬을 놓고, 스카치테이프로 붙여서 회전판을 만든다. 이 방법을 그대로 따라 하지 않더라도 회전하는 물건이면 무엇이든 상관없다. 일회용 종이 접시에 유리구슬을 붙여서 만들거나 찻잔 뚜껑을 사용할 수도 있다.

2 아래 그림처럼 회전판을 돌리고, 빠르게 회전하는 모습을 지켜본다.

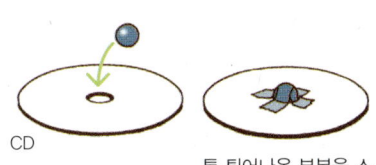
CD
톡 튀어나온 부분을 스카치테이프로 붙여요. 돌릴 때 이 부분이 아래로 가요.

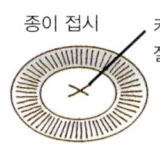 종이 접시
 커터 칼로 잘라요.
찻잔 뚜껑

유리구슬을 구멍 아래에서 밀어 넣어 튀어나오게 한 다음, 스카치테이프로 붙여요. 회전판이 돌 때 튀어나온 부분이 아래쪽으로 가요.

3 397쪽 종이를 자른다. 1에서 만든 회전판의 유리구슬을 붙이지 않은 쪽에 종이를 붙인다.

4 회전판을 빠르게 돌리며, 빙빙 도는 소용돌이무늬를 바로 위에서 10초 이상 계속 지켜본다.

5 소용돌이무늬에서 눈을 떼자마자, 자신의 손바닥을 가까이에서 본다.

스카치테이프로 고리를 만들어 붙여요. 양면테이프로 붙여도 돼요.

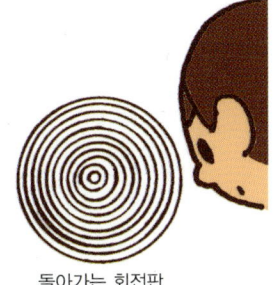
돌아가는 회전판

❓ 왜 손이 일그러져 보일까요?

우리 눈에 비치는 정보가 뇌에 전달되면 그 대상을 볼 수 있게 돼요. 그런데 눈에 비치는 대상이 회전하고 있다는 사실을 알게 된 우리 뇌는, 가만히 있는 대상을 갑자기 보게 되면 그 대상도 회전한다고 착각해요. 그래서 멈춰 있는 손이 빙글빙글 돌아가며 일그러진 것처럼 보입니다.

손도 돌아가는 것처럼 보여요.

● 커터 칼을 사용할 때는 조심하세요.

실험 26 어떤 모양을 빙글빙글 회전시키면……
다른 모양으로 보인다!

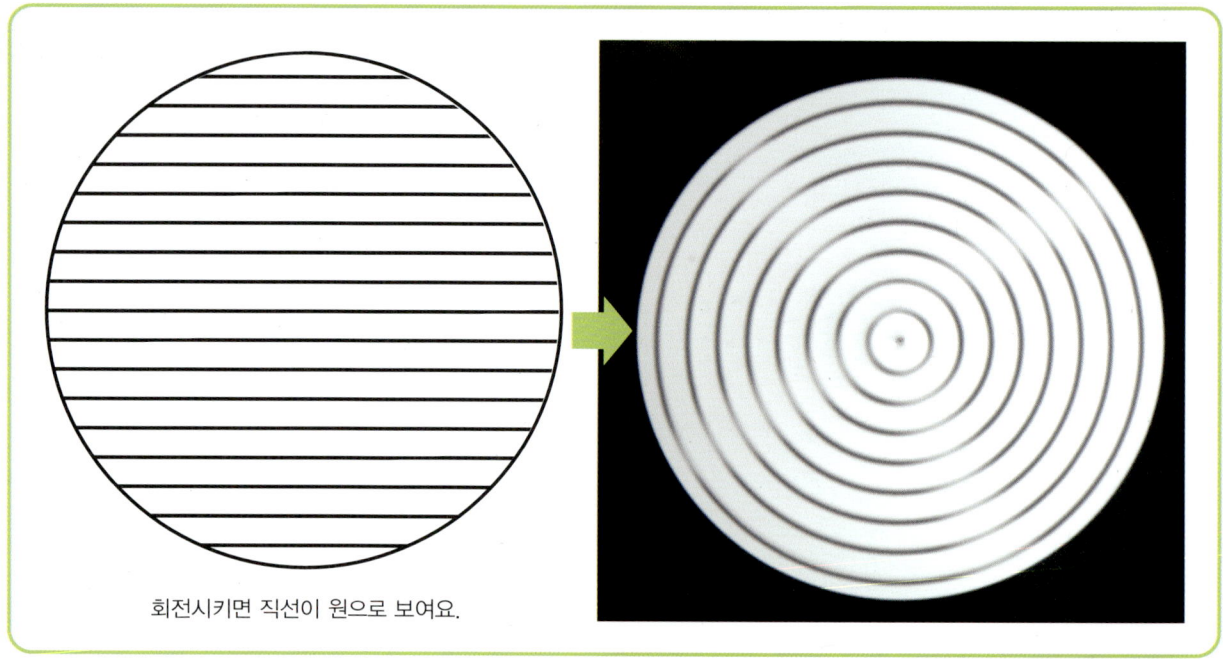

회전시키면 직선이 원으로 보여요.

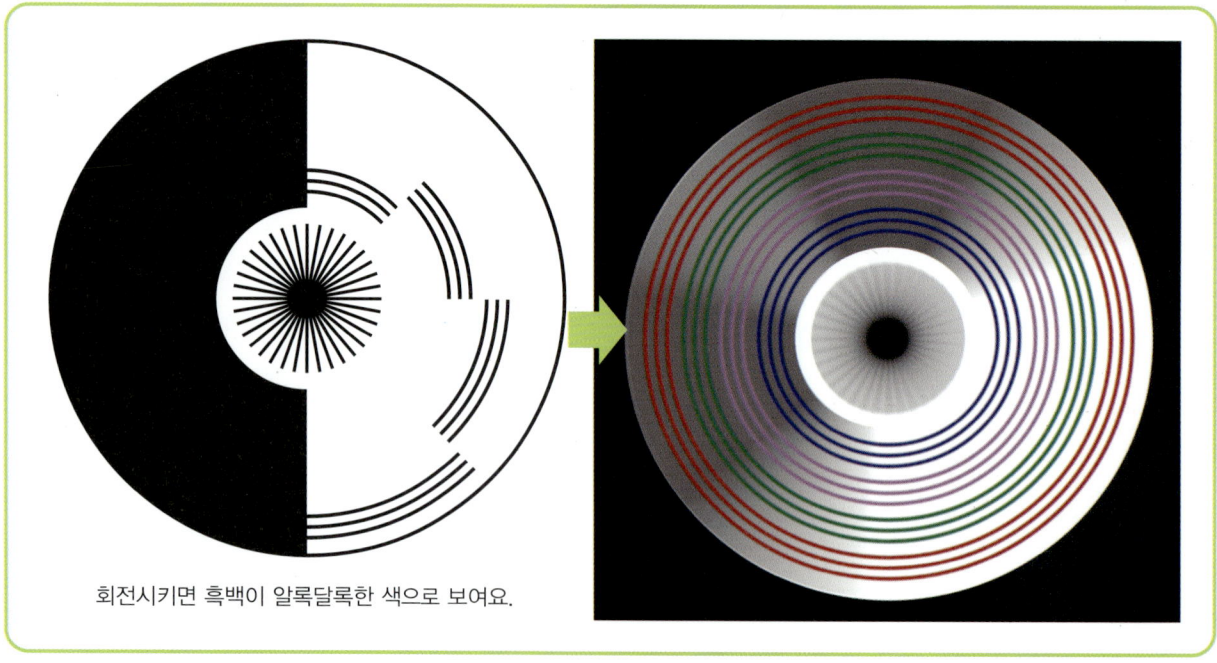

회전시키면 흑백이 알록달록한 색으로 보여요.

● 회전시킨 모양은 눈에 보이는 모습을 상상하여 만든 이미지예요. 직접 실험해 보세요.

회전판에 397쪽에서 오린 종이를 붙여서 돌려 보세요. 멈춰 있을 때의 모양과 회전시켰을 때의 모양이 달라 보인답니다.

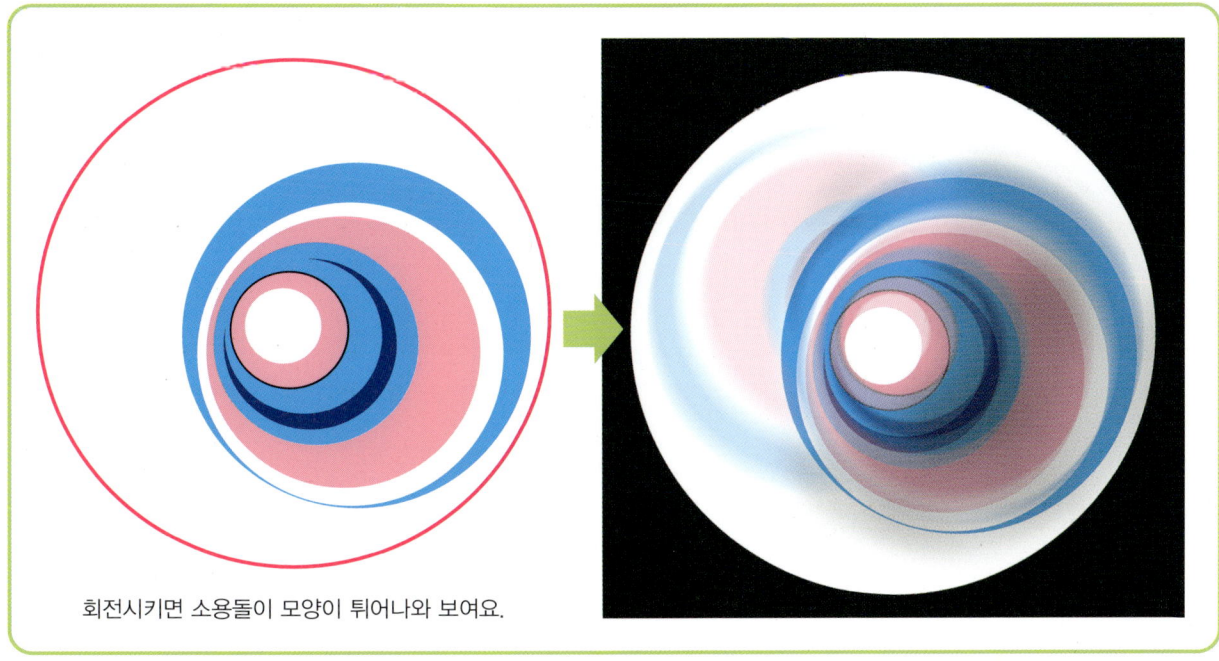

회전시키면 소용돌이 모양이 튀어나와 보여요.

실험 방법

397쪽에서 오린 각각의 종이를 227쪽의 방법대로 만든 회전판에 붙인다. 회전판을 빠르게 돌리며 위에서 바라본다.

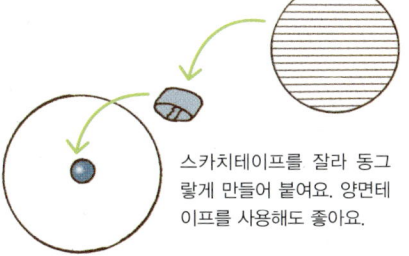

스카치테이프를 잘라 동그랗게 만들어 붙여요. 양면테이프를 사용해도 좋아요.

왜 다른 모양으로 보일까요?

인간은 움직이는 물체를 세세하게 나빛에시 볼 수 없어요. 우리 눈에는 수가순간이 하나로 이어져 보이지요. 그래서 멈춰 있을 때 모습과 회전할 때의 모습이 달라 보여요. 흑백이었던 모양이 알록달록한 색으로 변하는 이유는 아직 명확히 밝혀지지 않았기 때요.

우리 몸 실험

실험 27 — 교차점은 흰색인데……
빨간 점이 보였다 사라졌다 한다!

흰색 교차점 하나만 보면 빨간 점은 보이지 않아요. 그런데 그림 전체를 보면 빨간 점이 보였다 사라지기를 반복해요. '눈의 착각' 혹은 '착시'라고 부르는 현상 때문이에요. 실제와 다른 모습을 보게 되는 건 우리 뇌가 속고 있기 때문이랍니다.

❓ 왜 빨간 점이 보일까요?

흰색 점은 이 그림에서 가장 밝은 곳이에요. 하지만 뇌는 밝기를 평균화해서 받아들이기 때문에 어느 곳이나 같게 느껴요. 그래서 하얀 점들 사이에 빨간 점이 섞여 있는 것처럼 보인답니다.

이 현상은 정면의 가까운 곳을 보았을 때보다 약간 떨어진 곳에서 보았을 때 더 두드러져요. 눈을 움직이면 빨간 점이 보였다 사라지기를 반복하는 것도 그 때문이지요.

실험 28	아무것도 없는데…… **하얀 원이 보인다!**

직선이 교차하는 곳과 끊긴 곳이 섞여 있는 그림이에요. 끊어진 부분에 하얀 원이 있는 것처럼 보이지 않나요?

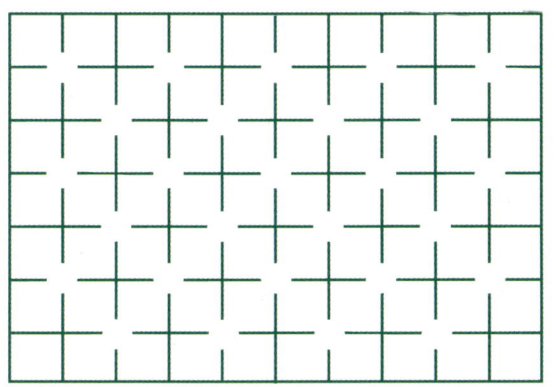

실험 29	아무것도 없는데…… **삼각형이 보인다!**

각각 어떤 부분이 빠진, 세 겹으로 겹쳐진 원이 3개 있어요. 그런데 이게 웬일? 빠진 부분에 하얀 삼각형이 보이네요.

실험 30	아무것도 없는데…… **사각형이 보인다!**

두 군데씩 빠진 원이 4개 있어요. 그런데 어라, 가운데에 하얀 정사각형이 보여요.

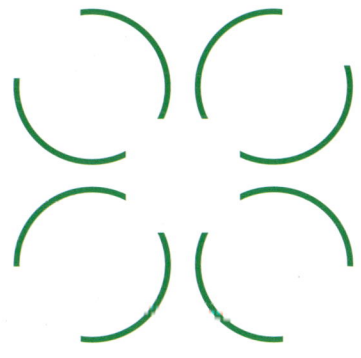

실험 31	아무것도 없는데…… **별 모양이 보인다!**

한 군데씩 빠진 초록색 원이 5개 있어요. 가운데에 하얀색 별이 있는 것처럼 보이지 않나요?

왜 하얀 도형들이 보일까? 우리 뇌가 도형이 빠진 부분을 보고는, 지금까지 알고 있던 도형을 빗대어 상상하기 때문이랍니다.

실험 32 분명 하얀색인데……
다른 색이 보인다!

두 가지 색으로 선을 그린 도형이 있어요. 그런데 하얗게 보여야 할 부분에, 마치 선에서 비어져 나온 듯 색이 있는 것처럼 보여요. 약간 떨어진 곳에서 다시 보세요. 234쪽 설명처럼, 두 색이 반대색(보색)이면 하얀 부분에 색이 더해진 것처럼 보인답니다.

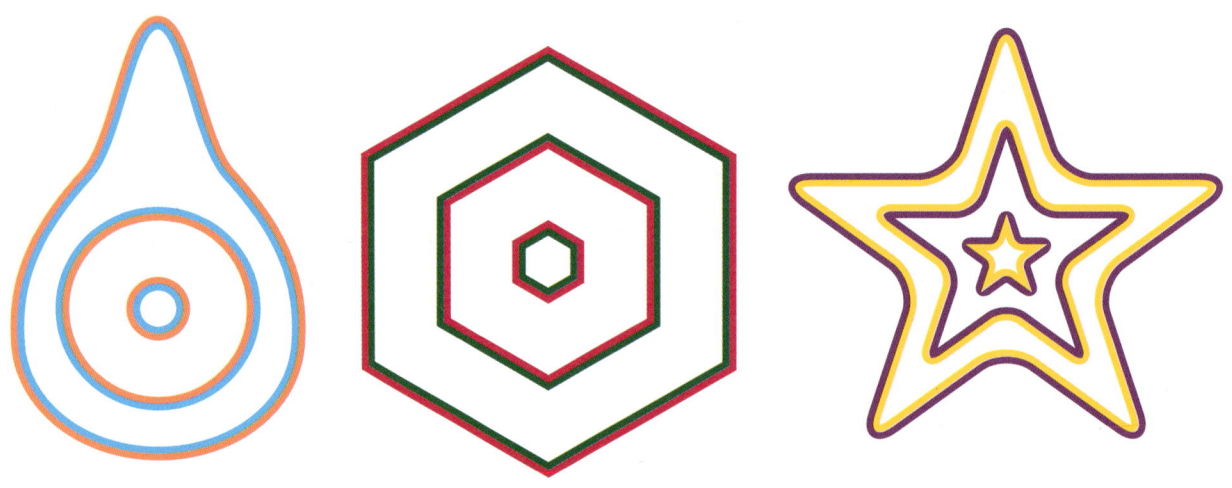

실험 33 같은 크기인데……
오른쪽 원이 더 작아 보인다!

가운데에 놓인 두 빨간색 원은 왼쪽과 오른쪽이 크기가 똑같아요. 그런데 주위를 두른 원들의 크기가 다르면 빨간 원도 다른 크기로 보인답니다.

| 실험 34 | 같은 거리인데······
다른 거리로 보인다!

①과 ②번 점, ③과 ④번 점 사이의 거리는 각각 같아요. 하지만 우리에게는 ③과 ④번 점 사이의 거리가 더 짧게 느껴져요. 점 옆의 회색 테두리 원에 동전을 하나 올려 보세요. 그러면 그 거리가 더 짧게 느껴질 거예요.

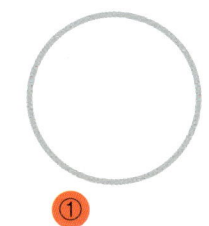
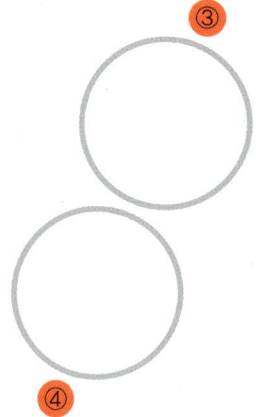

왜 거리가 줄어든 것처럼 보일까요?

우리 뇌는 아무것도 없는 공간을 더 넓게 느껴요. 원 위에 동전을 올려놓으면 공간이 더 복잡해 보여서 마치 거리가 줄어든 것처럼 보여요.

| 실험 35 | 될 것 같은데······
동전을 식탁 위에 올려놓을 수 없다!

오른쪽 식탁 위에 100원짜리 동전을 하나 올려놓아 보세요. 올리고도 남을 것처럼 보이는데 그렇지 않아 깜짝 놀랄걸요.

왜 동전을 올릴 수 있어 보일까요?

입체감이 있는 그림이라서 실제보다 더 넓다고 우리 뇌가 착각하기 때문이에요.

실험 36 · 그림을 물끄러미 바라보면……
아래에도 그림이 나타난다!

보라색 바나나 그림을 보고 나서, 아래의 하얀 부분을 물끄러미 바라보면 노란색 바나나가 나타난답니다. 하얀색 우리를 보고 나서, 아래의 악어를 보면 검은색 우리에 악어가 갇혀 있는 것처럼 보이지요. 어때요, 보이나요? 정말 신기하죠?

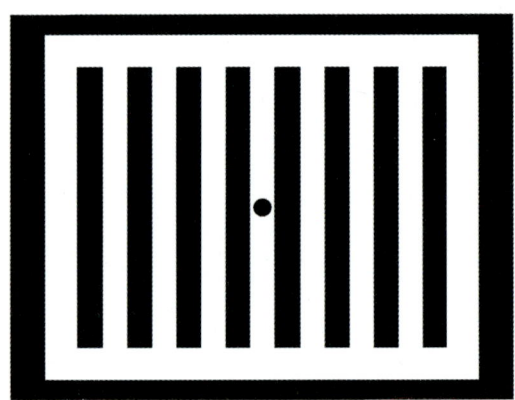
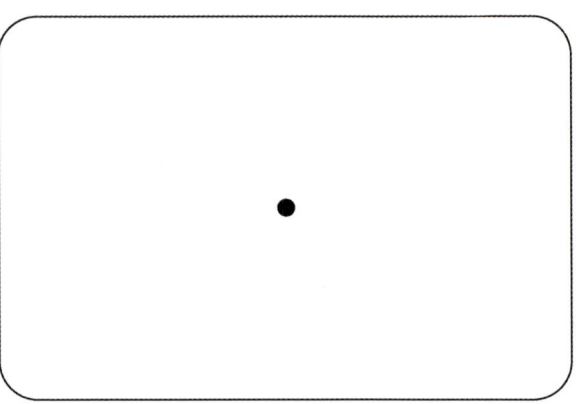

🧪 실험 방법

위의 그림 중심에 있는 점을 20초 동안 바라본 뒤, 재빨리 아래 그림의 점으로 시선을 옮긴다. 아래와 같은 그림이 희미하게 나타난다.

❓ 왜 그림이 나타날까요?

특정 색상을 한동안 바라보고 나서 다른 곳을 보면, 보고 있던 색의 반대색(보색)이 보여요. 이는 보고 있던 대상이 한동안 우리 눈에 남는 잔상 현상이 일어나기 때문이랍니다.

실험 37 | 수평인 선인데……
비뚤어져 보인다!

그림의 가로선은 모두 수평이에요. 그런데 초록색 블록 때문에 선이 비뚤비뚤하게 보이지요.

실험 38 | 수평인 선인데……
기울어 보인다!

그림의 가로선은 모두 수평이에요. 하지만 대각선으로 그은 선들 때문에 가로선까지 기울어져 보여요.

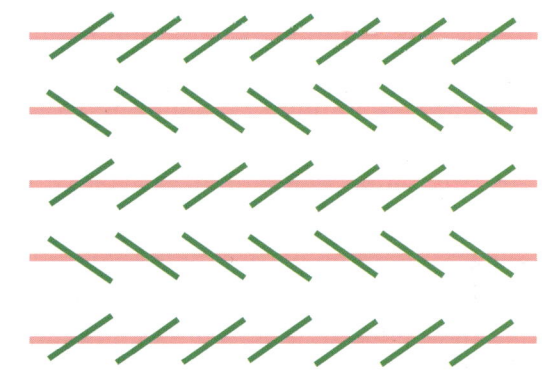

실험 39 | 가지런한데……
비뚠 것처럼 보인다!

정사각형 무늬를 교대로 늘어놓으면 줄을 맞춰도 비뚤어진 것처럼 보여요. 옆의 무늬 때문에 있는 그대로의 모습으로 보이지 않는 거예요.

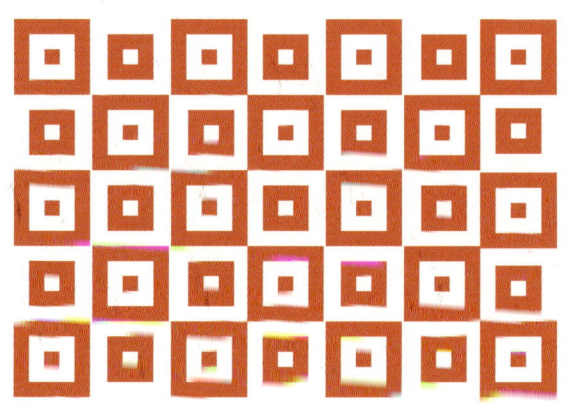

실험 40 | 정사각형인데……
휘어 보인다!

원과 정사각형을 겹치면 곡선의 영향으로 정사각형의 직선까지 휘어져 보여요.

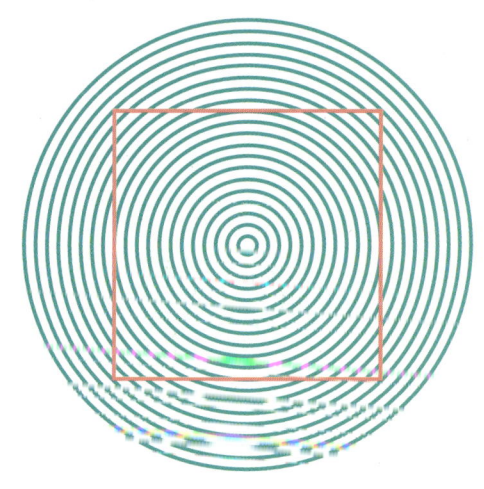

실험 41 · 가만히 멈춰 있는 타원인데……

타원 안에서 빛이 움직인다!

3개의 타원 속에서 빛이 빙글빙글 돌며 움직이는 것처럼 보여요. 이따금 방향을 바꾸는 것처럼도 보여요.

왜 움직이는 것처럼 보일까요?

우리가 알아차리지 못하지만, 우리 눈은 미세하게 움직이고 있어요. 많은 선을 보려고 눈이 깜빡깜빡 움직여서 그림이 움직이는 것처럼 보인답니다.

8장

동물의 비밀을 파헤쳐 보자!
동물 관찰 실험

동물 전문가 선생님이 전하는 동물 관찰 실험 이야기!
동물은 자연 속에서 살아가기 위해 저마다 다양한 능력을 가지고 있답니다.
전문가 선생님의 실험 이야기를 통해 흥미진진한 동물의 행동을 함께 관찰해 보아요.

실험 1 | 땅에 묻은 먹이와 눈에 보이는 개껌이 있으면

개가 좋아하는 먹이인 치즈와 고기를 땅에 묻고, 개껌은 상자에 담아 보이는 곳에 두었어요. 과연 치와와는 어느 쪽을 선택할까요?

치즈와 고기
땅에 묻혀 있어 보이지는 않지만, 맛있는 냄새가 난다.

개껌
소가죽으로 만든 껌. 투명한 상자에 담아 눈에 보이지만, 냄새는 나지 않는다.

치와와
멕시코가 고향인 몸집이 가장 작은 견종.

개는 땅에 묻은 먹이를 선택한다!

동물 관찰 실험

치와와는 빤히 눈에 보이는 개껌 쪽으로 가지 않고, 먹이가 묻혀 있는 부근의 냄새를 킁킁 맡아요. 그리고 앞발로 땅을 파서 치즈와 고기를 찾아내 냠냠 먹지요.

보이지 않는 먹이를 어떻게 찾아낼 수 있을까요?

개는 시력이 그다지 좋지 않지만, 코로 냄새를 맡는 후각이 발달한 동물이에요. 사람보다 1억 배 가까이 더 민감한 후각으로 냄새를 판별해 먹이를 찾아낼 수 있어요. 대신 꽃향기처럼 먹잇감이 아닌 사물의 냄새를 맡는 능력은 떨어져요. 그래도 사람보다 100만 배나 뛰어나다고 해요. 개한테는 땅에 묻힌 먹이를 찾는 정도가 일은 식은 죽 먹기랍니다. 개껌은 눈에 보이지만 맛있는 먹이라는 생각이 들지 않는 모양이에요.

실험 2
개가 낯선 거북이를 처음 만나면……

포메라니안 강아지에게 거북이는 생전 처음 만나는 생물이에요. 둘 사이에 놓인 가림막을 치우면 강아지는 어떻게 행동할까요?

거북이

포메라니안
독일과 폴란드에 걸친 포메라니안 지방이 고향인 소형 견종.

❓ 왜 킁킁 냄새를 먼저 맡을까요?

개는 사물을 판별할 때 냄새를 맡아요. 개한테는 눈으로 확인하는 것보다 냄새를 맡는 행동이 더 중요하기 때문이에요. 어린 강아지는 특히 호기심이 왕성해 무엇이든 우선 냄새부터 맡고 본답니다. 그리고 놀면서 차츰차츰 어떤 대상인지 배워 가요.

킁킁 냄새를 맡더니
안심한 듯 쿨쿨 잠든다!

강아지는 처음에는 부지런히 거북이 냄새를 맡아요. 이윽고 거북이가 자신에게 안전한 생물임을 알게 되면 안심한 듯 거북이에게 기대 새근새근 잠이 들어요.

동물 관찰 실험

봉제 인형도 병아리도 냄새를 먼저 맡아, 위험한지 안전한지 확인하려 해요.

실험 3 — 다람쥐원숭이에게 껍데기를 까지 않은 땅콩을 주면……

항상 작게 자른 사과나 귤을 받아먹던 다람쥐원숭이에게 껍데기를 까지 않은 땅콩을 주면 과연 먹을 수 있을까요?

다람쥐원숭이

남아메리카 숲속에 사는 원숭이. 두 발로 일어나도 키가 약 40cm이고, 몸무게가 약 700g밖에 나가지 않을 정도로 조그맣다. 곤충이나 과일을 먹고살며 사람을 잘 따르는 성격.

혼자 껍데기를 까서 알맹이만 냠냠 먹는다!

동물 관찰 실험

딱딱한 껍데기를 깨물어서 열고, 얇은 속껍질 냄새를 킁킁 맡더니 알맹이만 냠냠 먹어 치워요.

❓ 어떻게 껍데기를 깔 수 있을까요?

다람쥐원숭이의 앞발은 사람의 손과 비슷한 모양이에요. 엄지손가락이 다른 손가락과 따로 떨어져 있어 사람처럼 물건을 쥘 수 있어요. 그래서 작은 물건을 야무지게 잡거나 껍질을 벗기는 등 정교한 작업을 할 수 있답니다. 사람처럼 지문도 있어요. 지문은 미끄러지지 않게 방지하는 역할을 한다고 해요.

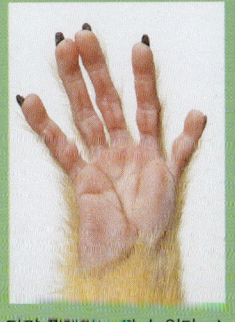

달걀 껍데기도 깔 수 있다. ➡

실험 4 : 작은 구멍이 뚫린 통에 과자를 넣으면……

다람쥐원숭이가 좋아하는 과자를 넣은 통이 있어요. 그런데 뚜껑이 열리지 않고 작은 구멍만 뚫려 있지요. 다람쥐원숭이는 과자를 꺼내 먹을 수 있을까요?

← 다람쥐원숭이 앞발이 들어갈 정도 크기의 구멍. 욕심내서 과자를 잔뜩 집으면 구멍에서 손을 뺄 수 없다.

다람쥐원숭이는 하나씩 꺼내 먹을 줄 안다!

처음에는 과자를 너무 많이 잡아 구멍에서 앞발을 빼지 못해요. 하지만 시간이 지나면서 과자를 하나씩 잡아 꺼내는 방법을 터득하지요. 과자를 하나씩 꺼내 맛있게 먹어요.

동물 관찰 실험

어떻게 과자를 꺼낼 수 있을까요?

다람쥐원숭이는 영리하게 머리를 써서 작은 구멍에서 과자를 꺼내는 방법을 터득해요. 손재주가 좋아서라기보다 이리저리 생각하며 행동한 결과랍니다.

실험 5 앞에 빛을 비추고 이리저리 움직이면……

펭귄 근처의 벽에 거울로 반사한 빛을 비춰요. 펭귄이 관심을 보이며 아장아장 다가와요. 이때 눈앞에서 빛을 이리저리 움직이면 펭귄은 어떻게 할까요?

마젤란펭귄
남아메리카 남부에 사는 펭귄. 몸길이는 약 70cm.

빛
거울로 반사한다.

펭귄은 빛을 쫓아간다!

펭귄은 종종걸음으로 열심히 빛을 쫓아 이리저리 분주하게 오가요.

부리가 닿는 곳에 빛이 오면 콕콕 쪼아 보기도 하고요.

❓ 왜 빛을 쫓아갈까요?

펭귄은 호기심이 부쩍 왕성한 동물이에요. 자신의 몸보다 작은 물체라면 다가가서 이리저리 탐색하지요. 또 펭귄은 은빛으로 빛나는 물고기의 배가 햇빛에 반짝반짝 반사된 모습을 보고 사냥을 하는 습성이 있어요. 그래서 빛을 보면 부지런히 쫓아간답니다.

실험 6 — 마젤란펭귄 수조에 얼음을 넣으면……

펭귄 하면 추운 남극에 사는 모습이 떠올라요. 그런데 마젤란펭귄들이 헤엄치는 수조에 얼음 덩어리를 넣으면 어떻게 될까요?

얼음

커다란 덩어리를 그대로 수조에 넣는다.

다 같이 줄행랑을 친다!

펭귄들이 너나 할 것 것 없이 '걸음아, 날 살려라.' 하고 줄행랑을 치네요! 펭귄이라고 모두 얼음을 좋아하지는 않나 봐요.

얼음

❓ 왜 얼음을 보고 도망칠까요?

마젤란펭귄은 남극처럼 얼음이 많은 곳에 살지 않고, 남아메리카의 차가운 바다를 보금자리 삼아 살아가요. 평소에 얼음을 볼 일이 없어 얼음을 좋아하지 않는답니다. 이처럼 펭귄은 여러 종류가 있고, 사는 곳도 제각기 달라요. 다만, 어느 펭귄이나 남극에서 해류를 타고 오는 물고기를 먹고 살아요. 그래서 그 해류가 있는 남반구 바다에서만 살아요.

이 밖에도 어떤 동물들이 어떤 곳에서 살고 있는지 한번 조사해 보세요.

실험 7: 해바라기씨 50개를 햄스터 앞에 두면……

햄스터
쥐와 친척. 나무 열매나 풀씨, 곤충 등을 먹는다.

햄스터는 해바라기씨를 사랑해요. 해바라기씨 50개를 준비하여 골든햄스터 앞에 잘 차려 놓으면, 햄스터는 해바라기씨를 몇 개나 먹을까요?

해바라기씨
한 줄에 5개씩, 열 줄을 가지런히 늘어놓으면 전부 50개.

모조리 볼주머니에 집어넣는다!

동물 관찰 실험

오물오물……. 해바라기씨를 먹는 줄 알았더니 햄스터는 볼 안에 가득 집어넣기만 해요. 50개를 깡그리 집어넣어 볼이 빵빵하게 부풀었네요.

❓ 왜 볼주머니에 집어넣을까요?

햄스터의 볼에는 먹이를 저장하는 '볼주머니'가 있어요. 햄스터는 먹이를 발견해도 그 자리에서 먹지 않고 볼주머니에 넣어 둥지로 가지고 돌아가는 습성이 있어요. 해바라기씨 50개 정도는 너끈하게 볼주머니에 들어갑니다.

실험 8   실내 온도가 평소보다 높아지면……

햄스터가 사는 사육장의 실내 온도를 32℃로 높이면, 햄스터는 어떻게 할까요?

온도계

수영장
찬물이 담겨 있다. 햄스터는 수영장에 들어가 몸을 식힐까?

흙
흙을 깔아 둔다. 햄스터는 흙을 파고 들어갈까?

나무
햄스터는 시원한 나무 그늘로 들어갈까?

햄스터는 땅을 판다!

햄스터는 먼저 수영장 쪽으로 쪼르르 달려가요. 수영장에 들어가는가 싶더니, 그대로 지나쳐 흙냄새를 킁킁 맡고 땅을 파기 시작해요. 다 파고 나서 얼굴에 묻은 흙을 털어 내더니 땅속으로 들어가 몸을 식혀요.

왜 더우면 땅을 팔까요?

야생 햄스터는 더운 사막에 살며 땅에 구멍을 파서 보금자리를 마련해요. 땅속에 살면 적으로부터 몸을 숨기거나, 더위와 추위를 피할 수 있기 때문이랍니다. 낮에는 밤에 판 굴속에서 쿨쿨 잠을 자고, 밤이 되면 먹이를 찾아 굴 밖으로 쪼르르 나와요.

동물 관찰 실험

실험 9: 햄스터 앞에 굵기가 다른 파이프 3개를 두면……

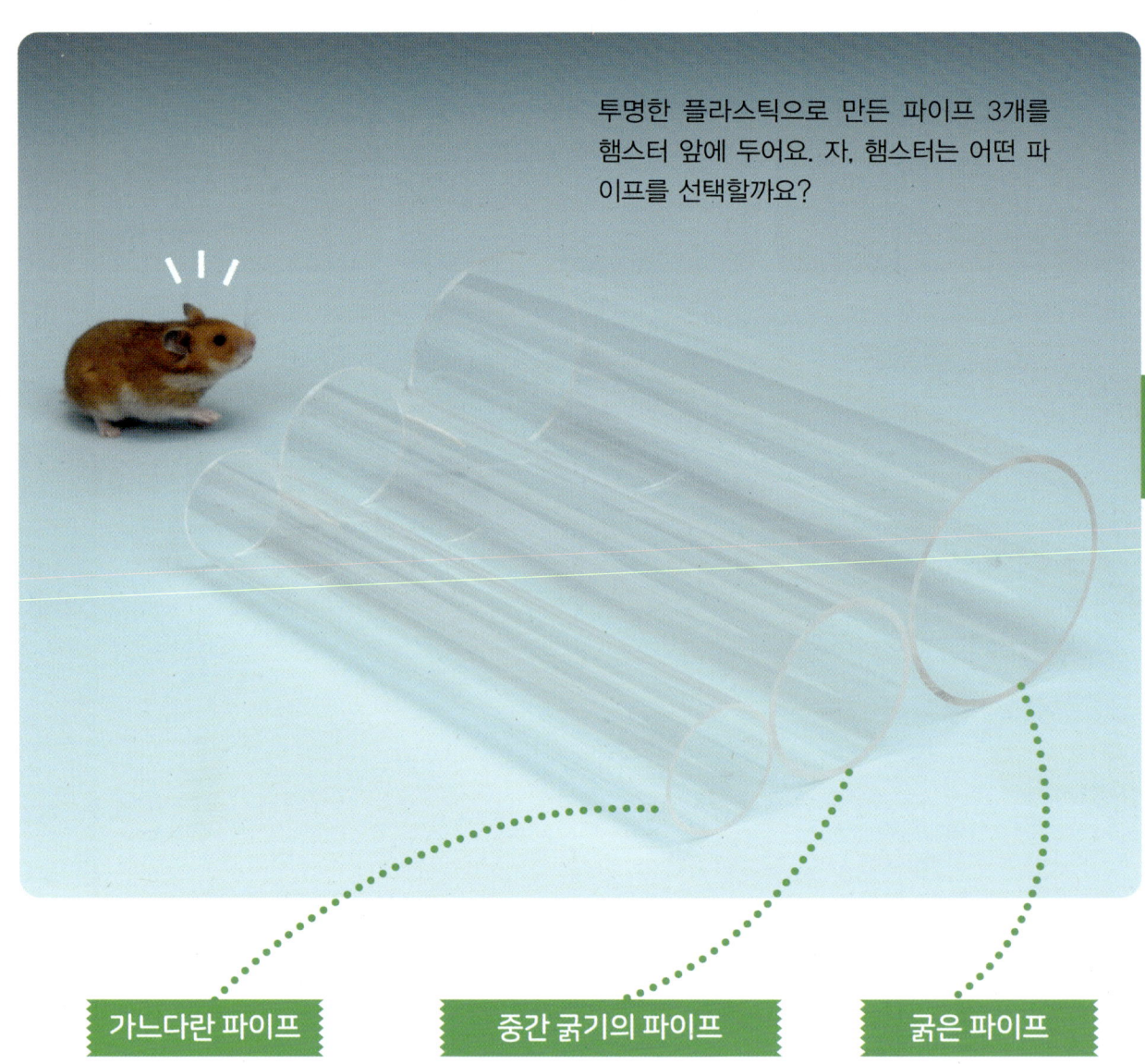

투명한 플라스틱으로 만든 파이프 3개를 햄스터 앞에 두어요. 자, 햄스터는 어떤 파이프를 선택할까요?

가느다란 파이프
햄스터가 겨우 통과할 수 있는 굵기.

중간 굵기의 파이프
햄스터가 들어가면 얼핏 딱 맞을 것 같은 굵기.

굵은 파이프
햄스터에게는 널찍한 공간.

가장 가느다란 파이프로 쏙 들어간다!

동물 관찰 실험

햄스터는 가장 가느다란 파이프로 쏙 들어가요!
겨우 빠져나갈 수 있을 정도로 좁은 곳인데 용케 들어갔네요.

❓ 왜 좁은 곳으로 들어갈까요?

햄스터는 몸 대부분이 어딘가에 닿아 있으면 안심하기 때문이에요. 신에 반려동물을 키운다면 그 동물이 어떤 장소를 좋아하는지 관찰해 보세요.

좁은 곳에 들어가면 마음이 편해지거든!

실험 10. 고구마를 어느 한 상자에 숨기면……

돼지는 '고구마' 하면 자다 가도 벌떡 일어날 정도로 좋아해요. 아기 돼지 앞에 상자 3개를 준비하고, 가운데 상자에 고구마를 숨겼어요. 겉으로는 보이지 않고 냄새도 거의 느껴지지 않지요. 아기 돼지는 고구마를 찾아낼 수 있을까요?

돼지

멧돼지를 식용으로 가축화한 동물. 한국에서 생산하는 돼지고기의 대부분은 '랜드레이스'와 '요크셔'의 교배종이다.

돼지는 냄새로 알아차리고 그 상자를 부순다!

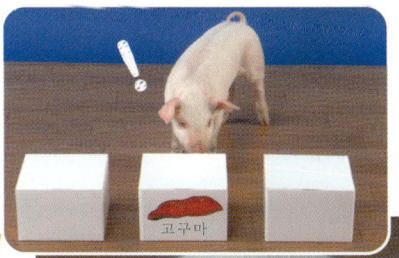

아기 돼지는 킁킁 냄새를 맡아 순식간에 고구마가 들어 있는 상자를 찾아내요. 상자를 부수고는 신나게 안에 든 고구마를 먹어 치워요.

동물 관찰 실험

❓ 어떻게 고구마를 찾을 수 있을까요?

개는 사람보다 1억 배나 코가 예민하다고 앞에서 설명했어요. 그런데 돼지는 식물에 관해서라면 개보다도 후각이 뛰어나요. 땅에 묻힌 고구마를 찾아내는 일 정도는 누워서 떡 먹기랍니다. 유럽에서는 고급 식재료인 송로버섯을 찾을 때 돼지를 이용한다고 해요.

냄새로 찾아낸 먹이를 코를 이용해 땅을 파서 능숙하게 꺼낸다. ➡

실험 11: 우유가 든 젖병을 돼지에게 보여 주면……

8장

아기 돼지는 우유를 무척 좋아해요. 우유가 든 젖병을 옆에서, 위에서 이렇게 양쪽에서 내밀면 아기 돼지는 어떤 젖병의 우유를 마실까요?

옆으로 내민 젖병에 든 우유만 마신다!

아기 돼지는 옆으로 내민 젖병에 든 우유만 받아 마십니다. 위에서 내민 젖병은 거들떠 보지도 않아요.

❓ 왜 옆으로 내민 젖병에 든 우유만 마실까요?

일반적으로 어미 돼지는 옆으로 누워 새끼 돼지들에게 젖을 먹여요. 그래서 아기 돼지는 옆으로 내민 젖병에 든 우유를 능숙하게 받아서 마실 줄 알지요. 또 돼지는 눈 생김새가 위를 보는 데 적합하지 않아요. 돼지의 먹이는 늘 아래에 두기 때문에 위부는 그다지 관심을 보이지 않는답니다.

여러분도 주변의 다른 동물이 식사하는 모습을 관찰해 보세요.

실험 12 물을 담은 그릇에 파인애플을 넣어 두면……

8장

파인애플이 들어 있는 그릇을 땅에 묻었더니 개미가 바글바글 몰려들어요. 그런데 파인애플을 담은 그릇에 물을 부어 채우면, 파인애플 위에 있던 개미와 파인애플까지 가려던 개미는 어떻게 행동할까요?

주름개미

몸길이는 약 2.5mm.
우리나라 전역에 분포하며 가장 흔한 개미 종류 중 하나.

개미는 흙을 날라 와 물을 메운다!

개미는 흙과 자갈을 하나하나 날라 와 열심히 매립 공사를 해요. 영차영차, 40분 간의 공사 끝에 파인애플까지 자유롭게 오갈 수 있게 되었어요. 3시간 뒤에는 파인애플을 전부 개미굴로 옮겨 갔답니다.

❓ 어떻게 물을 메울 수 있을까요?

개미는 무리 생활을 하는 '사회성 곤충'이에요. 여왕개미를 중심으로 대가족이 함께 생활하는 곤충이지요. 살던 굴이 물에 젖거나 밀리지면 다 함께 힘을 합쳐 흙을 날라 와 집을 보수해요. 파인애플 주위의 물쯤이야 개미에게는 큰 문제가 아니에요. 흙을 날라 와 물을 메우면 간단히 해결할 수 있는 문제랍니다.
한편 개미는 힘이 세서 자기 몸무게의 25배나 되는 물건도 잡아끌어 옮길 수 있어요.

↑ 흙을 물고 나르는 주름개미

실험 13 : 고기를 매단 장난감과 소리 나는 장난감을 두면……

깜깜한 숲속에서 살아 있는 생쥐를 덮쳐 잡아 먹는 올빼미. 진짜 고기를 매단 장난감과 소리가 나는 장난감을 준비해 올빼미에게 내밀면 올빼미는 어떤 반응을 보일까요?

금눈쇠올빼미
유럽과 동남아시아에 사는 몸집이 작은 올빼미. 살아 있는 곤충과 새, 쥐 등을 먹고 산다.

고기를 매단 장난감
쥐 인형에 진짜 고기를 달았다. 움직이지 않는다.

소리가 나는 장난감
쥐 인형이 소리를 내며 움직인다.

올빼미는 소리가 나는 장난감 쪽으로 날아간다!

동물 관찰 실험

올빼미는 소리 없이 훌쩍 날아 소리를 내는 장난감을 낚아채요.

❓ 왜 소리가 나는 장난감을 선택할까요?

올빼미는 깜깜한 어둠 속에서 소리에 의지해 먹이를 집기 때문이지요. 소리가 나는 장난감을 살아 있는 먹잇감이라고 착각하고 낚아채는 거예요.

살아 있는 먹잇감이 아니라는 사실을 눈치챈 올빼미 ➡

8장

실험 14 : 벨루가에게 눈가리개를 씌워도……

눈가리개
고무 빨판을 벨루가의 눈에 덮어 앞이 보이지 않도록 가린다.

벨루가
'하얀 돌고래'라고 부르기도 하는 벨루가. 벨루가란 러시아어로 '하얀 고래'라는 뜻이다. 벨루가는 물고기가 아니라 사람과 같은 포유류이다. 몸길이는 3.5~4.5m이며, 북극 주변의 바다에 산다.

유유히 고리를 통과할 수 있다!

눈가리개를 한 벨루가는 고리와 부딪치지 않도록 가슴지느러미를 얌전히 접고 손쉽게 고리를 빠져나가요.

❓ 보이지 않는데 어떻게 고리를 통과할 수 있을까요?

벨루가는 소리를 이용해 사물의 위치와 모양, 크기를 가늠해요. 먼저 코 안에 있는 작은 주머니로 공기를 들이마셨다 내쉬며 소리를 내요. 이마 언저리에 있는 '멜론'이라는, 지방이 꽉 들어찬 부분에서 소리가 하나로 모여 나가는데 밖으로 나간 소리는 물체에 부딪쳐 되돌아와서 아래턱의 지방을 통과해 귀로 전달되지요. 벨루가는 반사된 소리의 차이로 사물의 위치와 모양을 파악해요. 이처럼 신통방통한 방법을 '반향 정위(echolocation)'라고 해요. 그래서 벨루가는 눈을 가려도 고리의 위치나 크기를 귀신같이 알아낼 수 있답니다.

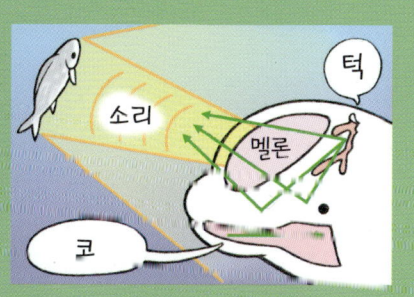

실험 15 악어 눈앞에 고기를 흔들면……

커다란 입에 날카로운 이빨을 가진 악어는 고기를 좋아하는 육식동물이에요. 피가 뚝뚝 떨어지는 고기를 앞에 내밀면 악어는 어떻게 할까요?

안경카이만

미국에 사는 악어의 일종. 사진에 나오는 악어는 아직 새끼이고, 다 자라면 몸길이가 2m 가까이 커진다.

덥석 물고 몸을 회전하며 고기를 찢어발긴다!

동물 관찰 실험

입을 쫙 벌린 악어는 날카로운 이빨로 고기를 덥석 물더니, 몸을 빙빙 돌려서 고기를 갈기갈기 찢어요.

❓ 왜 몸을 회전시킬까요?

시냇감을 잘 찢기 위해서예요. 야생 악어는 물가에 다가온 사냥감을 덥석 물고는 물속으로 끌고 들어가요. 그리고 몸을 회전시키면서 사냥감을 찢어발겨 삼키지요.

실험 16 악어 앞에 내리막길을 만들면……

배로 미끄럼을 탄다!

악어는 발로 땅을 디디며 어기적어기적 걸어요. 악어 앞에 널빤지를 놓고 미끄럼틀처럼 내리막길을 만들면, 악어는 널빤지 위를 2, 3초 걷다가 배를 널빤지에 딱 붙이고 눈 깜짝할 사이에 미끄러져 내려와요.

❓ 왜 배로 미끄럼을 탈까요?

악어는 몸을 데우기 위해 물가에 나가서 양지바른 곳에 누워 지내요. 그러다가 먹잇감을 노리고 물속으로 잠수할 때는 둑을 미끄러져 내려가 소리를 내지 않고 물속으로 스르르 들어가지요. 악어 배는 오른쪽 사진처럼 미끈미끈하게 생겨서 잘 미끄러진답니다.

9장

나도 과학자!
발명·발견 실험

과학자는 어떤 상황에서 어떤 일을 해서 발명과 발견을 할 수 있었을까요?
그들의 노력과 지혜를 만화로 즐겁게 접하고,
사람들이 발명하고 발견했던 실험에 여러분도 도전해 보세요.

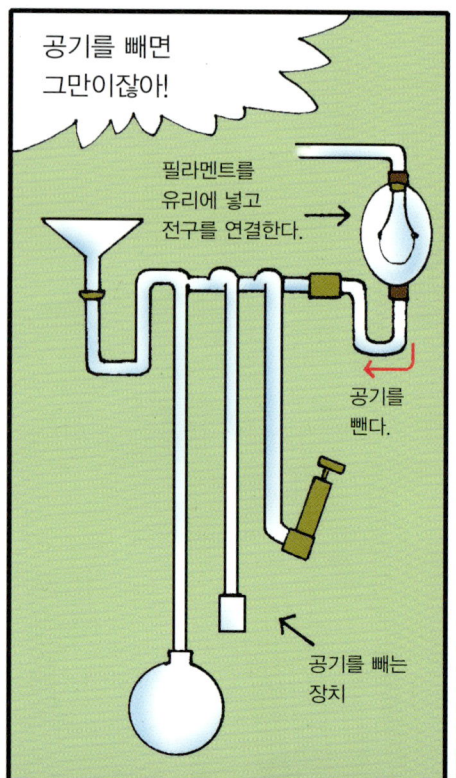

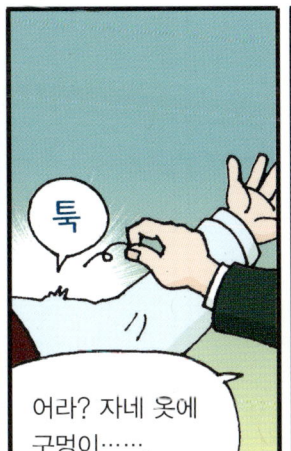

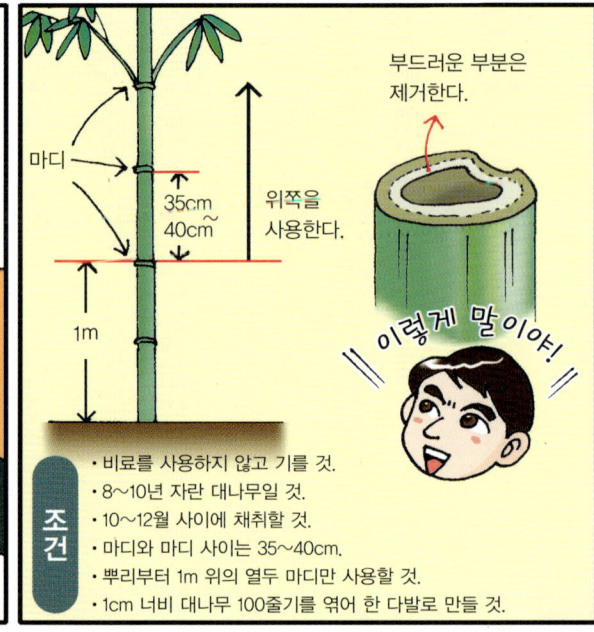

실험 1
에디슨처럼 필라멘트가 될 수 있는 재료를 실험해 보았더니……

발명·발견 실험

에디슨은 전구를 발명하기 위해 온갖 재료로 실험해 보았나고 해요. 그래서 이 책에서도 에디슨처럼 실험을 해 보았어요. 아래 다섯 가지 재료 중 전구에 환하게 불을 밝히는 것은 무엇일까요?

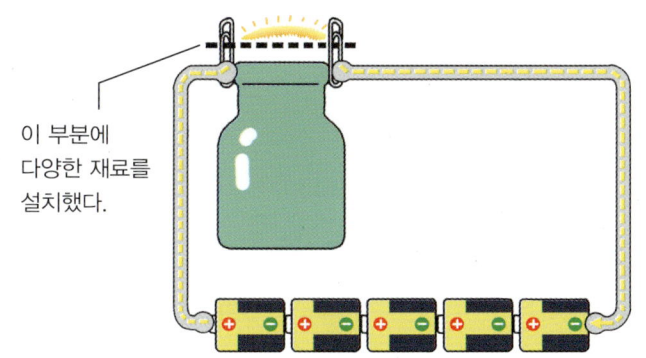

이 부분에 다양한 재료를 설치했다.

빈 병
클립
쿠킹 포일
건전지 5개

| 향 | 이쑤시개 | 스파게티 면 | 양초 | 샤프심 |

실험 제작·그림=니사야마 나오키

실험 방법은 다음 쪽에!

275

9장

다양한 재료를 설치해 보았더니……
샤프심이 재료일 때 빛났다!

향, 이쑤시개, 스파게티 면, 양초, 샤프심으로 만든 필라멘트를 각각 건전지 5개에 연결했더니, 불을 환하게 밝힌 재료는 샤프심이었어요. 어때요, 여러분의 예상이 맞았나요?

건전지 5개

| 향 | 이쑤시개 | 스파게티 면 | 양초 |

샤프심

마지막 5초가량 격렬하게 빛을 내고 샤프심이 끊어진다. ➡

↑ 그대로 두면 반짝반짝 빛을 낸다.

⬅ 처음에는 연기가 나며 심이 점점 벌겋게 달아오른다.

발명・발견 실험

결과는 다음 쪽에!

실험 2 에디슨처럼 실험해 보았더니……
샤프심 전구가 완성되었다!

샤프심이 전구의 필라멘트 역할을 했다는 사실을 이해했나요? 여러분도 실험해 보세요.

⚠ 샤프심이 뜨겁게 달구어지므로 어른과 함께 안전하게 실험하세요.

준비물

- HB 샤프심 0.5mm
- 클립 2개
- 스카치테이프
- D형 알칼리 건전지 5개
- 쿠킹 포일
- 유리병(작은 것, 큰 것)
- 건전지를 감을 종이(약 18cm×26cm)

만드는 법

★ 같은 D형 건전지라도 망간 건전지라면 6개가 필요하다. 알칼리나 망간 이외의 건전지는 사용하지 말자.

1 쿠킹 포일을 길쭉하게 잘라, 차곡차곡 접어서 전선으로 사용한다. 두 줄을 만든다.

2 1에서 만든 전선 양쪽 끝에 클립을 놓고 스카치테이프로 붙인다.

3 2의 클립 부분을 그림처럼 큰 유리병 입구에 스카치테이프로 고정한다.

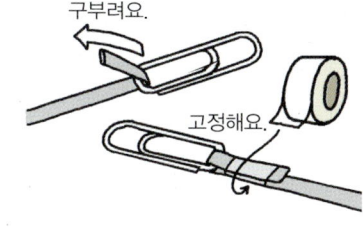

4 클립에 샤프심을 끼운다. 끝에 남은 심은 부러뜨린다.

5 건전지 5개를 같은 방향(직렬)으로 늘어놓는다. 종이로 김밥을 말듯 돌돌 말고 풀리지 않도록 스카치테이프로 붙인다.

6 샤프심을 설치한 4의 큰 유리병에 작은 유리병을 덮어씌운다. 실험할 때 샤프심이 사방으로 튈 수 있으니 반드시 유리병 덮개를 씌우자!

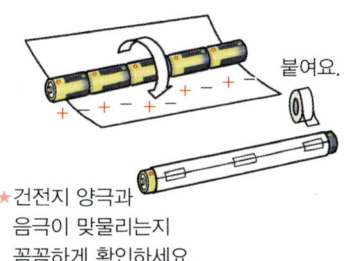

★ 건전지 양극과 음극이 맞물리는지 꼼꼼하게 확인하세요.

❓ 왜 샤프심이 빛을 낼까요?

건전지에 연결했을 때 빛을 내는 물질이 되려면 전기가 통하지만 전류가 잘 흐르지는 않는 것이어야 해요. 전류가 잘 흐르지 않아서 열을 내기 때문에 환하게 빛을 내는 거지요. 샤프심에 들어 있는 '탄소'가 바로 '전기가 통하지만 전류가 잘 흐르지 않는' 물질이에요. 에디슨이 식물 섬유를 숯으로 바꿔서 만든 필라멘트에도 탄소가 들어 있었답니다.

갈릴레이의 발명과 발견

이오 / 에우로파 / 칼리스토 / 가니메데

갈릴레이가 발견한 목성을 도는 위성들이에요. 모든 별이 지구를 중심으로 돈다고 믿었던 시대였기에 이 발견으로 큰 소동이 벌어졌지요.

갈릴레오 갈릴레이 (1564~1642·이탈리아)

사진 출처 = NASA

자연 과학의 아버지라 불리는 갈릴레이는 17세기 초에 실험을 바탕으로 새로운 법칙을 만들어서 물리학과 천문학을 크게 발전시켰어요.

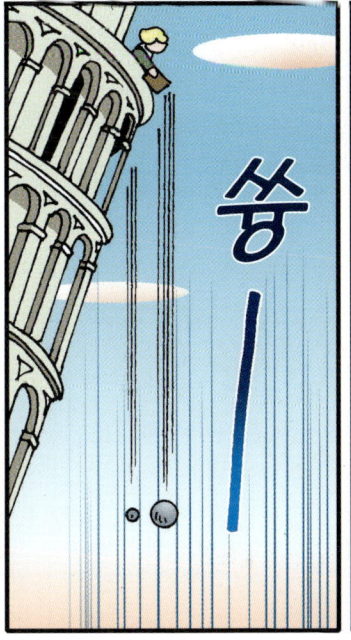

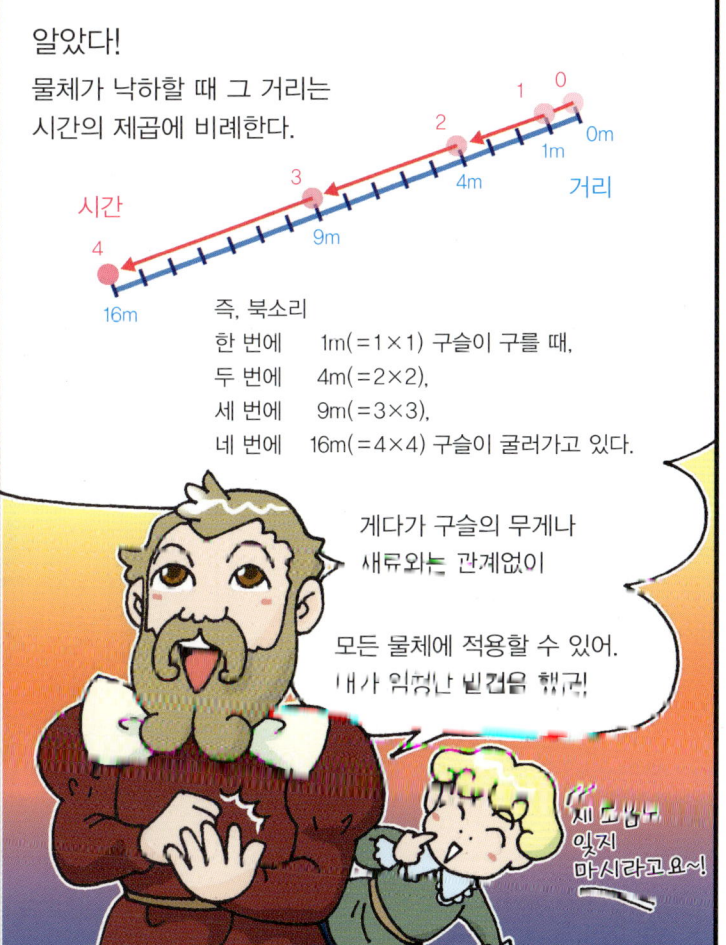

실험 3: 갈릴레이처럼 진자 실험을 했더니······
진동이 옆으로 옮겨 갔다!

발명·발견 실험

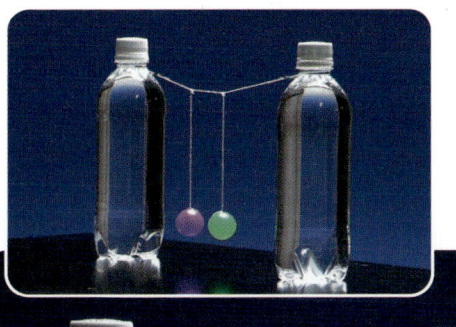

진자의 길이가 같으면 크게 흔들리든 작게 흔들리든, 추의 무게가 같든 다르든 진자가 한 번 왕복하는 시간은 변하지 않아요. (진자의 등시성) 또, 같은 길이의 진자끼리는 서로 진동을 주고받을 수 있어요. 마치 이어달리기를 할 때 배턴을 주고받는 것처럼 진동이 옮겨 간답니다.

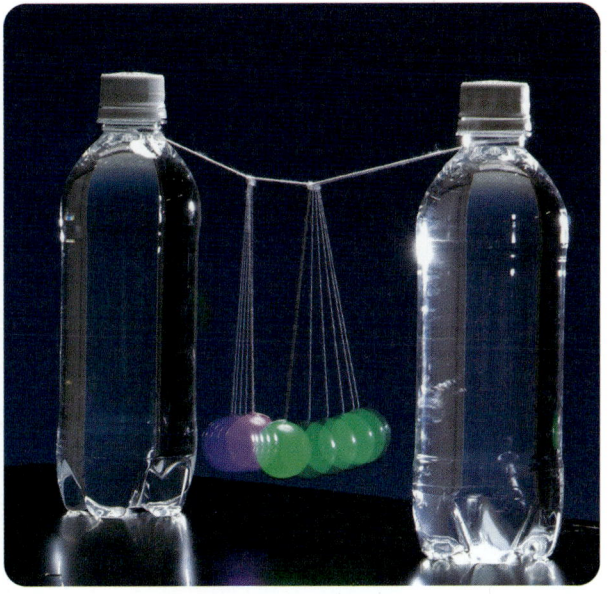

실험 방법

1. 500mL 페트병 2개에 물을 담고, 진자 2개를 만든다.

2. 페트병 뚜껑끼리 실로 느슨하게 연결한다. 진자 2개를 같은 길이로 묶은 다음, 진자 하나를 흔든다.

병 뚜껑에 스카치테이프로 실을 붙여요.

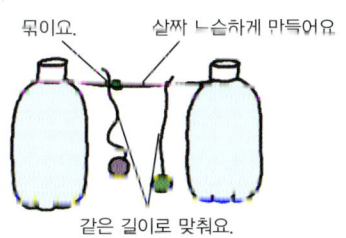

묶어요. 살짝 느슨하게 만들어요.
같은 길이로 맞춰요.

왜 진동이 옮겨 갈까요?

느슨하게 묶은 페트병 뚜껑 사이의 실이 진자가 움직이면서 흔들려요. 그렇게 생긴 힘을 다른 진자에게 전해 주면서 파도가 왔다 갔다 하는 것처럼 진동이 이어져요.

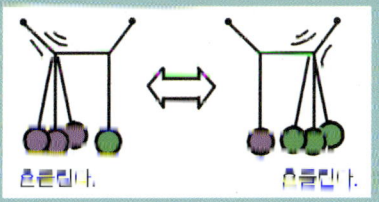

흔들다 / 흔들다

실험 4 — 갈릴레이처럼 만들었더니……
빨대로 체온계가 만들어졌다!

갈릴레이가 팔았던 것과 똑같은 방식의 체온계예요. 손의 온도로 위쪽 병을 데우면 물감을 푼 물이 빨대를 따라 쑥 내려간답니다.

그냥 두었을 때…….

← 방 안의 온도를 나타낸다.

위쪽의 병을 손으로 꼭 감싸 쥐면…….

갈릴레이가 만든 체온계

공기 / 유리 / 선 / 물

← 손 온도를 나타낸다.

준비물

- 투명하거나 흰색 빨대(가는 것이 좋다.)
- 500mL 페트병
- 물감을 푼 물
- 50mL 유리병
- 비닐 테이프
- 뜨거운 물
- 뜨거운 물을 담을 그릇

만드는 법

1 빨대에 비닐 테이프를 둘둘 감아서 유리병에 꽂는다.

이 구멍은 막지 않아요.

병 입구에 꽂아요.

병에 꽂았을 때 딱 맞는 크기가 되도록 비닐 테이프를 감아요. 테이프를 끊었다가 다시 감아도 상관없지만, 주름이 쭈글쭈글 잡히지 않도록 조심하세요.

2 페트병에 물감을 푼 물을 담아 채운다. 유리병을 뒤집어서 빨대 끝이 뜨거운 물에 조금 잠기게 꽂는다.

먼저 병을 뜨거운 물에 4초가량 담가요.

4초

화상을 입지 않도록 주의하세요.

3 병이 식으면 빨대 안으로 물감을 푼 물이 올라온다. 멈춘 지점이 방 안의 온도다. 병을 손으로 감싸 쥐면 물이 내려간다. 내려간 지점이 손 온도다.

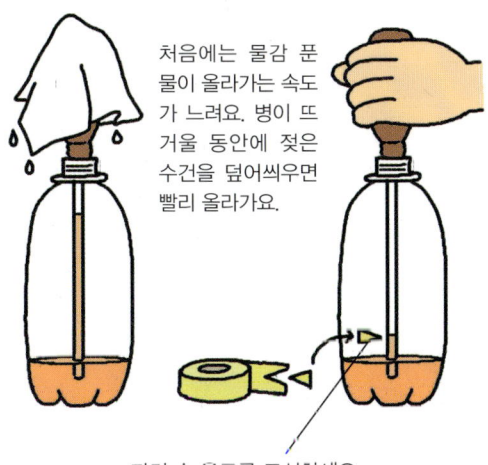

처음에는 물감 푼 물이 올라가는 속도가 느려요. 병이 뜨거울 동안에 젖은 수건을 덮어씌우면 빨리 올라가요.

자기 손 온도를 표시하세요. 사람에 따라 표시한 지점이 달라요.

어떻게 체온을 잴 수 있을까요?

공기가 뜨거운 물로 데워졌다가 식으면 쪼그라들어요. 그래서 물이 위로 올라가지요. 이때 손으로 병을 데우면 공기가 부풀면서 물이 다시 내려가요.

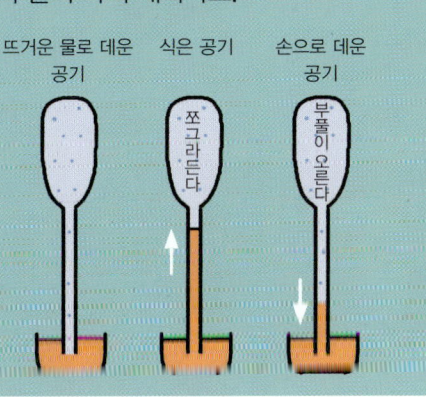

뜨거운 물로 데운 공기 / 식은 공기 / 손으로 데운 공기

쪼그라든다 / 부풀어 오른다

게리케의 발명과 발견

독일 과학자이자 정치가인 게리케는 공기가 없는 상태(진공)를 연구하고, 공기에 누르는 힘이 있다는 사실을 발견했어요. 게리케의 연구는 기압을 측정하여 날씨를 예보하는 기상학의 발전을 가져왔지요.

오토 폰 게리케
(1602~1686 · 독일)

실험 5 게리케처럼 기압 실험을 했더니……
빈 캔이 순식간에 찌그러졌다!

발명·발견 실험

게리케가 했던 것과 똑같은 기압 실험이에요.
오븐 토스터로 가열한 빈 음료수 캔을 찬물에 담그면
순식간에 찌그러져요.

실험 방법은 다음 쪽에!

빈 깡통이 기압으로 찌그러졌다!

게리케가 와인 통으로 실험한 결과처럼,
빈 캔 속이 진공에 가까운 상태가 되어 찌그러져요.

준비물

- 오븐 토스터
- 알루미늄 음료수 캔
- 목장갑
- 물을 담을 큰 그릇

실험 방법

1. 알루미늄 재질의 빈 캔 안을 찬물로 적신 다음, 오븐 토스터에 넣고 식빵 한 장을 구울 정도로 데운다.

2. 양손에 목장갑을 끼고 데운 깡통을 꺼낸다.

뜨거운 캔을 만질 때는 조심하세요.

3. 미리 담아 둔 찬물에 캔 입구가 아래로 가도록 들고 담근다.

왜 캔이 찌그러질까요?

캔을 데우면 안의 물이 증발하여 수증기가 되면서 부풀어 공기를 밀어 내요. 그러다가 캔을 찬물로 식히면 수증기는 작은 물방울로 변하고, 캔 안은 진공과 비슷한 상태가 돼요. 그러면 외부 기압에 의해 캔이 찌그러져요.

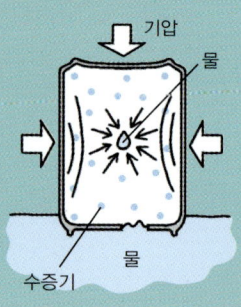

| 실험 6 | 게리케처럼 기압 실험을 했더니……

클리어파일이 물이 든 컵을 들어 올렸다!

발명·발견 실험

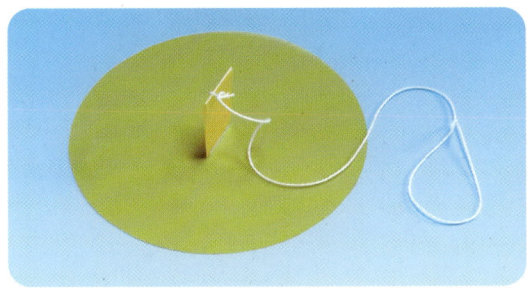

클리어파일을 잘라서 실을 매달기만 하면 준비 완료! 강력한 빨판이 만들어져요.

클리어파일과 컵 입구가 딱 붙어 공기가 비집고 들어갈 틈이 없기 때문에 컵을 들어 올릴 수 있답니다.

실험 방법

1. 투명한 클리어파일에 CD를 얹는다. 유성펜으로 가운데에 점을 찍은 다음, CD를 대고 원을 그린다.

2. 가위로 원을 잘라 낸다. 클리어파일 한쪽을 사각형으로 작게 잘라낸 다음, 구멍을 뚫고 실을 넣어 묶는다. 클리어파일 조각을 스카치테이프로 원 가운데에 세워 붙인다.

3. 아래 면에 세제를 푼 물을 바른다.

4. 미끌미끌한 물체 위에 이 클리어파일을 올리면, 그대로 물체를 들어 올릴 수 있다. 플라스틱 컵 등으로 실험해 본다.

● 실패해도 상관없도록 일회용 플라스틱 컵을 사용하세요.

벨의 발명과 발견

그레이엄 벨
(1847~1922 · 영국)

전화의 발명은 귀가 들리지 않는 사람이 다른 사람의 입을 보고 이야기를 듣는 기술(시화법)에서 시작되었답니다!

저는 **소리를 눈에 보이도록 만든 일을** 계기로 전화를 발명했습니다.

전화를 발명한 그레이엄 벨입니다. '전화벨의 벨'이라고 하면 외우기 쉽죠?

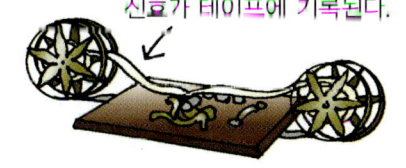

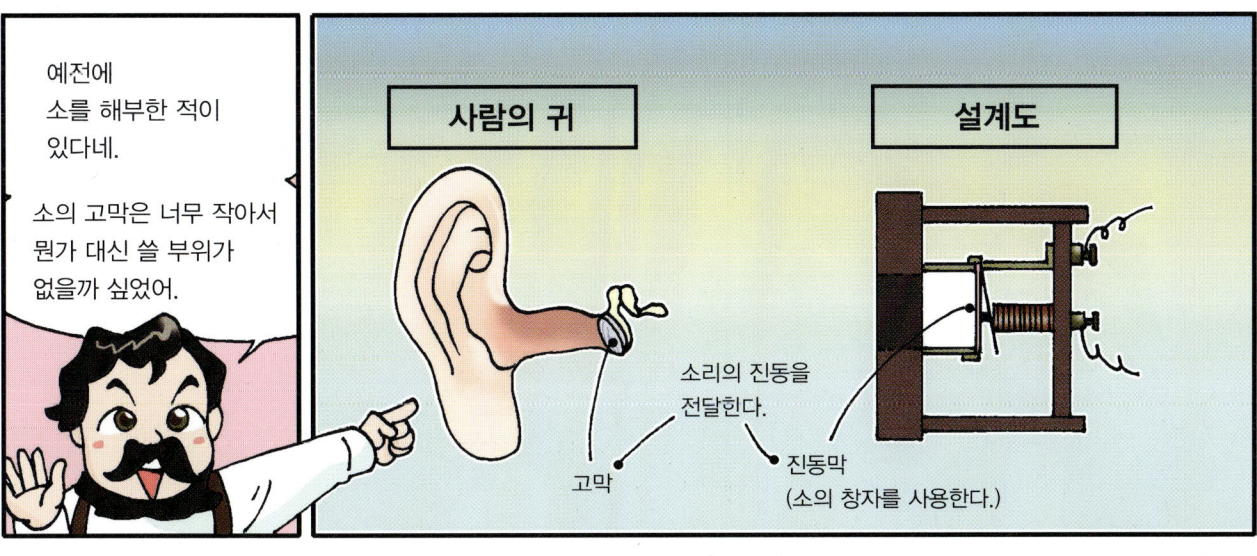

실험 7

벨의 발명에서 아이디어를 얻어……
샤프심 전화기를 만들었다!

발명·발견 실험

샤프심과 종이컵 등 쉽게 구할 수 있는 물건들로 전화기를 만들 수 있어요. 실로 연결하는 전화기와 달리 1층과 2층 사이, 문 너머에서도 통화할 수 있답니다.

❓ 어떻게 통화가 될까요?

● 통화하지 않을 때

파장이 없는, 같은 세기의 전류가 흐른다.

● 통화 중일 때

종이컵이 떨리면서 샤프심이 꺾인 곳에서 전류의 강약이 생긴다. 그 전류의 파장이 수신기의 소리로 바뀐다.

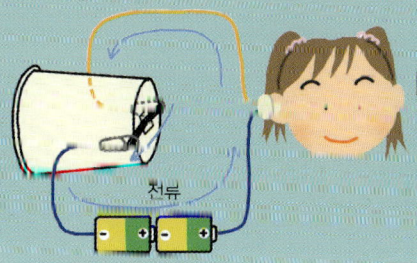

전류

소리로 변한 전류

만드는 법은 다음 쪽으로!

샤프심 전화기를 만들자

벨이 했던 실험입니다.

우아~ 들린다!

준비물

- HB 샤프심 0.5mm 3개
- 이어폰(모노 이어폰)
- AA형 건전지(알칼리) 2개
- 건전지 홀더
- 종이컵(자판기용)
- 클립 2개
- 전선(약 5m 길이) 2줄(A와 B라 부른다.)
- 스카치테이프
- 가위

만드는 법

1 샤프심 3개를 나란히 평행으로 놓고, 스카치테이프로 묶어 가운데를 살살 부러뜨린다.

또각

2 A 전선을 둘로 자르고, B 전선은 그대로 둔다. 두 줄 모두 양 끝 피복을 벗긴다. (가) (나)의 끝에 클립을 끼운다.

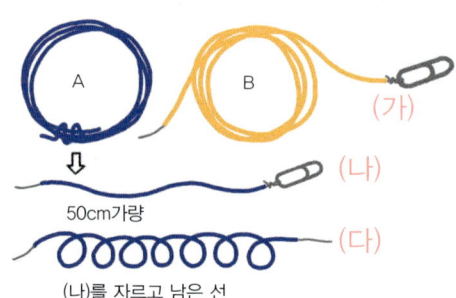

(가)
(나) 50cm가량
(다) (나)를 자르고 남은 선

전선 피복 벗기는 법

가위로 살짝 가위집을 넣는다.

비틀어서 돌려 빼낸다.

클립 끼우는 법

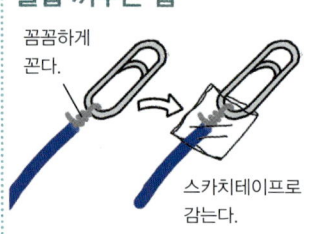
꼼꼼하게 꼰다.
스카치테이프로 감는다.

9장

312

3
종이컵 바닥에 1의 샤프심을 스카치테이프로 붙인다. 샤프심 양 끝에 전선이 달린 클립을 걸고, 임시로 붙인다.

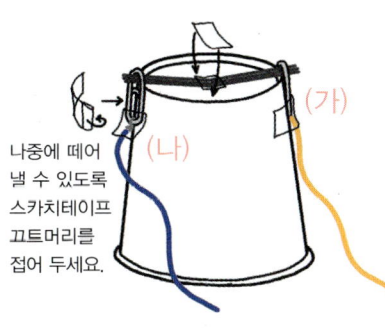

나중에 떼어 낼 수 있도록 스카치테이프 끄트머리를 접어 두세요.

4
건전지 홀더와 이어폰을 아래 사진과 같이 연결한다.

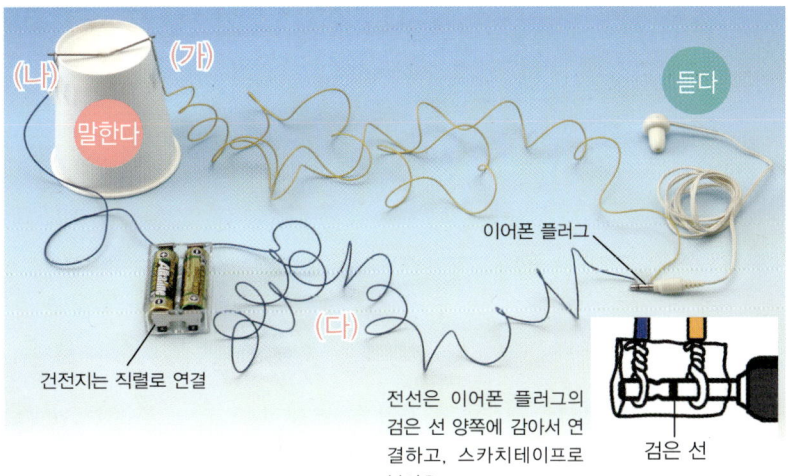

건전지는 직렬로 연결

전선은 이어폰 플러그의 검은 선 양쪽에 감아서 연결하고, 스카치테이프로 붙여요.

검은 선

발명·발견 실험

시험해 보자

1 종이컵을 가볍게 두드린다. '톡톡' 하는 소리가 이어폰으로 들리면 성공. 이어폰을 꽂지 않은 쪽 귀를 막으면 더 잘 들린다.

2 들리지 않으면 클립을 단단하게 고정하거나 느슨하게 하는 등 조금씩 위치를 조정한 다음, 다시 두드려 본다.

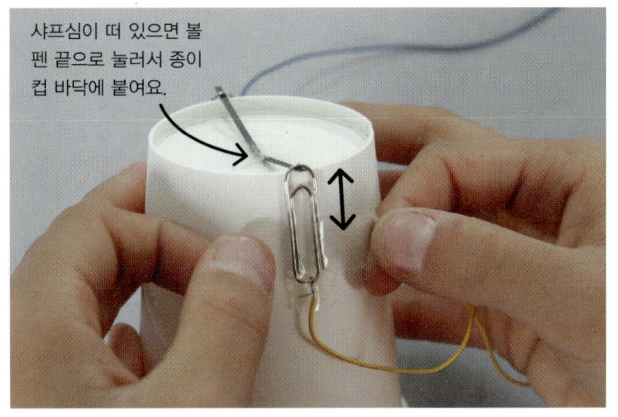

샤프심이 떠 있으면 볼펜 끝으로 눌러서 종이컵 바닥에 붙여요.

혼자 할 수 있는 실험

1 라디오에 전화기를 올려놓고 여행 가방 안에 넣어 보자.

2 알람 시계에 올려놓고 냉장고에 넣어 보자.

소리가 들리지 않을 때 확인할 사항

샤프심과 클립이 떨어져 있지 않은가?

샤프심과 클립이 딱 붙어 있다.

샤프심끼리 떨어져 있지 않은가?

샤프심끼리 잘 붙어 있다.

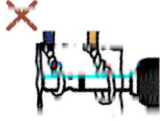
전선이 느슨한가?

전선이 잘 감겨 있다.

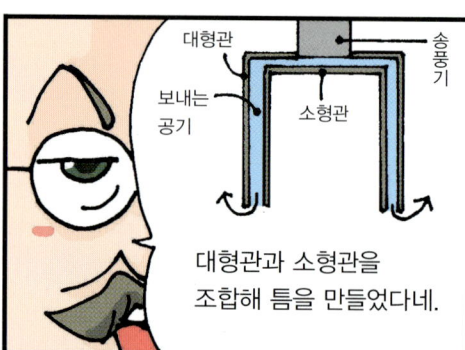

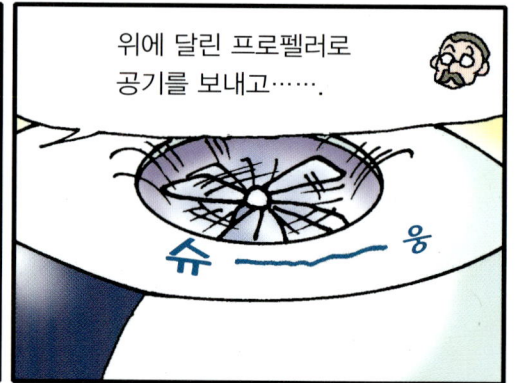

실험 8

코커럴처럼 만들었더니……
호버컵라면이 달린다!

발명·발견 실험

빈 컵라면 용기로 만든 호버크라프트가 미끄러지듯 스르르 움직여요! 코커럴이 느꼈던 감동을 여러분도 경험해 보세요!

만드는 법은 다음 쪽으로!

319

◆ 호버컵라면 만드는 법

빈 컵라면 용기 위에 붙인 팬이 돌며 바람을 안으로 보내고, 다시 아래로 내뿜는 구조예요.

준비물

- 빈 컵라면 용기
- 쿠킹 포일
- 일회용 플라스틱 컵
- 모터
- 송곳
- AA형 건전지(알칼리) 2개
- 전선
- 유성펜
- 커터 칼
- 가위
- 스카치테이프
- 굵은 드라이버 또는 연필
- 순간접착제

★ 널찍하고 깊지 않은 용기가 좋다. 바닥이 좁으면 팬이 부딪쳐 잘 움직이지 않는다.

🧪 만드는 법

1 일회용 플라스틱 컵 바닥 가운데에 모터 축이 딱 맞게 들어갈 수 있도록 구멍을 뚫는다. 바닥에서 25mm, 가장자리에서 25mm 지점에 유성펜으로 점선을 그리고, 한가운데를 오려 낸다.

나중에 헐거워지지 않도록 처음에는 작게 뚫어요.

처음에는 대강 아래위를 잘라요.

2 A·B 점선을 깔끔하게 자른다. A는 그림처럼 세로로 8등분하여 절개선을 넣은 뒤에 펼친다. B는 나중에 사용한다.

8등분한 절개선
팬으로 사용
나중에 사용

3 펼친 면 하나씩 그림처럼 절반까지 절개선을 넣고는 접는다. 손으로 꼭꼭 눌러 접었다가 살짝 푼다.

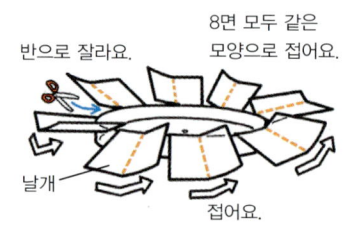

반으로 잘라요.
8면 모두 같은 모양으로 접어요.
날개
접어요.

어느 쪽으로 접더라도 방향만 같으면 상관없어요. 건전지 연결 방법만 뒤집으면 팬은 문제없이 돌아가요.

- 송곳과 커터 칼 등을 사용할 때는 조심하세요.
- 실험을 마치면 건전지를 빼 두세요.

4 빈 컵라면 바닥 가운데에 모터 축이 들어갈 크기의 구멍을 뚫는다. 송곳으로 먼저 구멍을 뚫고, 날이 두꺼운 드라이버나 연필로 구멍을 넓힌다.

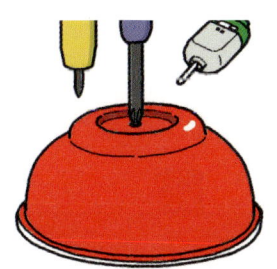

5 모터가 깔끔하게 제자리에 들어갔는지 확인한 뒤에, 구멍을 중심으로 약 15~20mm를 남기고 양옆을 반달 모양으로 오려 낸다.

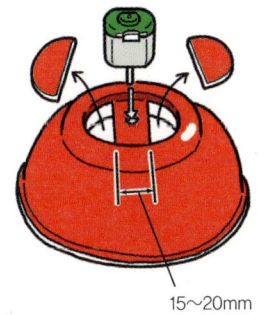

15~20mm

6 모터의 평평한 면을 스카치테이프로 붙여 고정한다. ㄴ자 모양으로 꼼꼼하게 붙이고, 컵라면 쪽에 한 번 더 둘러 붙여 잘 감싼다.

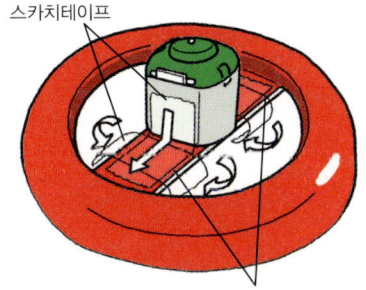

스카치테이프

모터 양옆과 마찬가지로 붙여요.

7 모터의 중심축에 플라스틱 컵으로 만든 팬을 끼우고 손가락으로 가볍게 돌린다. 기울어지거나 컵라면 용기에 걸리는 부분이 없는지 조정한다.

사이를 띄워요.

이 부분은 약하니 손으로 잡지 않아요.

팬을 너무 세게 누르지 않도록 이 부분에 손가락을 대세요. 너무 세게 누르면 팬이 컵라면 용기와 부딪치기 쉬워요.

팬의 위아래가 바뀌지 않게 주의! 날개가 있는 쪽이 아래.

8 컵라면 용기를 그대로 뒤집어 순간접착제로 팬과 모터의 중심축을 붙인다.

순간접착제를 사용할 때는 어른에게 부탁하세요.

9 모터에 전선을 붙이고, 적당한 지점을 스카치테이프로 고정한다. 그림과 같이 B를 덮어씌우고 스카치테이프로 붙인다.

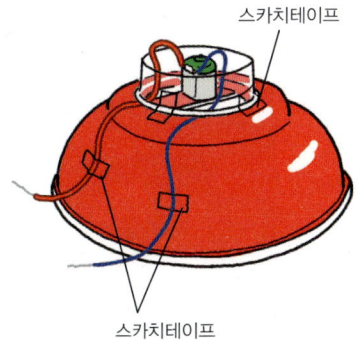

스카치테이프

스카치테이프

10 건전지는 직렬로 연결해 사용한다. 그림과 같이 스카치테이프로 건전지를 감아 붙인다.

바람이 아래쪽으로 흘러가지 않을 때는 전선의 양쪽을 바꿔서 연결한다.

매끈한 탁자나 바닥 위에서 실험해요.

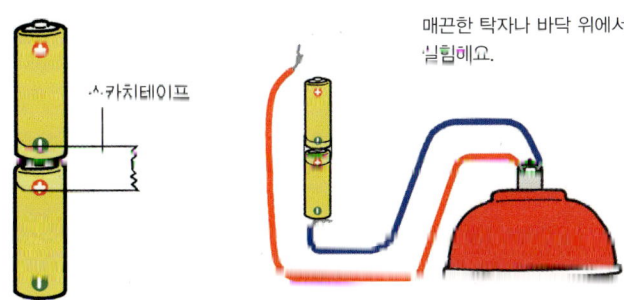

스카치테이프

★ 건전지끼리 또 건전지와 전선이 잘 연결되지 않으면 회전이 느려요. 손가락으로 접촉 부분을 세게 눌러 보면 연결이 잘 되었는지 알 수 있어요.
★ 팬 날개가 어딘가에 닿아 덜커덕거리는 소리가 날 때는 회전이 느려요.

어떻게 매끄럽게 달릴까요?

팬이 돌면 위의 구멍으로 공기가 들어오고 아래로 빠져나가요. 이때 바닥과의 사이에 공기 막이 생겨 살짝 뜬답니다.

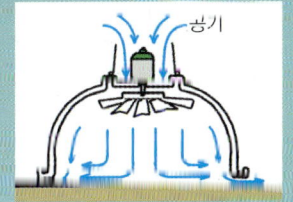

공기

다빈치의 발명과 발견

날개를 회전시켜 하늘을 나는 헬리콥터는 보통 비행기와는 다른 방법으로 날아요. 공중에서 멈출 수도 있지요. 헬리콥터는 어떻게 탄생했을까요?

레오나르도 다빈치
(1452~1519 · 이탈리아)

나는 이탈리아의 천재 레오나르도 다빈치!

나사 모양을 참고하여 날개에 공기를 밀어 넣어서 하늘을 나는 기계를 생각하는 중이지.

선생님, 딴짓하시면 안 돼요!

모나리자 씨에게 부탁받은 그림 마감일을 훌쩍 넘겼다고요!

모나리자 씨가 화가 많이 나셨어요!

← 미소 지으며 화내는 모나리자씨

발명 아이디어가 생각나서 스케치하느라…….

실험 9

다빈치의 아이디어를 바탕으로……

플라스틱 컵 헬리콥터

발명·발견 실험

그림, 조각, 과학……. 만능 천재 레오나르도 다빈치가 고안한 비행기의 원리를 활용해 플라스틱 컵으로 헬리콥터를 만들어 보세요.

만드는 법은 다음 쪽으로!

◆ 플라스틱 컵 헬리콥터 만드는 법

1회용 플라스틱 컵 하나만 있으면 헬리콥터와 발사체를 모두 만들 수 있어요.
날씨가 좋은 날에 만들어서 날려 보세요!

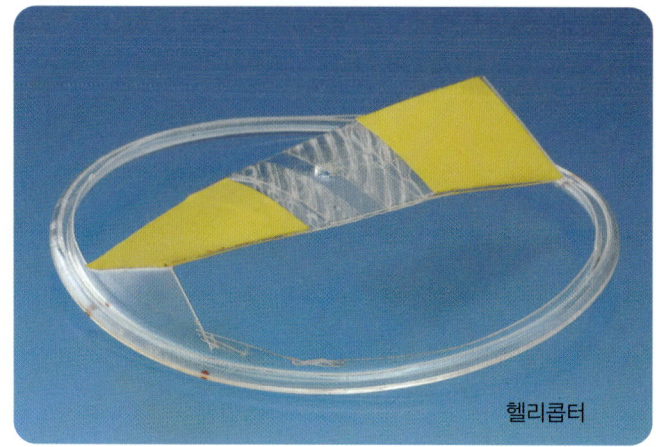

헬리콥터

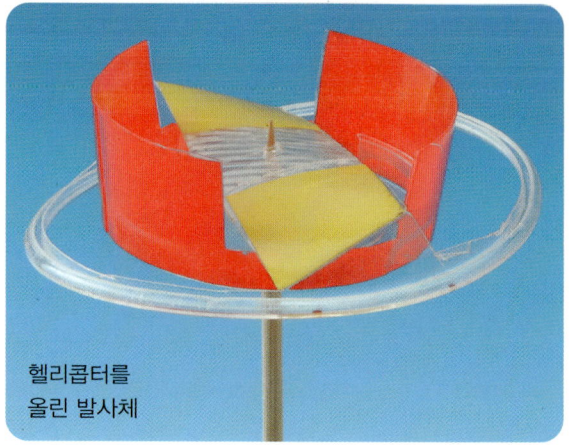

헬리콥터를
올린 발사체

준비물

- 일회용 플라스틱 컵
- 2cm 너비의 비닐 테이프
- 스카치테이프
- 요리용 꼬치
- 가위
- 송곳
- 유성펜

🧪 헬리콥터 본체 만드는 법

1 컵 아래쪽에 바닥을 따라 비닐 테이프(2cm 너비)를 감고, 테이프 가장자리를 따라서 컵 아래를 오려 낸다.

2 컵 입구에 다리를 만들 듯이 비닐 테이프를 걸쳐 붙인다. 컵 한가운데에 똑바로 테이프 너비를 유성펜으로 표시한다.

3 2에서 붙인 비닐 테이프 가운데를 자르고, 각각 그림과 같이 비스듬하게 컵 바깥쪽에 다시 붙인다.

둘로 잘라요.
2에서 사용
발사기가 되는 부분

처음에는 대강 자른 뒤, 차츰 꼼꼼하게 다듬으면 예쁘게 잘라 낼 수 있어요.

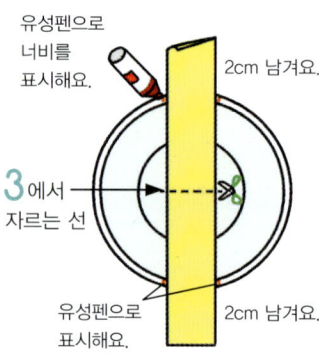

〈위에서 본 모습〉

유성펜으로
너비를
표시해요.

2cm 남겨요.

3에서
자르는 선

유성펜으로
표시해요.

2cm 남겨요.

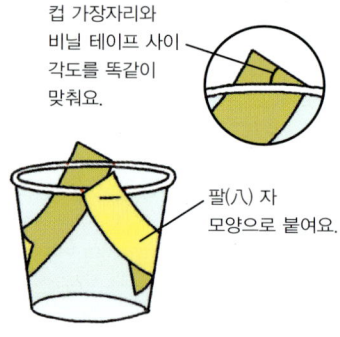

컵 가장자리와
비닐 테이프 사이
각도를 똑같이
맞춰요.

팔(八) 자
모양으로 붙여요.

비닐 테이프를 그림처럼 **2**에서 표시한 지점에 맞추고, 바닥을 향해 비스듬하게 붙인다.

● 송곳이나 꼬치를 사용할 때는 다치지 않도록 조심하세요

4 비닐 테이프를 붙인 부분과 컵 가장자리를 남기고 나머지 부분을 오려 낸다.

이런 모양이 돼요.

5 비닐 테이프를 떼어 내고, 긴 직사각형 부분을 안으로 접는다. 모서리가 직각이 되도록!

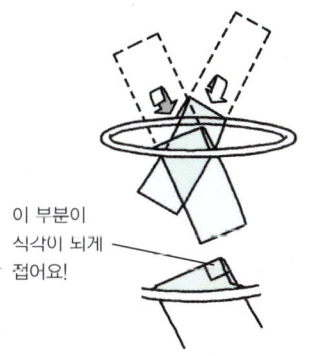

이 부분이 식각이 되게 접어요!

6 안쪽으로 접은 부분을 겹쳐서 스카치테이프로 붙인다. 가운데를 맞춘다.

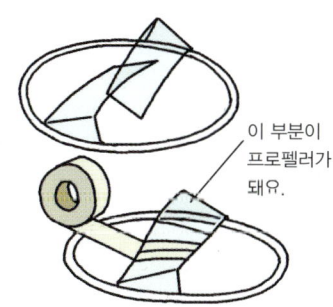

이 부분이 프로펠러가 돼요.

7 송곳으로 프로펠러 가운데에 구멍을 뚫는다.

구멍

비닐 테이프 위에 올려놓고 구멍을 뚫으면 쉬워요. 송곳을 쓸 때는 꼭 어른에게 부탁하세요.

🧪 발사기 만드는 법

1 헬리콥터 본체 만드는 법 1에서 남은 컵 아랫부분을 그림과 같이 두 군데 오려 낸다.

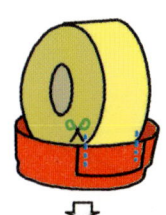

비닐 테이프를 위에 올리고, 테이프 너비보다 약간 넓은 변을 가진 직사각형으로 오려 내요.

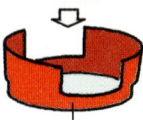

컵 바닥 쪽에 안으로 들어간 부분은 오리지 않고 남겨요.

2 송곳으로 가운데에 구멍을 뚫고 나무 꼬치를 꽂는다. 처음에는 살짝만 벌려 꼬치를 끼운 다음 서서히 넓힌다.

〈바로 위에서 본 모습〉

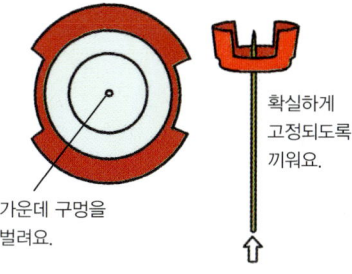

가운데 구멍을 벌려요.

확실하게 고정되도록 끼워요.

🧪 날리는 법

1 발사기에 헬리콥터를 끼운다.

프로펠러가 여유 있게 자리 잡았는지 확인하고, 뻑뻑하면 잘라서 펼쳐요.

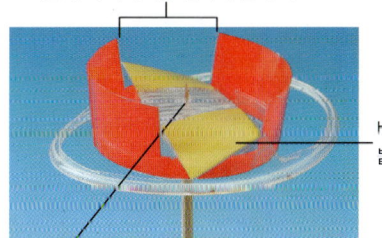

비닐 테이프를 붙여서 장식해요.

나무 꼬치는 프로펠러 구멍에 느슨하게 들어가요. 뻑뻑할 때는 구멍을 넓혀요. 약간 비스듬하게 들어가도 좋아요.

2 나무 꼬치를 손바닥으로 잡고 왼손을 몸 쪽으로 당기며 오른손을 바깥쪽으로 지그시 내민다. 엄지손가락을 세우지 않는다.

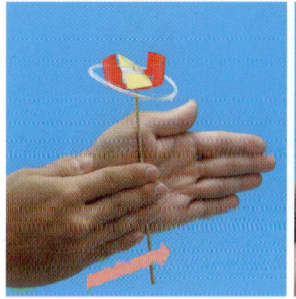

손을 딱 붙이고 처음에는 천천히, 나중에는 빠르게 움직이는 게 비결.

프랭클린의 발명과 발견

미국 100달러짜리 지폐에 그려진 초상화의 주인공 프랭클린은 잡지를 출판하다가 정치가로 활약했어요. 그러면서 과학자로서 연구에도 매진했지요. 특히 전기에 관한 많은 업적을 남겼어요.

벤자민 프랭클린 (1706~1790 · 미국)

프랭클린의 발명품
- 이중 초점 안경
- 계단식 의자
- 유리로 소리를 내는 악기
- 연료를 절반으로 줄인 난로

실험 10

프랭클린이 연구했던 정전기를 이용해…
수제 모터를 돌린다!

발명·발견 실험

번개는 구름 속에서 생기는 거대한 정전기예요. 정전기를 동력으로 바꾸어 놀아 볼까요? 정전기 모터를 만들어 보세요. 정전기로 일어선 빨대를 알루미늄 캔에 갖다 대면 옆의 플라스틱 컵이 빙글빙글 돌기 시작한답니다!

만드는 법은 다음 쪽으로!

빨대의 정전기로 돌린다!

정전기를 띤 빨대를 근처에 갖다 대면 플라스틱 컵이 돌기 시작해요. 빨대를 치워도 계속 돌아간답니다.

준비물

- 일회용 플라스틱 컵
- 빨대 4개
- 알루미늄 재질의 캔 2개
- 쿠킹 포일
- 압정
- 알루미늄 테이프(은박 테이프)
- 페트병 뚜껑
- 큼직한 스티로폼 용기
- 작은 음료병
- 스카치테이프
- 가위
- 화장지

만드는 법

1 알루미늄 테이프를 약 5mm 너비로 15~19조각 자른다.

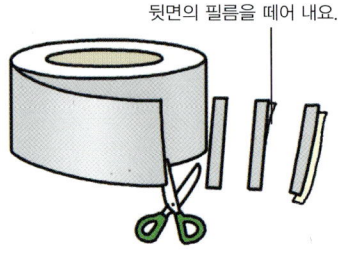

뒷면의 필름을 떼어 내요.

2 플라스틱 컵을 뒤집어 놓고 1에서 자른 알루미늄 테이프를 같은 간격으로 가장자리를 감싸듯이 붙인다.

붙여요.
감싸요.

3 컵 바닥 가운데에 압정을 찔러 넣는다.

압정
〈위에서 본 모습〉

※ 압정에 찔리지 않도록 주의하세요.

4 캔 2개 모두 양쪽을 사포로 문질러 은색 표면이 드러나도록 벗겨 낸다.

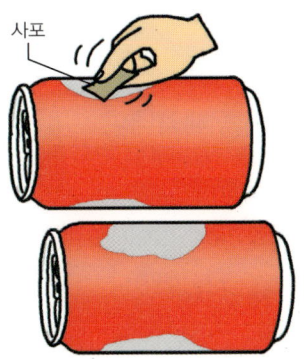

5 쿠킹 포일을 잘라 그림과 같이 꼬리 1줄, 혓바닥 2장을 만든다.

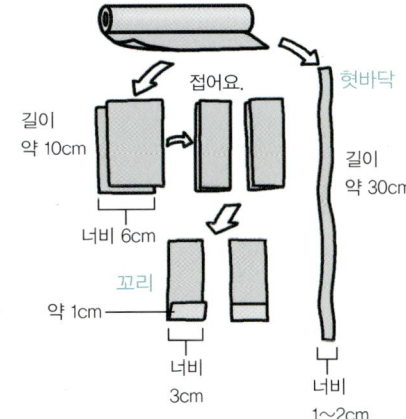

6 한 캔에는 은색 부분에 혓바닥과 꼬리를 스카치테이프로 붙이고, 다른 한 캔에는 혓바닥만 붙인다.

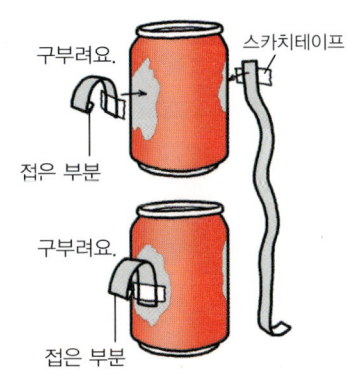

7 캔과 비슷한 높이의 작은 음료병에 페트병 뚜껑을 가져와서 덮는다.

8 캔과 음료병을 스티로폼 용기 위에 놓고, 3의 플라스틱 컵(모터)을 음료병에 뒤집어 얹는다.

혓바닥과 컵 사이를 약 2mm 띄워요.
꼬리 끝은 스티로폼 용기 바깥으로 빼요.

9 빨대를 화장지로 30번쯤 문지른다.

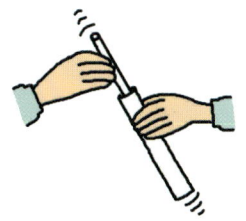

종이 포장이 된 빨대는 종이로 문질러도 좋아요.

10 빨대를 꼬리가 달리지 않은 쪽 캔에 갖다 대면 딱 달라붙는다. 2~3개를 붙이면 모터가 돌아간다.

혓바닥이 부들부들 움직여요. 정전기가 옮겨 가요.

돌아가지 않을 때는
★ 플라스틱 컵이 병에 닿아 있으면 떨어뜨려 놓는다.
★ 숨을 살짝 불어서 컵을 살살 흔들면 돌기 시작한다.
★ 혓바닥이 컵의 알루미늄 테이프에 너무 바짝 붙어 있거나 걸리면 살짝 간격을 벌린다.

❓ 왜 컵이 돌아갈까요?

빨대를 갖다 대면 왼쪽 캔에 정전기가 모여 있다가 컵에 붙은 알루미늄 테이프로 옮겨 가요. 그런데 정전기끼리는 반발하기 때문에 정전기가 옮겨 간 알루미늄 테이프가 캔에서 멀어지려고 하면서 컵이 빙빙 돌아가는 거예요.

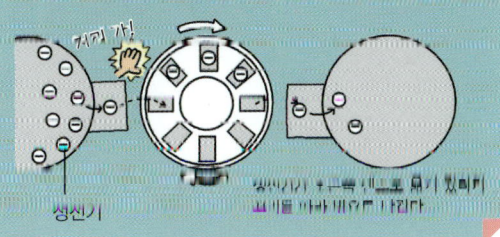

패러데이의 발명과 발견

9장

마이클·패러데이
(1791~1867·영국)

패러데이는 가난한 집안에서 태어났지만, 책을 만드는 작은 공장에서 일하며 공부해 훌륭한 과학자가 되었어요.

과학의 재미를 어린이들에게 전하고 싶었던 패러데이는 매년 크리스마스 이브에 과학을 주제로 강연을 했어요.

패러데이의 발명품
- 전기 분해 장치
- 발전기
- 기체의 액화 장치

자자, 주목!

크리스마스 하면 케이크를 빼놓을 수 없겠죠.

케이크 이야기를 해 볼까나!

케이크에는……

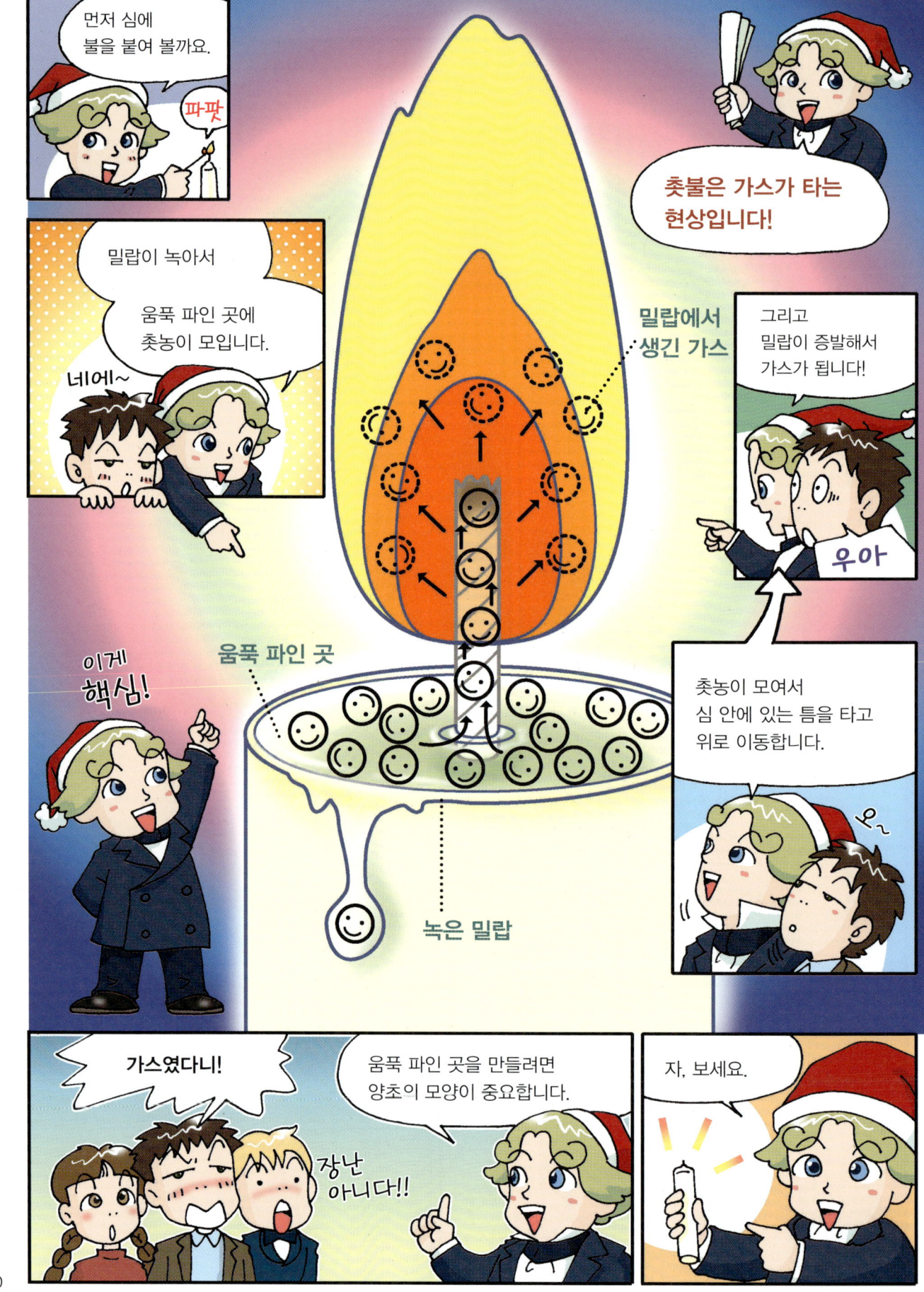

실험 11

패러데이처럼 양초로 실험하면……
물속에서도 촛불이 꺼지지 않는다!

발명·발견 실험

물속에 세워 둔 양초가 타면서 점점 짧아져요. 물속에서 촛불이 꺼질 줄 알았더니 신기하게도 꺼지지 않아요!

수면
촛불

🧪 실험 방법

1 그릇 안에 촛농을 떨어뜨리고 그 위에 양초를 세운다.

촛불은 미리 끄세요.

2 양초 길이보다 조금 낮은 위치까지 아슬아슬하게 걸치도록 물을 채운다.

물을 넣고 나서 불을 붙여요.

❓ 왜 촛불이 꺼지지 않을까요?

양초가 녹으면 물이 촛농을 식혀서 초 가장자리에 벽이 만들어져요. 그대로 벽 안쪽만 녹아서 불의 위치가 아래로 내려가지요.

차갑다.
뜨겁다.
촛농

⚠️ 불을 사용할 때는 반드시 어른과 함께 실험하세요.

실험 12

수면 위에서 타는 촛불에 컵을 덮어씌우면……
불이 꺼지고 물 높이가 올라간다!

물속에 세워 둔 촛불이 타고 있어요. 그 위에 컵을 덮어씌우면 불이 꺼지고 컵 속의 물 높이가 올라가요!

실험 방법

1. 양초를 그릇에 세우고 나서 물을 담고 불을 붙인다.

촛농을 바닥에 떨어뜨리면 초를 쉽게 세울 수 있어요.

2. 컵을 뒤집어서 초 위에 씌우고 수면 가까이에 댄다. 불이 꺼지고 물 높이가 올라간다.

왜 물 높이가 올라갈까요?

초가 타면 촛불에 의해 컵 속 공기가 데워지면서 공기의 부피가 늘어나요. 또한 어떤 물질이 타려면 산소가 필요해요. 그런데 컵을 덮어씌우면 초 쪽으로 산소가 들어오지 못해요. 초가 타면서 사라진 산소와, 식어서 줄어든 공기의 부피만큼 물이 위로 올라가지요.

⚠ 불을 사용할 때는 반드시 어른과 함께 실험하세요.

실험 13

파이프에서 나오는 하얀 연기에……
불이 붙었다!

쿠킹 포일을 말아서 만든 파이프에서 하얀 연기가 새어 나와요. 여기에 촛불을 갖다 대면 짠 하고 불이 붙어요! 하얀 연기는 촛불 심 근처에서 나오는 것이라 아직 타고 있거든요.

실험 방법

1 쿠킹 포일에 연필을 올려 돌돌 말고, 남은 쿠킹 포일을 배배 꼰 다음 연필을 빼내서 파이프를 만든다.

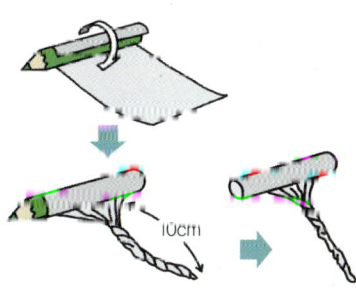

2 불꽃 아래쪽에 파이프를 댄다. 파이프 끄트머리에서 나오는 연기에 다른 촛불을 갖다 댄다.

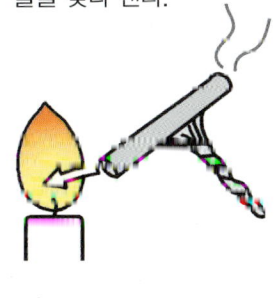

왜 불이 붙을까요?

양초의 밀랍이 녹으면 가스가 돼요. 이 가스가 타면서 불꽃을 내고요. 하얀 연기에는 검은 연기와 달리 가스가 포함되어 있어 불이 붙는답니다.

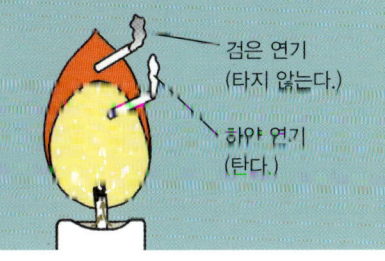

— 검은 연기 (타지 않는다.)
— 하얀 연기 (탄다.)

⚠ 불을 사용할 때는 반드시 어른과 함께 실험하세요.

푸코의 발명과 발견

지구가 하루 한 번 회전(자전)한다는 사실은 잘 알려져 있어요. 그런데 우리가 일상생활을 할 때는 지구가 돈다고 느끼지 못해요. 세계 최초로 지구의 자전을 눈으로 확인한 사람은 푸코랍니다.
푸코는 지구의 자전을 어떻게 관찰했을까요?

레옹 푸코 (1819~1868·프랑스)

1851년 1월 6일 '꽃의 도시' 파리

어느 지하실

갈릴레이 선생님께서 말씀하셨지. "그래도 지구는 돈다."고.

지구가 돈다는 건 어느 책에나 나오는 말이지만……

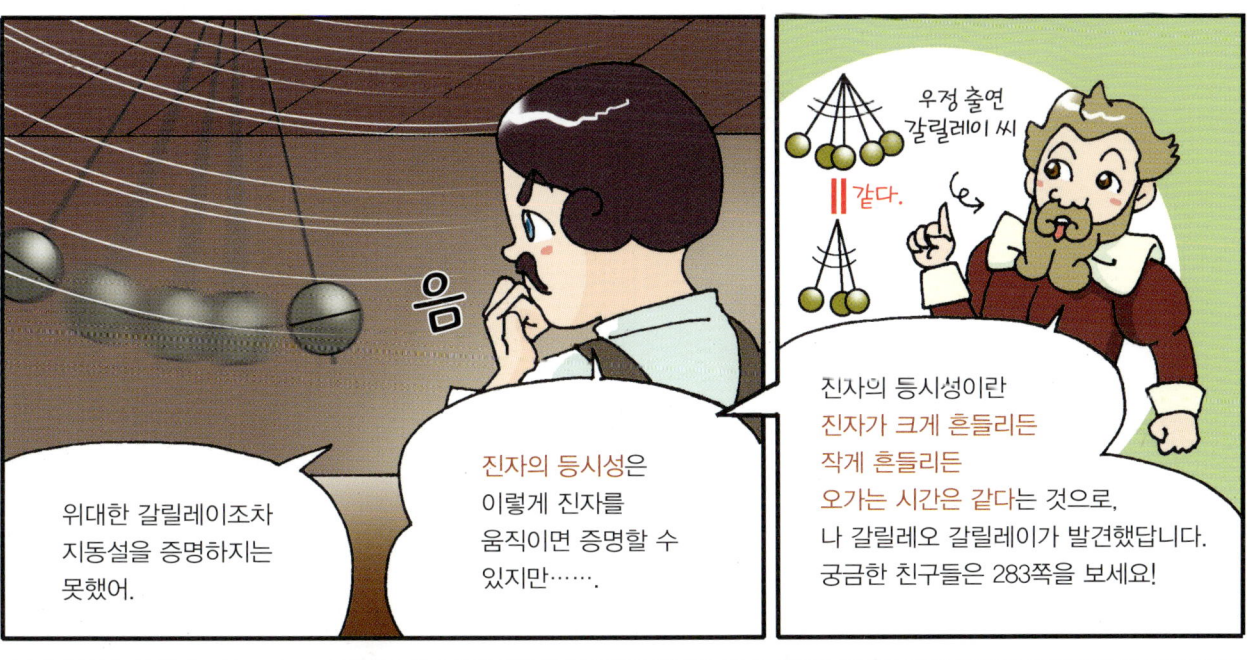

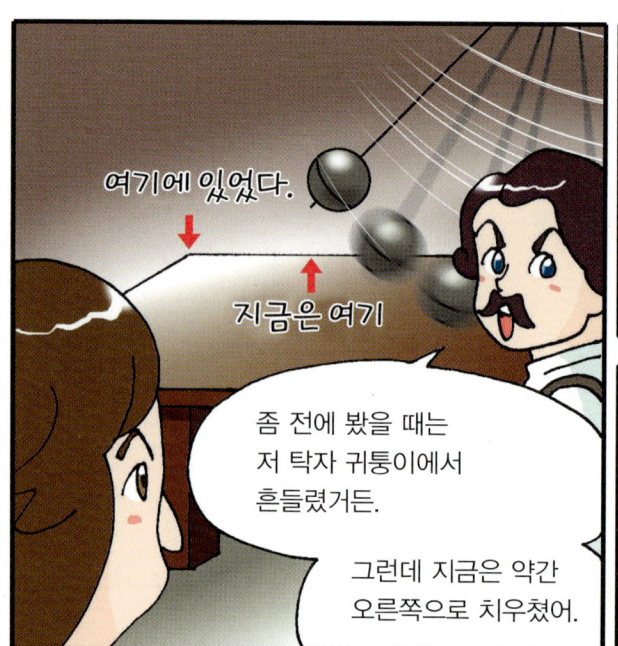

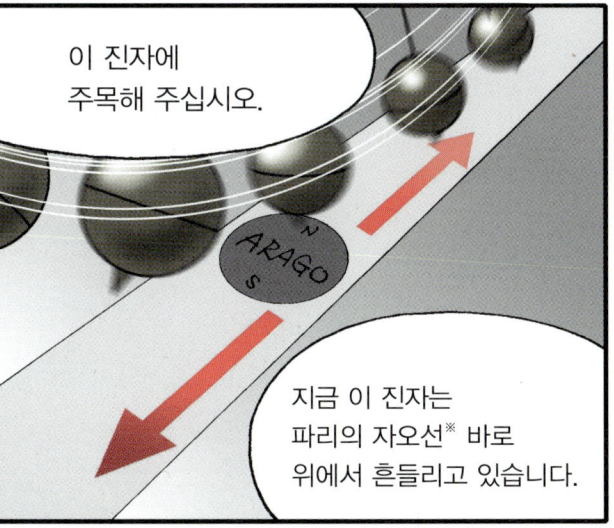

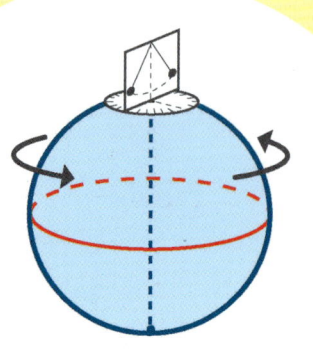

실험 14 — 푸코의 발명처럼……
비스듬히 돌아가는 팽이

발명·발견 실험

지구의 자전을 눈에 보이는 방식으로 증명한 푸코는 연구를 계속해 힝상 같은 방향으로 돌아가는 '자이로스코프'라는 팽이를 발명했어요.
우리도 팽이를 만들어 실험해 보아요.

만드는 법은 다음 쪽으로!

비스듬히 돌아가는 팽이 만드는 법

준비물

- 작은 플라스틱 용기(구멍을 뚫어도 갈라지지 않는 튼튼한 재질) • 이쑤시개 • 송곳

만드는 법

1 플라스틱 용기 바닥 가운데에 이쑤시개보다 약간 작은 구멍을 뚫는다.

자세히 보면 바닥 가운데 배꼽처럼 작은 점이 보여요. 이 점을 겨냥하세요.

★ 송곳을 사용하는 작업은 손을 다칠 위험이 있으니 꼭 어른에게 부탁하세요.

송곳

2 구멍에 이쑤시개를 수직으로 찔러 넣는다. 컵 높이의 절반보다 약간 위 지점에서 멈춘다.

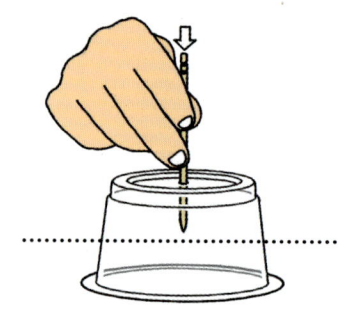

3 사인펜이나 매직 펜 뚜껑처럼 꼭대기에 작은 점이 팬 물건에 플라스틱 용기를 올리고 돌린다. (손가락 위에서도 어느 정도는 돌아간다.)

살짝 들어간 부분에 팽이의 축을 올려 돌려요.

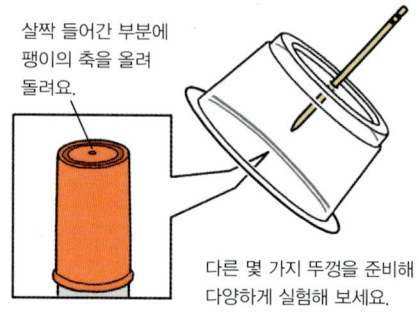

다른 몇 가지 뚜껑을 준비해 다양하게 실험해 보세요.

4 축이 흔들리며 안정되지 않을 때는 이쑤시개 높이를 조정한다. 높이가 잘 맞으면 고정된 상태로 돌아간다.

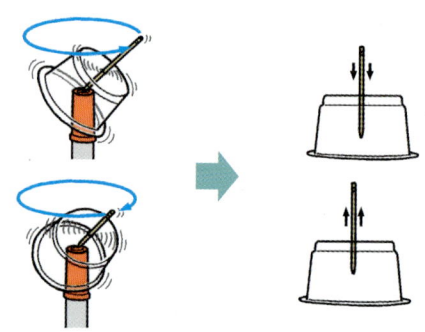

❓ 왜 비스듬한 상태에서 돌아갈까요?

팽이는 돌아갈 때 회전축의 방향이 바뀌지 않는 성질이 있지만, 비스듬한 상태에서는 중력의 영향을 받아 넘어져요. 하지만 이 실험에 사용한 팽이는 비스듬한 상태에서도 균형을 잡고 그대로 뱅글뱅글 돌아가지요. 이쑤시개 끝이 팽이 전체의 중심이 되도록 하는 게 비결이랍니다.

중심

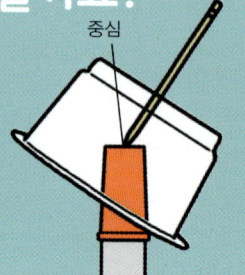

다양한 도구로 실험해 보세요.

플라스틱 컵   깔때기

간장병 마개

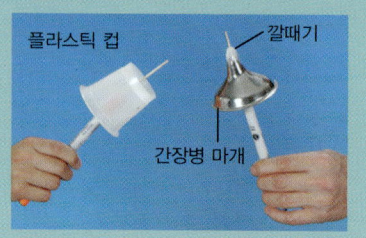

● 송곳처럼 뾰족한 도구를 다룰 때는 다치지 않도록 조심하세요.

아르키메데스의 발명과 발견

지금으로부터 약 2천 년 전, 먼 옛날 그리스에 아르키메데스라는 수학 천재가 살았어요. 그는 다양한 도구를 발명한 지혜로운 사람이었어요. "유레카(찾았다)!"라고 외치며 욕조에서 벌거벗은 채 뛰쳐나왔다는 이야기로 유명하지요.

발명·발견·실험

아르키메데스의 발명

물을 퍼 올리는 펌프(나선식 펌프)

무거운 물건을 들어 올리는 기계(기중기)

내 이름은 아르키메데스.

그리스의 수학자이자 발명가이지요.

지렛대의 원리

햇빛을 모아 적의 배를 불태운 전략

투석기

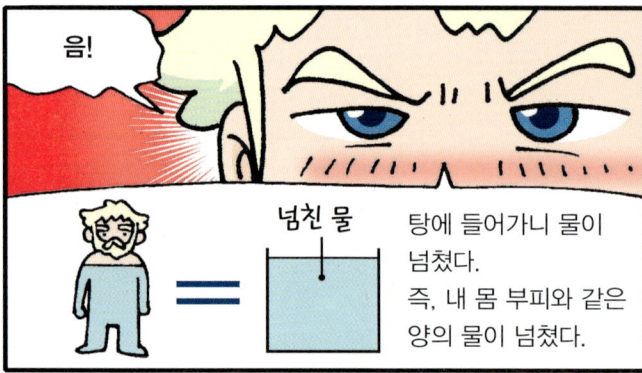

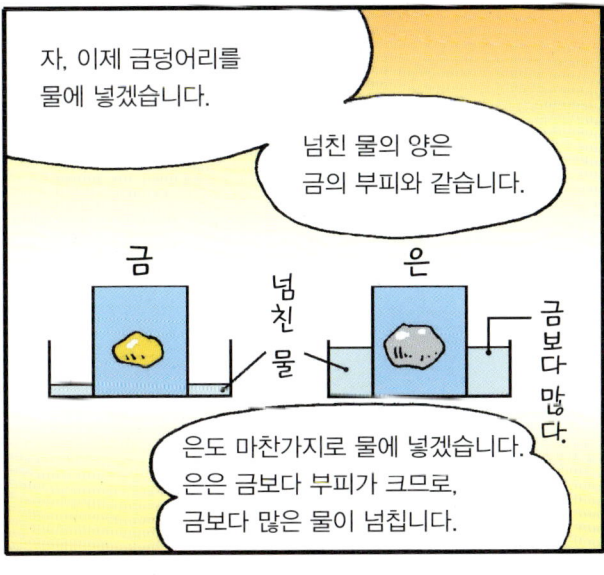

실험 15 같은 무게의 초콜릿인데……

여기에 달걀 모양 초콜릿이 있어요. 안까지 전부 초콜릿일까요?
아니면 바삭한 과자가 들어 있는 초콜릿일까요?
아르키메데스의 발명처럼 물속에 넣었더니…….

먼저 양팔 저울을 만들고, 이것으로 무게를 달아서 달걀 모양 초콜릿과 같은 무게의 판 초콜릿을 준비해요.

양팔 저울 만드는 법

1. 플라스틱 컵을 점선과 같은 모양으로 2개 오려 낸다.

입이 닿는 쪽 가장자리는 오려 내요.

2. 위를 맞추어 스테이플러로 찍어서 고정한다.

3. 균형을 맞추고 일회용 나무젓가락 등에 실을 묶어 매단다.

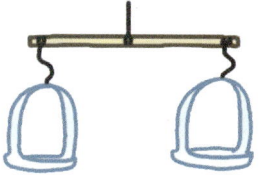

⚠ 플라스틱 컵을 자를 때는 손을 베지 않도록 주의하고, 어른에게 도와달라고 부탁하세요.

물속에서 한쪽으로 기울어진다!

물속에서는 달걀 모양 초콜릿이 가볍다!

달걀 모양 초콜릿을 잘라 보았더니 안에 바삭 바삭한 과자가 들어 있었네요.

달걀에 구멍을 뚫어 속을 비워 껍데기를 씻어서 말려요. 냄비에 녹인 초콜릿을 달걀 껍데기 안에 조심조심 따라 부어 달걀 모양 초콜릿을 만들어요. 초콜릿이 굳기 전에 바삭한 과자를 넣어요.

? 왜 가벼울까요?

물속에서는 물체를 띄우는 힘이 작용해요. 이 힘을 '부력'이라고 불러요. 부력은 물체가 물을 밀어 내는 힘과 같아요. 같은 무게이 그냥 초콜릿보다 과자가 들어간 초콜릿이 부피가 커요. 그래서 그만큼 부력도 크게 작용하지요.

359

파스퇴르의 발명과 발견

루이 파스퇴르
(1822~1895 · 프랑스)

어떤 물질이 부패하는 원인도, 질병에 걸리는 원인도 확실하게 밝혀지지 않았던 시대. 눈에 보이지 않는 균이 물질에 붙어 증식하는 현상을 발견한 과학자가 있었어요. 그의 이름은 파스퇴르! 파스퇴르 덕분에 우리가 병에 걸리지 않도록 미리 막는 예방 의학이 크게 발전했답니다.

파스퇴르의 발명

주석산염 결정

와인을 만들 때 통 바닥에 주석산염이라는 물질이 쌓인다. 파스퇴르는 현미경을 이용해 이 물질의 결정 구조를 연구했다.

광견병 백신

광견병 예방 백신(주사액)을 만들었다.

저는 프랑스의 과학자 파스퇴르라고 합니다.

현미경을 사용해 이런저런 발견을 해서 이름을 알렸죠.

저온 살균법

음료와 음식을 고온에서 살균하면 맛이 변한다. 파스퇴르는 최대한 맛이 변하지 않도록 저온에서 살균하는 방법을 발견했다.

누에의 질병

비단을 만드는 누에에게 퍼지는 전염병이 있다. 파스퇴르는 현미경으로 몇 개월 동안 누에를 관찰해 이 병의 원인균을 발견했다.

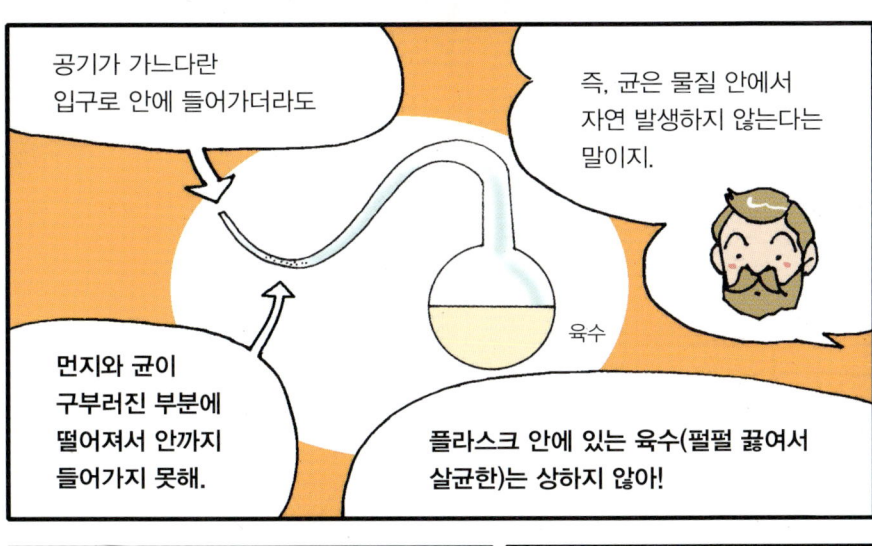

실험 16 — 파스퇴르의 생각처럼 균을 막았더니……
카레가 멀쩡했다!

파스퇴르는, 균이 자연 발생하지 않고 외부에서 온다고 생각했어요.
그래서 실험! 끓는 물에 펄펄 끓여 살균한 카레를 뚜껑을 꽉 닫은 병에 담아서 사흘을 두었더니 거의 상하지 않고 멀쩡했답니다.

살균 후 균이 들어가지 못하도록 뚜껑을 꽉 닫는다.
살균 후 뚜껑을 닫지 않는다.

3일 후……

거의 상하지 않았다.
완전히 상했다.

준비물
- 큼직한 양푼
- 냄비
- 국자
- 카레
- 빈 유리병 2개
- 목장갑
- 일회용 나무젓가락

실험 방법
● 반드시 어른과 함께 실험하세요.

1. 카레를 만들어 2분가량 펄펄 끓여 살균한다.

2. 유리병과 뚜껑을 끓는 물에 약 2분 동안 삶아 살균한다.
뜨거우니 조심하세요.

3. 일회용 나무젓가락으로 뜨거운 물에서 병과 뚜껑을 건져 내고, 카레가 식기 전에 병에 담고 바로 뚜껑을 가볍게 닫는다. 1~2분 후에 안에 있던 공기가 빠져나오면 뚜껑을 다시 꽉 닫는다.

4. 병에 담은 카레를 끓는 물에 넣고 10분 정도 살균한다.

병 입구에 묻은 카레는 깨끗이 닦아 내요.

뜨거운 병을 만질 때는 목장갑을 끼세요.
살짝 / 꽉

5. 일회용 나무젓가락으로 병을 건져 내고 약 30분 후에 병 1개만 뚜껑을 열어 둔다.

뜨거운 병을 만질 때 조심하세요.

⚠ 실험에 사용한 카레는 절대 먹지 마세요.

10장

한눈에 쏙쏙! 척척 이해한다!

자유 탐구 보고서 쓰는 법

여러분이 지금까지 했던 실험을 자유 탐구 과제로 활용해 보세요.
한눈에 잘 들어오고 이해하기 쉽게 정리하는 비결을
몇 가지 소개할 테니 참고해 보세요.

자유 탐구 완전 정복

한눈에 쏙쏙! 척척 이해한다!

1 제목을 큼직하게 적는다.

어떤 실험인지, 무엇을 조사했는지 확실하게 알 수 있도록 제목을 짓는다.
눈에 잘 들어오게 큼직한 글씨로 또박또박 쓴다.

2 실험 동기를 적는다.

어떤 계기로, 어떻게 이 자유 탐구 과제를 정해 실험하게 되었는지를 적는다.

3 실험 방법을 적는다.

어떤 재료와 도구로 어떻게 실험했는지를 쓴다.
실험 순서를 적고 그림과 사진 등을 활용해 설명하면 이해하기 쉽다.
어떤 결과를 예상했는지도 함께 적어 보자.

4 실험 결과는 표로 정리하거나 사진을 찍어서 붙인다.

실험 결과를 표로 정리하면 한눈에 쏙 들어온다. 사진을 붙이거나 관찰 일기를 그리는 등 다양한 방법을 써 보자.

5 알아낸 사실과 감상을 적는다.

실험 결과 알아낸 사실을 정리해서 쓴다. 이 자유 탐구를 통해 무엇을 느꼈는지 감상도 야무지게 덧붙인다. 실험하며 아쉬웠던 점이 있으면 함께 쓴다. 마지막에 앞으로 또 어떤 연구를 하고 싶은지 적으면 좋다.

● 비교 실험을 할 때는 하나만 조건을 바꾸고 나머지는 조건이 같아야 해요.

〈자유 탐구 보고서 작성법 예시 ❶〉

다양한 재료를 냉동실에서 얼리는 실험 결과를 정리한 예입니다.
(60~64쪽 실험 참고)

냉동실 꽁꽁 실험

실험 동기: 초콜릿을 냉동실에 넣었더니 푸석푸석해지며 표면이 하얗게 변했습니다. 다른 음식을 냉동실에 넣으면 어떻게 될지 궁금해 조사해 보고 싶었습니다.

실험 방법: 다양한 식재료를 냉동실에 하룻밤 동안 넣어 두었습니다. 액체는 플라스틱 컵을 자른 용기에 담았습니다.

컵을 잘라 이 부분을 사용했다.

예상: 모든 재료가 초콜릿처럼 푸석푸석해지며 딱딱하게 굳을 거라고 예상했습니다.

실험 결과

- **두부**: 노르스름해지며 푸석푸석하게 얼었다.
- **곤약**: 푸석해지며 얼었다.
- **날달걀**: 얼었다. 껍질을 깨뜨렸더니 노른자가 비쳐 보였다.
- **낫토(청국장)**: 얼었다. 특유의 냄새가 나지 않았다.
- **케이크**: 생크림과 스펀지케이크, 딸기까지 모조리 얼어서 푸석푸석해졌다.
- **껌**: 딱딱하게 얼어 조각조각 쪼개졌다.
- **마시멜로**: 딱딱해졌다. 눌러도 찌그러지지 않았다.
- **콜라**: 부피가 늘면서 얼었다. 물을 얼렸을 때보다 양이 많아졌다.
- **꿀**: 딱딱해졌지만, 완전히 얼지는 않았다.
- **케첩**: 살짝만 얼었다.
- **간장**: 살짝만 얼었다.
- **딸기 시럽**: 완전히 얼지는 않고 살캉살캉해졌다.

알아낸 사실

냉동실에 하룻밤을 넣어 두면 푸석푸석해지며 어는 재료가 많았습니다. 그런데 설탕이나 소금이 많이 들어간 음식은 잘 얼지 않았습니다. 다음에는 얼었던 음식이 녹으면 어떻게 되는지 실험해 보고 싶습니다.

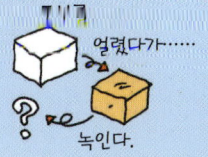

얼렸다가······ 녹인다.

자유 탐구 보고서 쓰는 법

〈자유 탐구 보고서 작성법 예시 ❷〉

우유에 레몬 등을 넣는 실험을 정리한 예입니다.
(182~183쪽 실험 참고)

우유의 변신 실험

실험 동기 요리를 만들 때 우유에 레몬을 넣어 굳혔다. 다른 재료를 넣어도 굳을지 조사해 보기로 했다.

실험 방법과 결과

1. 우유에 다양한 재료를 넣고 어떻게 변하는지 관찰했다. 넣은 직후와 2시간 후로 나누어 관찰했다.

넣은 재료 (우유의 모습) 3큰술	레몬즙	식초	오렌지즙	탄산 레몬 주스	소금물 물 100cc 소금 2큰술	설탕물 물 100cc 설탕 2큰술
넣은 직후	몽글몽글하게 뭉쳤다.	몽글몽글하게 뭉쳤다.	살짝 뭉쳤다.	변화가 없다.	변화가 없다.	변화가 없다.
2시간 후	투명한 물이 생겼다. 뭉쳤다	누런 물이 생겼다. 식초 냄새가 난다. 뭉쳤다.	오렌지색 물이 살짝 생겼다. 뭉쳤다.	변화가 없다.	변화가 없다.	변화가 없다.

2. 레몬즙을 넣어 생긴 우유 덩어리를 커피 필터에 걸렀다.

커피 필터 → 하얀 크림 같다. 먹어 봤더니 꾸덕꾸덕한 치즈케이크 같은 맛이 났다.

투명하고 노르스름한 액체가 생겼다. 핥아 보았더니 새콤한 레몬 맛이 났다. 물에 타서 설탕과 얼음을 넣어 마셨더니 유산균 음료 비슷한 맛이 났다.

알아낸 사실 우유에 새콤한 재료를 넣으면 굳는다는 사실을 알아냈다. 우유가 따뜻할수록 빨리 굳었다. 책과 인터넷을 검색해서 '우유 속 **카세인**이라는 단백질이 새콤한 물질(산성 물질)과 만나면 굳는다'는 사실을 찾아냈다. 실험 덕분에 치즈와 유산균 음료가 생겼다. 맛있는 간식까지 덤으로 얻은 즐거운 실험이었다.

⟨자유 탐구 보고서 작성법 예시 ❸⟩

적양배추를 이용해 색이 변하는 실험을 정리한 예입니다.
(162~165페이지 실험 참고)

적양배추 변색 실험

실험 동기 샐러드에 들어 있는 적양배추에 레몬즙을 뿌렸더니 양배추 색이 변했다. 신기해서 실험을 직접 해 보기로 했다.

실험 방법

1. 적양배추를 가늘게 채썰기한 뒤에 작은 냄비에 데치면 물이 빠져 고운 보라색 물이 만들어진다.
2. 식혀서 체에 밭친다. (양배추는 버리지 말고 챙겨 둔다.) → 보라색 물
3. 작은 그릇에 나눠 담아 실험한다.

● 실험에 사용한 재료

 레몬즙 - 레몬을 짜서 즙을 사용했다.
 식초 - 그대로 뿌렸다.
 소금물 - 소금을 물에 녹여 진한 소금물을 만들었다.
 곤약 국물
 달걀흰자 - 투명하고 말간 부분

실험 결과

넣기 전

넣고 나서
| 레몬즙 | 식초 | 소금물 | 곤약 국물 | 달걀흰자 |
   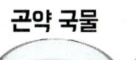

알아낸 사실 책과 인터넷을 찾아보았더니

보라색 물이 불그스름하게 변하면 **산성**, 푸르스름하게 변하면 알칼리성이라고 한다. 따라서 불그스름하게 변한 레몬즙과 식초는 산성이다. 또 파랗게 변한 곤약 국물과 달걀흰자는 알칼리성이라는 사실을 알아냈다. 색이 변하지 않았던 소금물은 중성이라는 사실도 배웠다.

 산성
 알칼리성

★ 키친타월에 적셔 실험해도 색깔이 변해요.

감상 다양한 산성, 알칼리성 물질을 알아낼 수 있어서 재미있었다. 다음에는 고운 색이 나는 물을 이용해서 천에 염색을 해 보고 싶다.

〈자유 탐구 보고서 작성법 예시 ❹〉

포비돈 요오드를 이용해 음식에 전분이 들어 있는지를 조사하는 실험을 했습니다.
(48~49쪽 실험 참고)

포비돈 요오드로 음식에 들어 있는 전분 조사

실험 동기: 과학 동아리에서 요오드 용액을 활용해 전분을 찾는 실험을 했습니다. 감기에 걸렸을 때 목에 뿌리는 인후 스프레이도 같은 성분이라는 사실을 알게 되어 식품의 전분을 찾는 실험을 직접 해 보았습니다.

실험 방법:
1. 물 40mL에 '포비돈 요오드' 성분이 들어 있는 인후 스프레이를 10mL 넣는다.
2. 다양한 음식에 조금씩 뿌린다.
3. 보라색으로 변하면 전분이 들어 있는 것이다.

실험 결과:

○…반응했다
△…약간 반응했다
✕…반응하지 않았다

주식		해산물, 육류, 달걀					채소				과일		가공식품				과자				
밥	식빵	데친 새우	익히지 않은 오징어	익히지 않은 참치	비엔나 소시지	삶은 달걀	오이	연근	당근	옥수수	키위	바나나	어묵	치즈	낫토(청국장)	두부	비스킷	팝콘	포테이토칩	땅콩	아몬드
○	○	✕	✕	✕	△	✕	△	○	○	△	○	○	△	○	✕	△	○	○	○	○	△

알아낸 사실:
☆ 밥과 식빵에는 전분이 있었다. 주식이라고 부르는 식품에는 전분이 들어 있는 모양이다.
☆ 비스킷은 식빵처럼 밀가루로 만든다. 팝콘은 옥수수로, 포테이토칩은 감자로 만든다. 원재료에 전분이 있으면 요리한 후에도 전분이 남는다.
☆ 조사해 보았더니 생선살을 발라 만드는 '어묵'에는 쫄깃한 식감을 내기 위해 전분을 섞는다고 한다.

〈자유 탐구 보고서 작성법 예시 ❺〉

우유팩으로 실험 작품을 만들어 실험해 보세요. 삼각뿔 여섯 개를 연결해 만드는 육각기둥. 펼쳐서 다시 조립하면 세 종류의 실험 결과를 볼 수 있답니다.
(56~59쪽 실험 참고)

〈예〉
과일 띄우기 실험 결과를 과일별로 적는다.
하늘색 테이프를 붙인 부분에 잘랐을 때의 결과를,
주황색 부분에 껍질을 벗겼을 때 결과를,
노란색 부분에 얼렸을 때 결과를 적는다.

만드는 법

준비물
- 1L 우유팩 6개
- 비닐테이프 3색(하늘색, 주황색, 노란색)
- 검은색 유성펜과 색색 사인펜
- 스카치테이프와 풀
- 가위

1 우유팩을 그림과 같은 모양으로 잘라 붙인다.

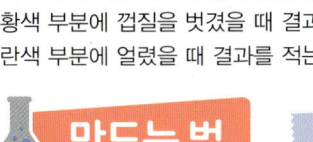

스카치테이프와 풀로 붙인다.
안으로 접어 넣을 부분을 남긴다.

2 삼각뿔 6개를 가지런히 늘어놓고, 하늘색 테이프로 그림처럼 이어 붙인다.

각 삼각뿔 사이를 3mm씩 띄운다.
가장자리에도 붙인다.
테이프를 붙이고 나서 뒤로 접어서 감는다.

3 그림과 같이 조립하고 주황색 테이프로 붙인다.

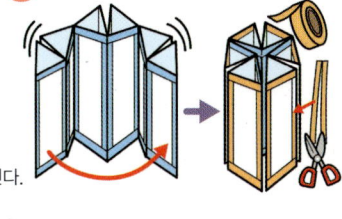

테이프를 세로로 두 군데 붙인다. 조립했을 때 같은 색 테이프가 보이도록 붙인다.

4 그림과 같이 조립하고 노란색 테이프를 붙인다.

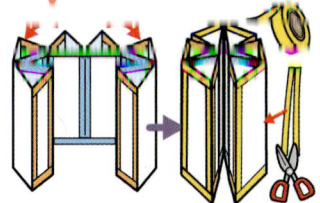

3과 똑같이 테이프를 세로로 두 군데 붙인다. 조립했을 때 같은 색 테이프가 보이도록 붙인다.

5 실험 결과 6개를 적어 넣는다.

다른 종이에 적어서 붙여도 괜찮아요.

6 두 종류의 실험 결과도 6개씩 적어 넣는다.

● 가위를 사용할 때는 다치지 않도록 조심하세요.

종이를 이용하여 실험하자

여기서부터는 2장 마술 실험과 3장 장난감 만들기 실험,
7장 우리 몸 실험에서 사용하는 견본 종이예요. 먼저 하늘색 선을 따라
전체를 잘라 내고, 그다음에 검은색 선을 따라 종이를 잘라요.
해당 쪽을 펼쳐 실험 방법을 꼼꼼히 읽고 도전해 보세요.

마술 실험 1·2·3·4 (66~69쪽)

가장 먼저 이 눈금부터 자르세요.

① ② ③ ③ ④

마술 실험 5·6 (70~71쪽)

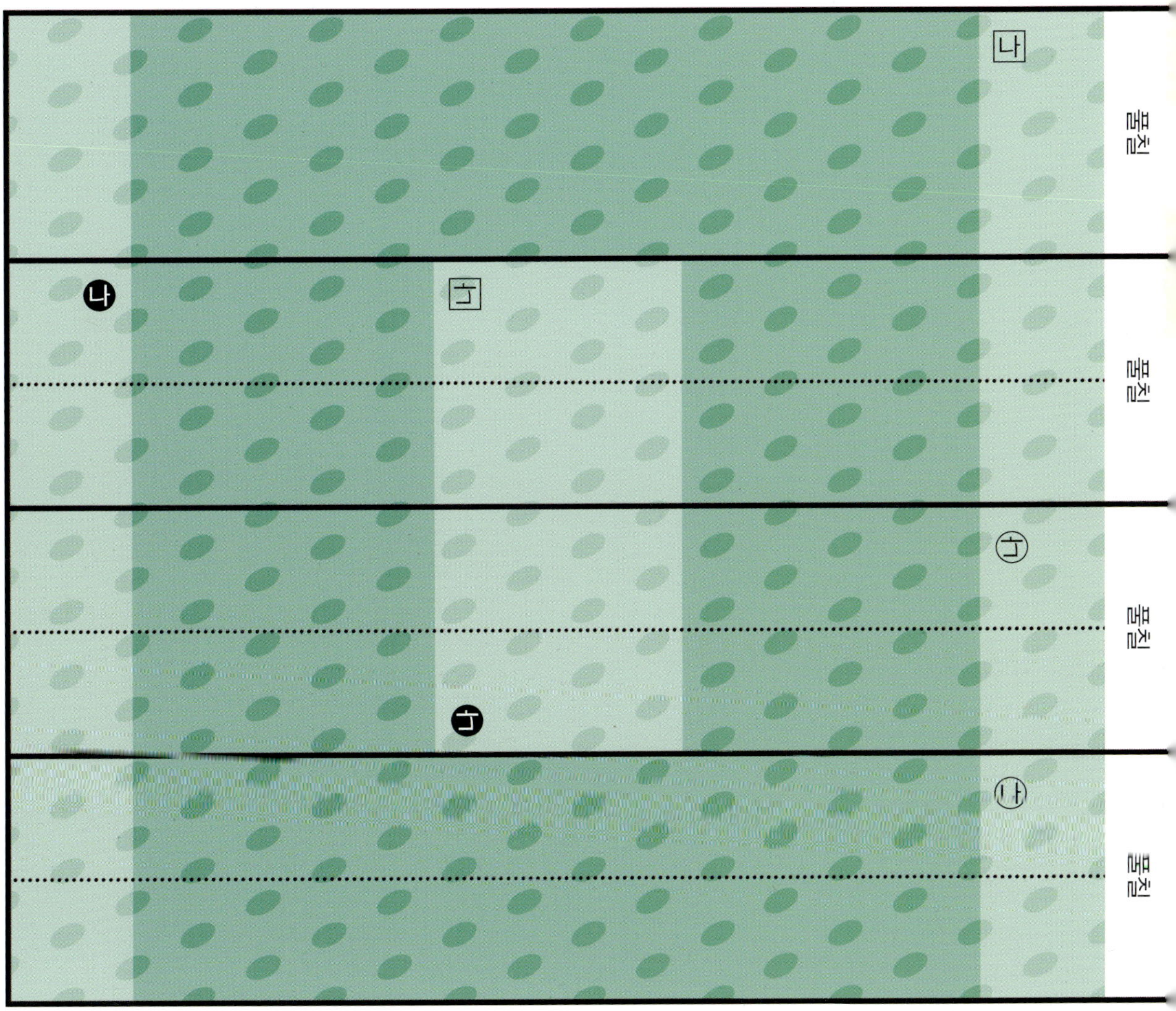

가장 먼저 이 부분부터 자르세요.

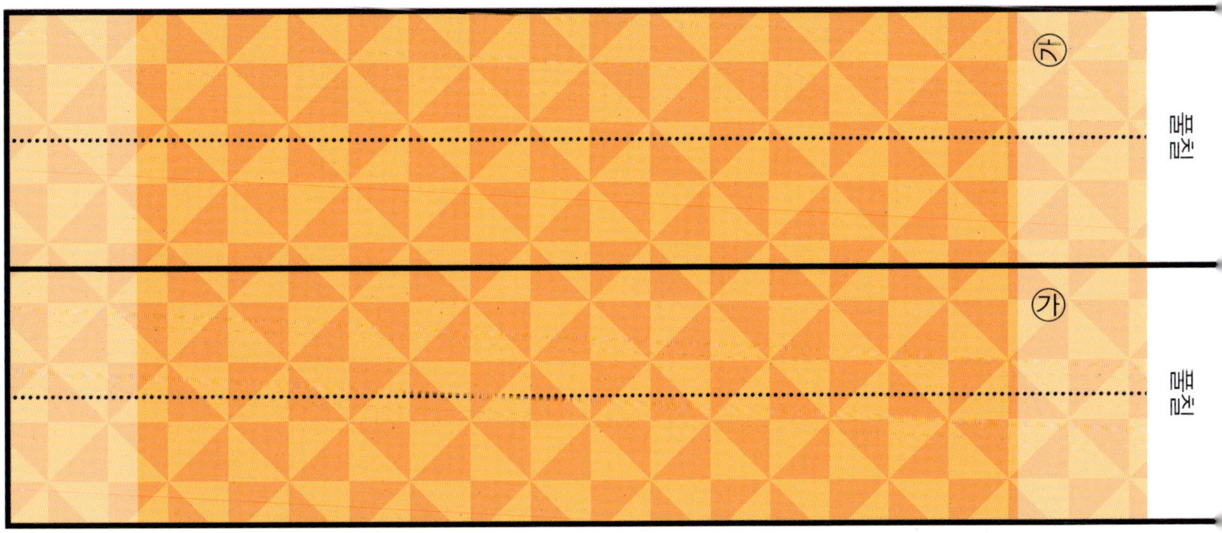

마술 실험 5

㉯ 끝

㉮ 끝

마술 실험 6

㉯ 끝

㉰ 끝

㉱ 끝

㉲ 끝

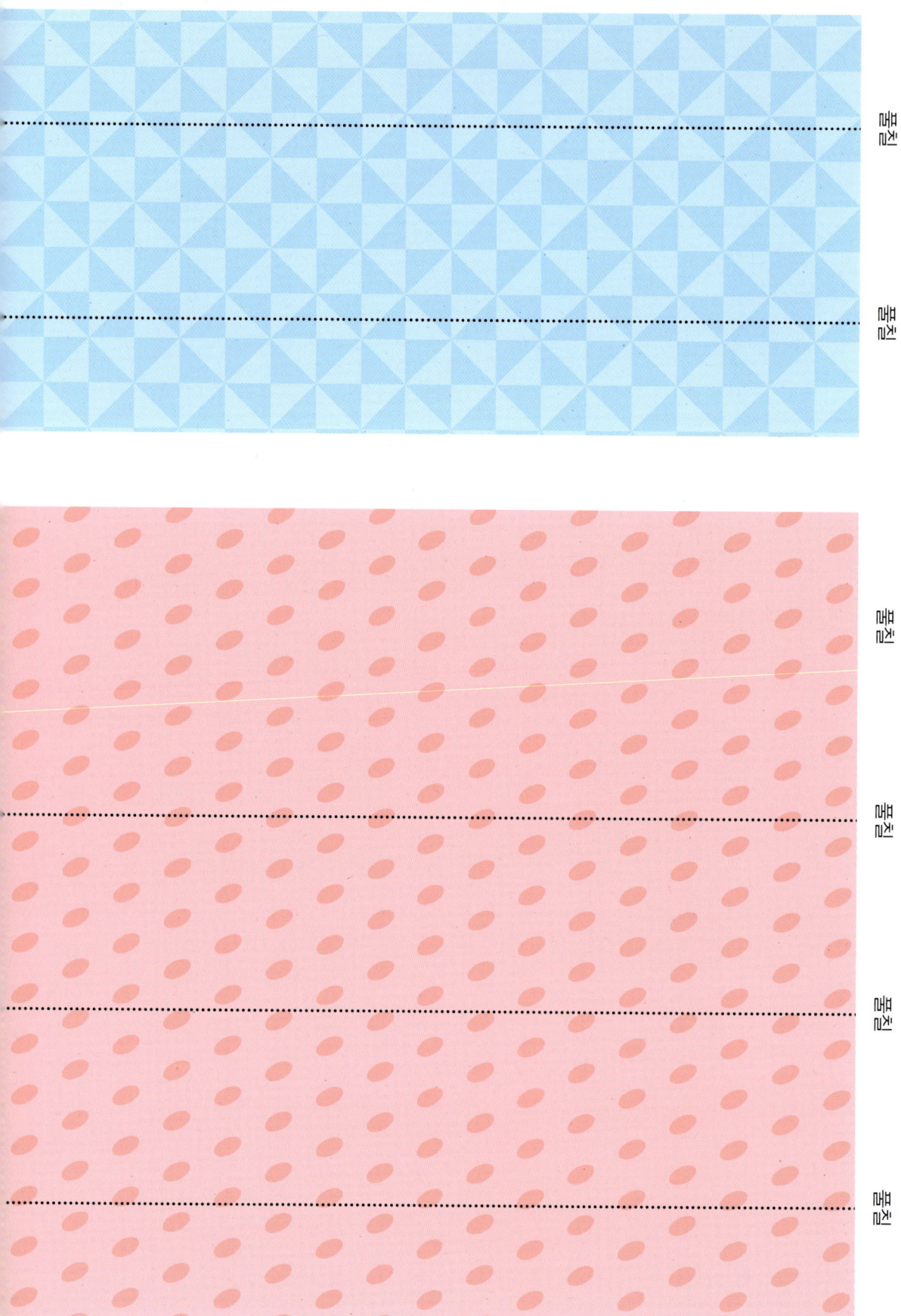

마술 실험 7·8 (72~73쪽)

마술 실험 7 (2회 분량)

마술 실험 8

마술 실험 8

가장 먼저 이 ▬ 부분부터 자르세요. ➡

마술 실험 9·11 (74~75·78쪽)

마술 실험 9 (세 종류)

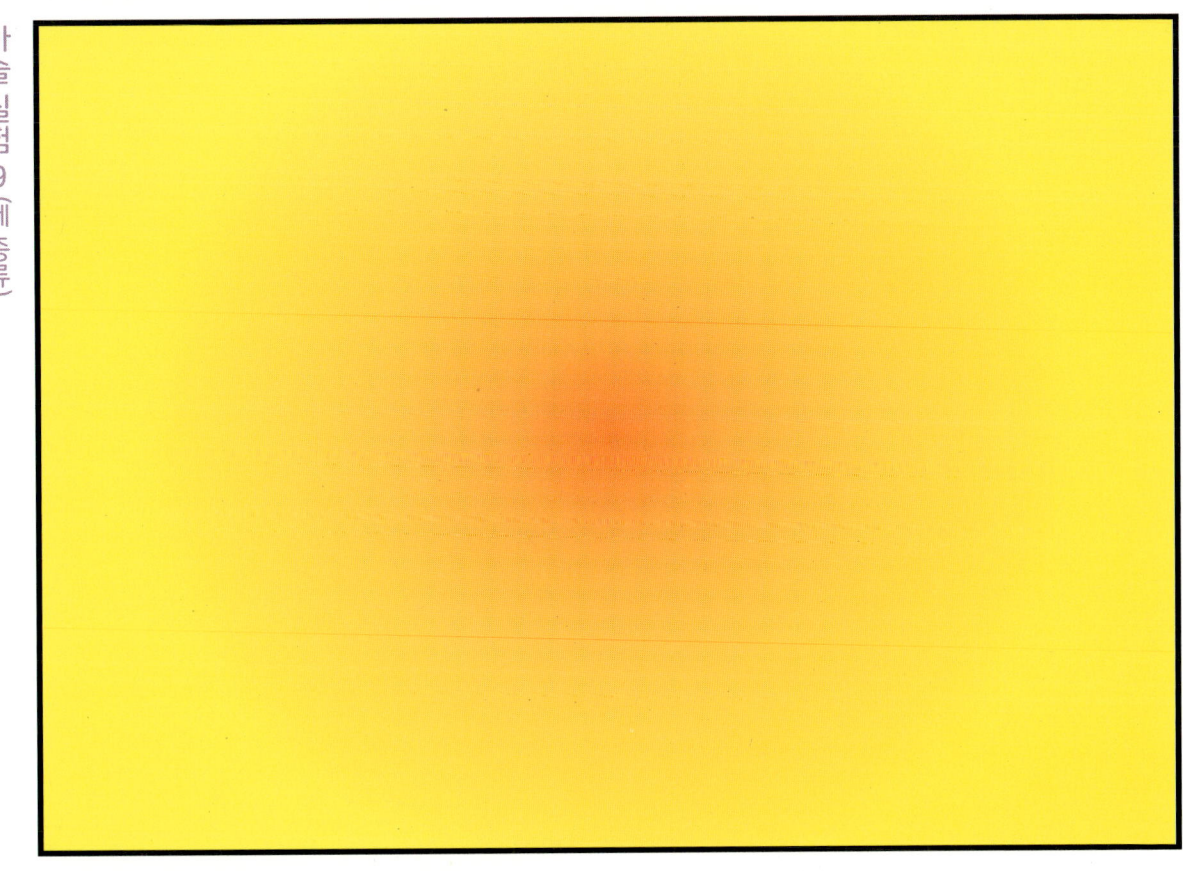

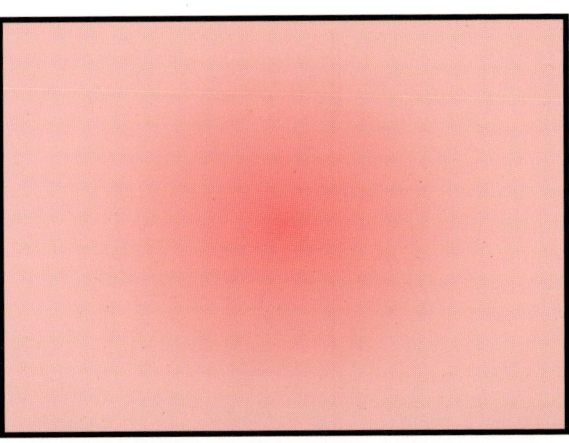

가장 먼저 이 부분부터 자르세요.

마술 실험 11 ➡

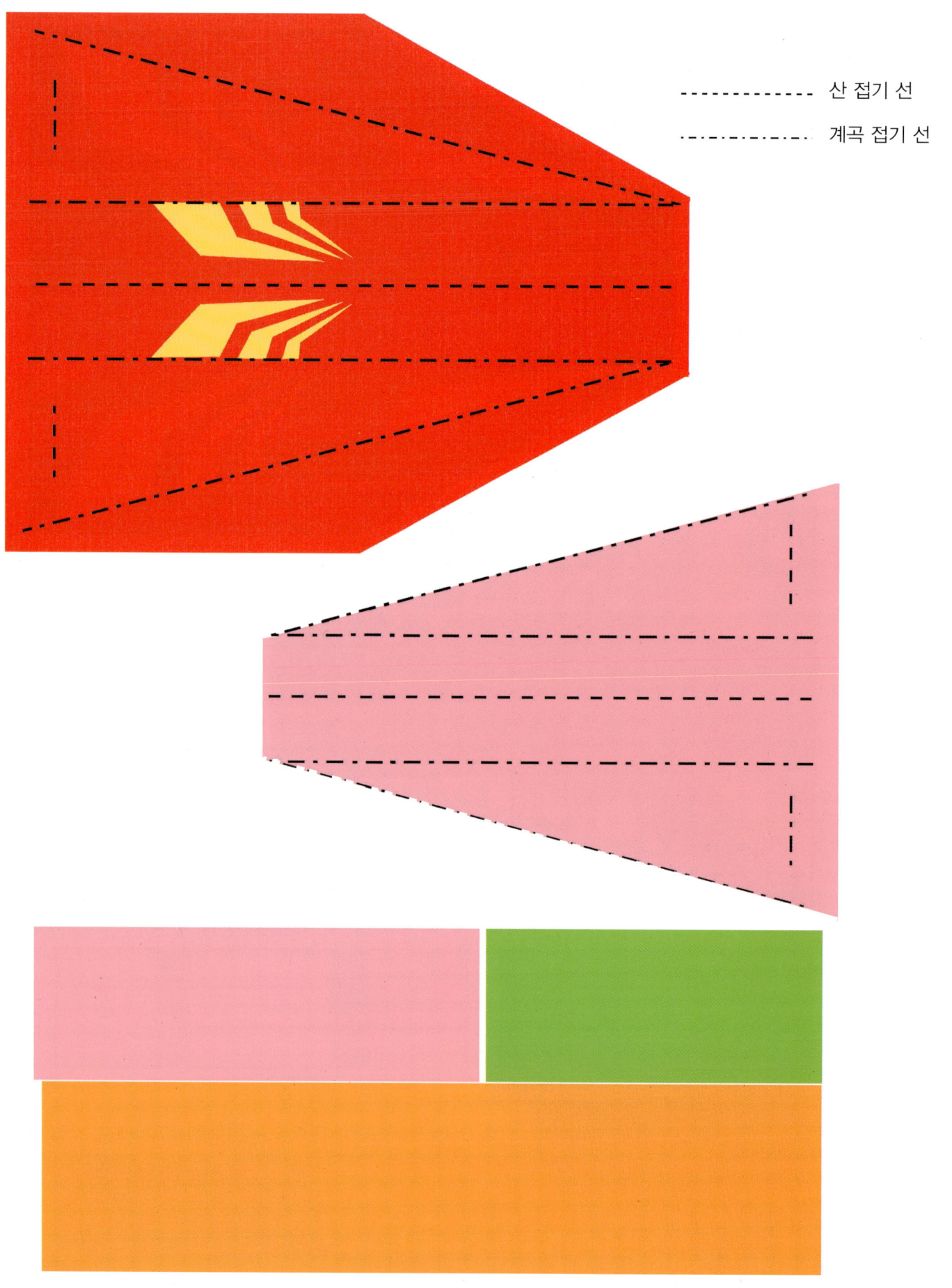

---------- 산 접기 선

-·-·-·-·- 계곡 접기 선

장난감 만들기 실험 9 (94~95쪽)

장난감 만들기 실험 9 (세워진 부분이 삼각형)

상난감 만들기 실험 9 (세워진 부분이 사각형)

가장 먼지이 부분부니 자르세요.

풀칠

풀칠

풀칠 풀칠

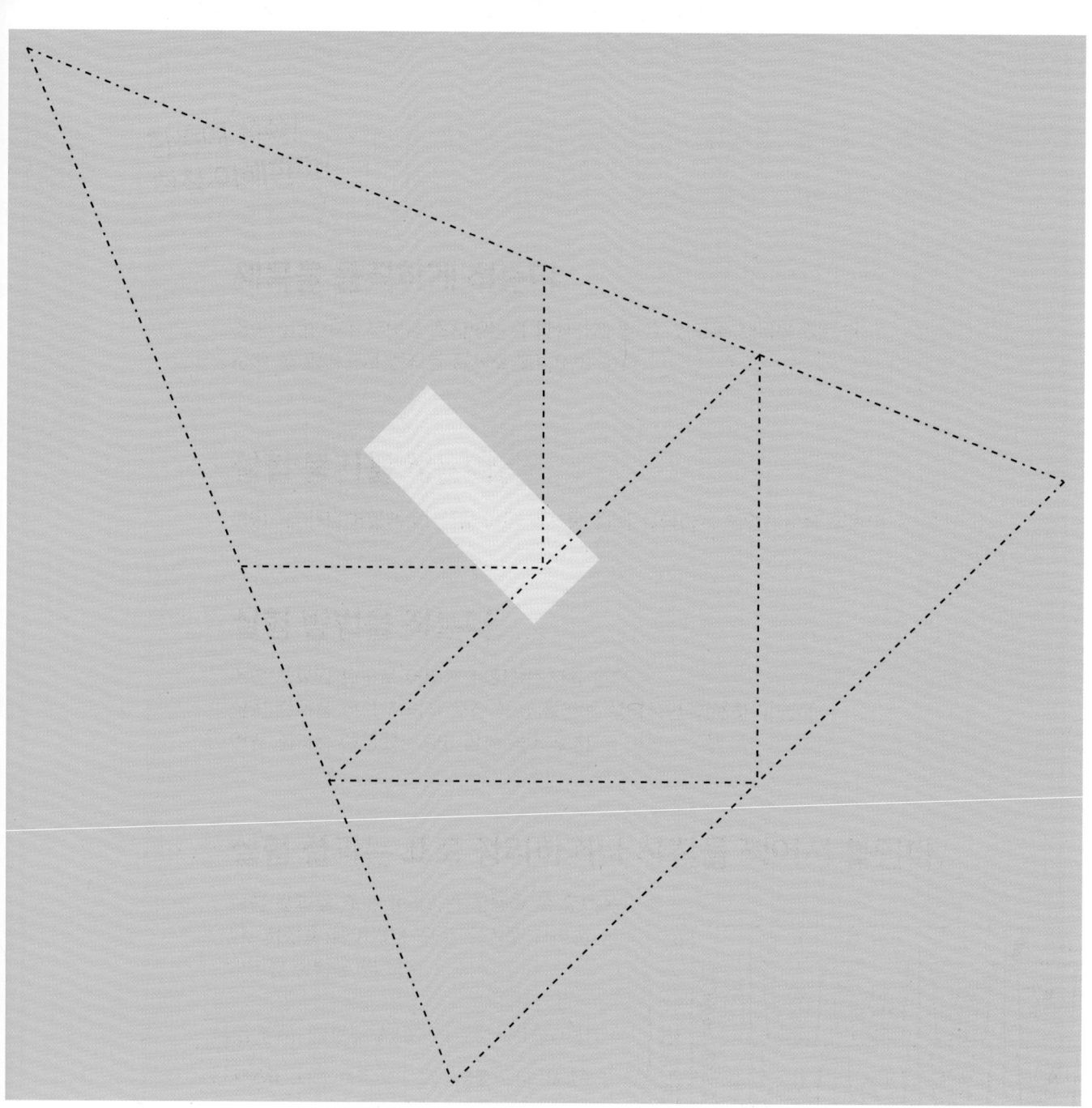

장난감 만들기 실험 11·12 (98~99쪽)

장난감 만들기 실험 11 ⬆

·········· 산 접기 선
·—·—·—· 계곡 접기 선

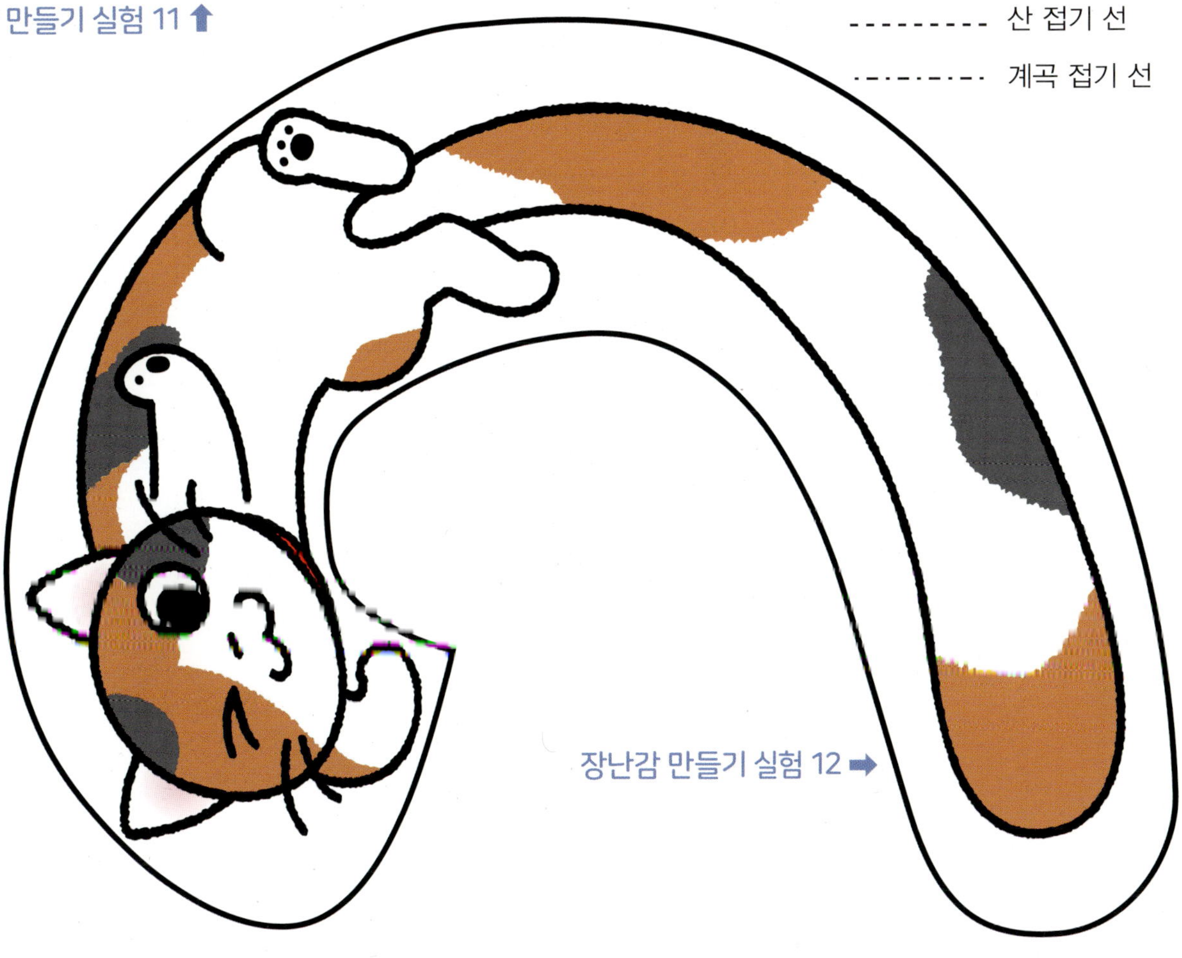

장난감 만들기 실험 12 ➡

가장 먼저 이 부분부터 자르세요. ➡

391

장난감 만들기 실험 13

------- 산 접기 선
------- 계곡 접기 선

↓ 하얀색 견본 종이에는 좋아하는 그림을 그려 보세요.

가장 먼저 이 부분부터 자르세요. ➡

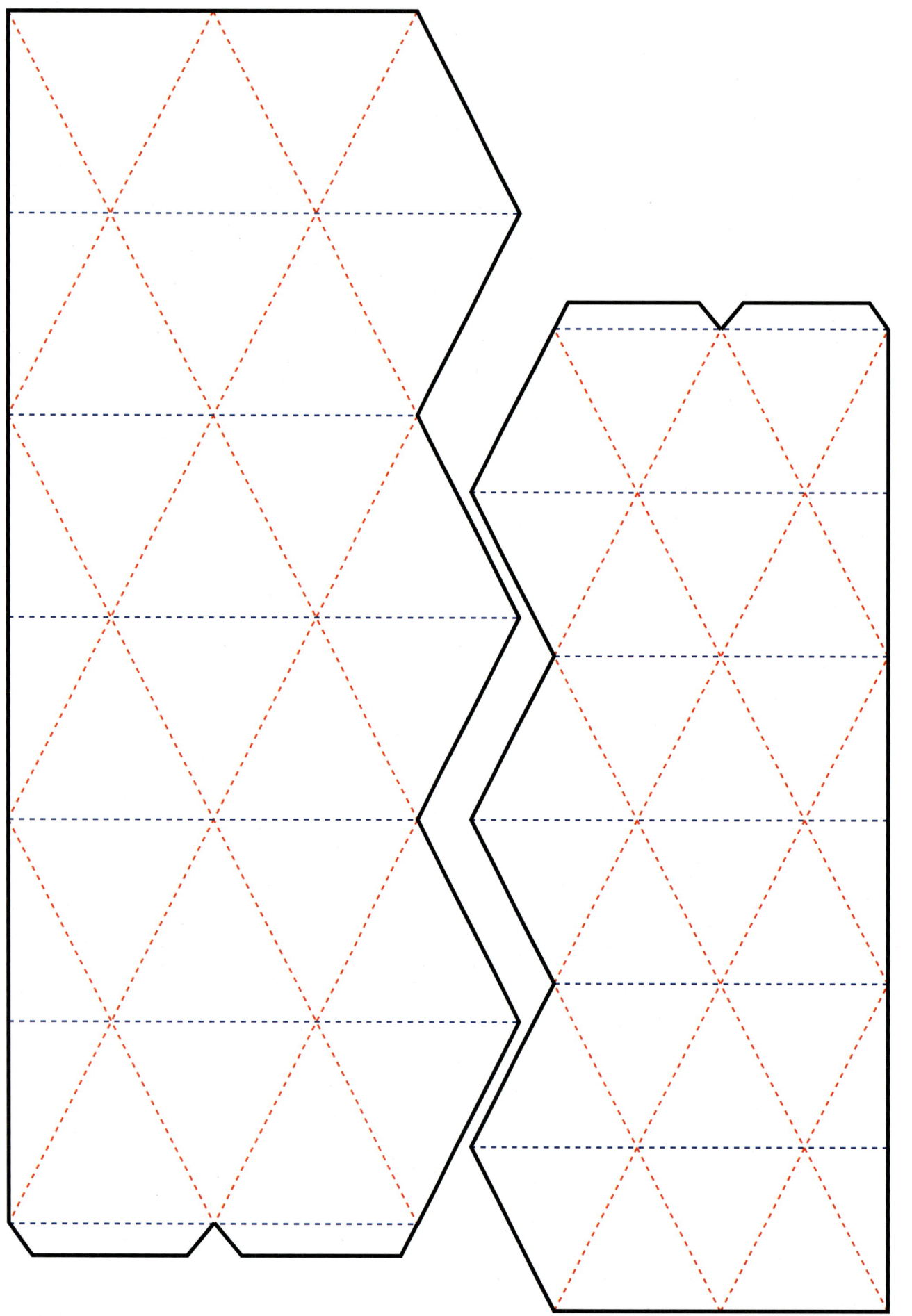

장난감 만들기 실험 18 (110~111쪽)

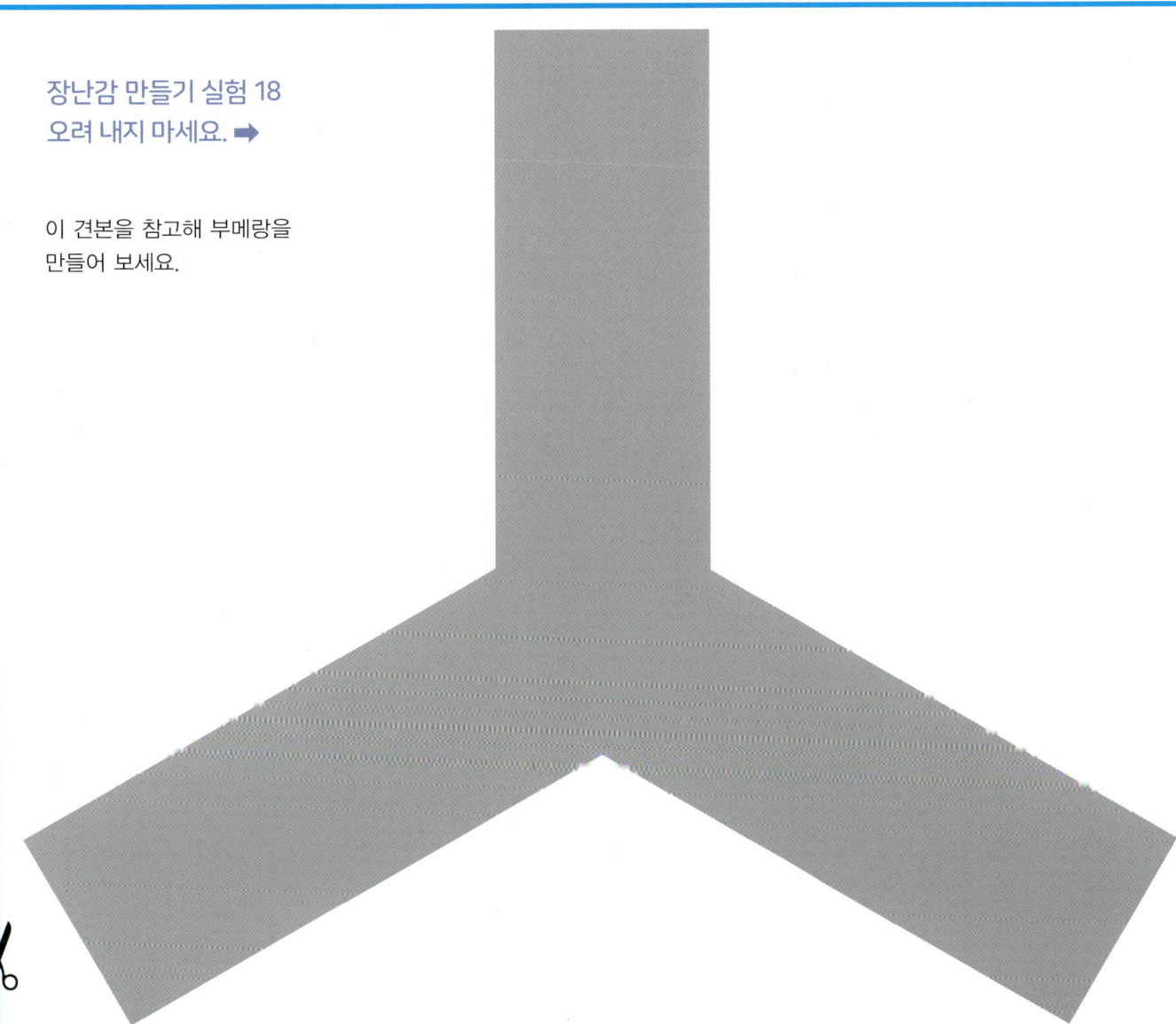

장난감 만들기 실험 18
오려 내지 마세요. ➡

이 견본을 참고해 부메랑을 만들어 보세요.

가장 먼저 이 부분부터 자르세요. ➡

395

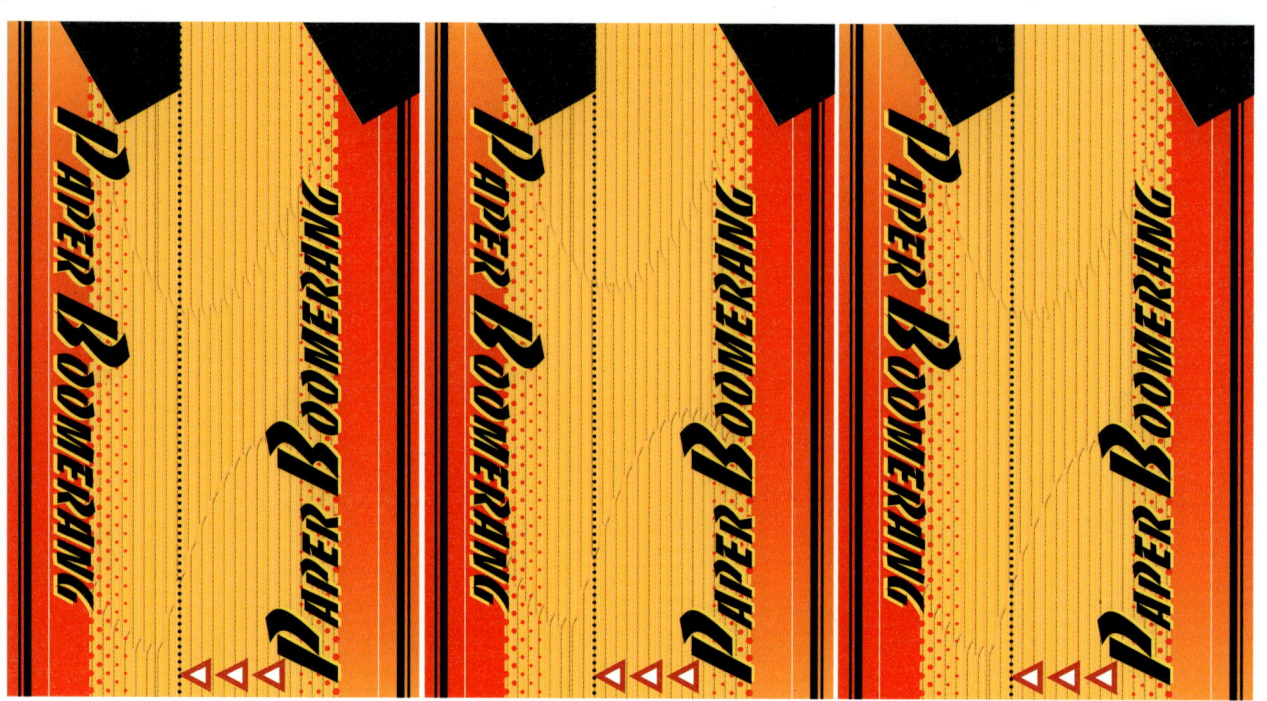

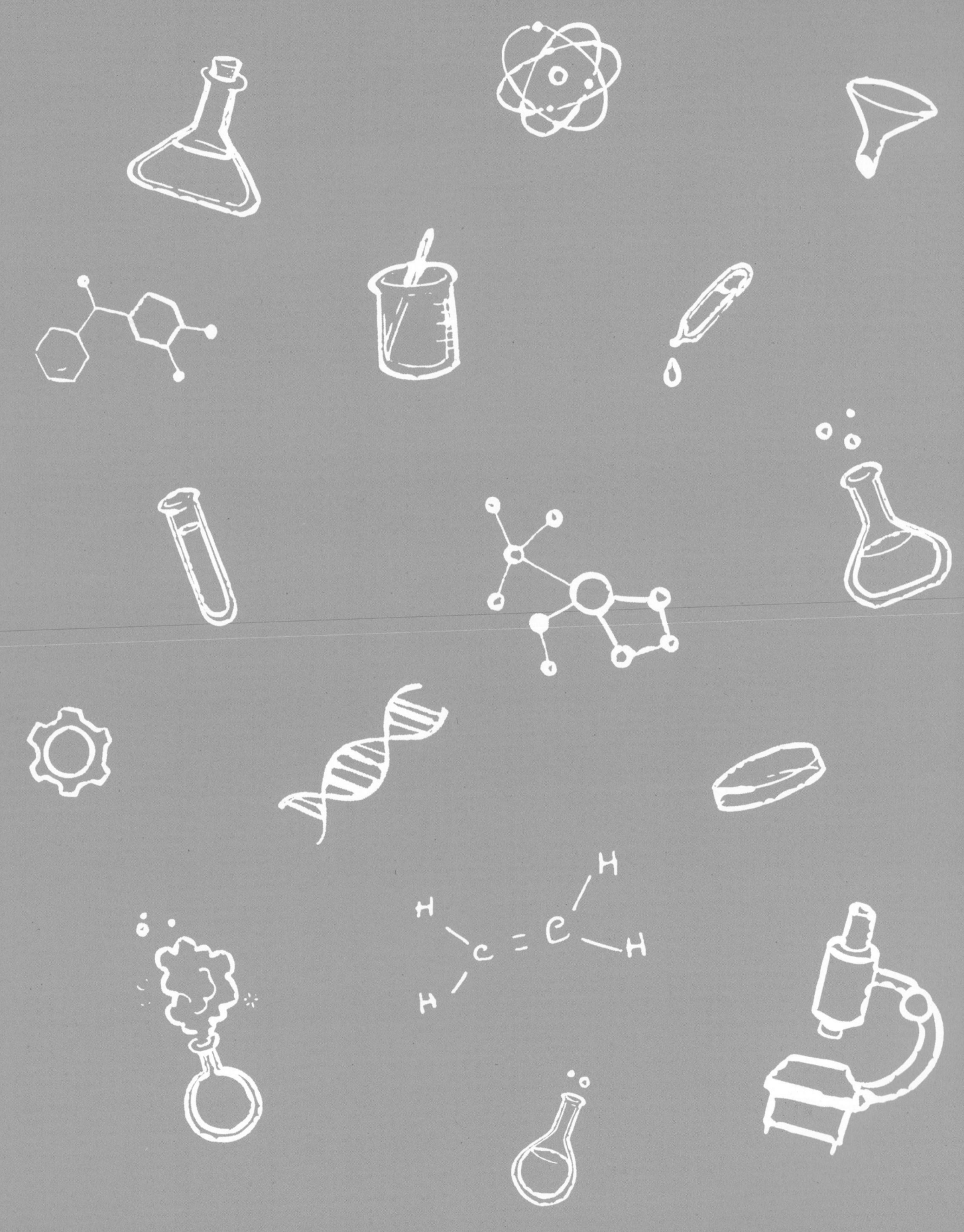

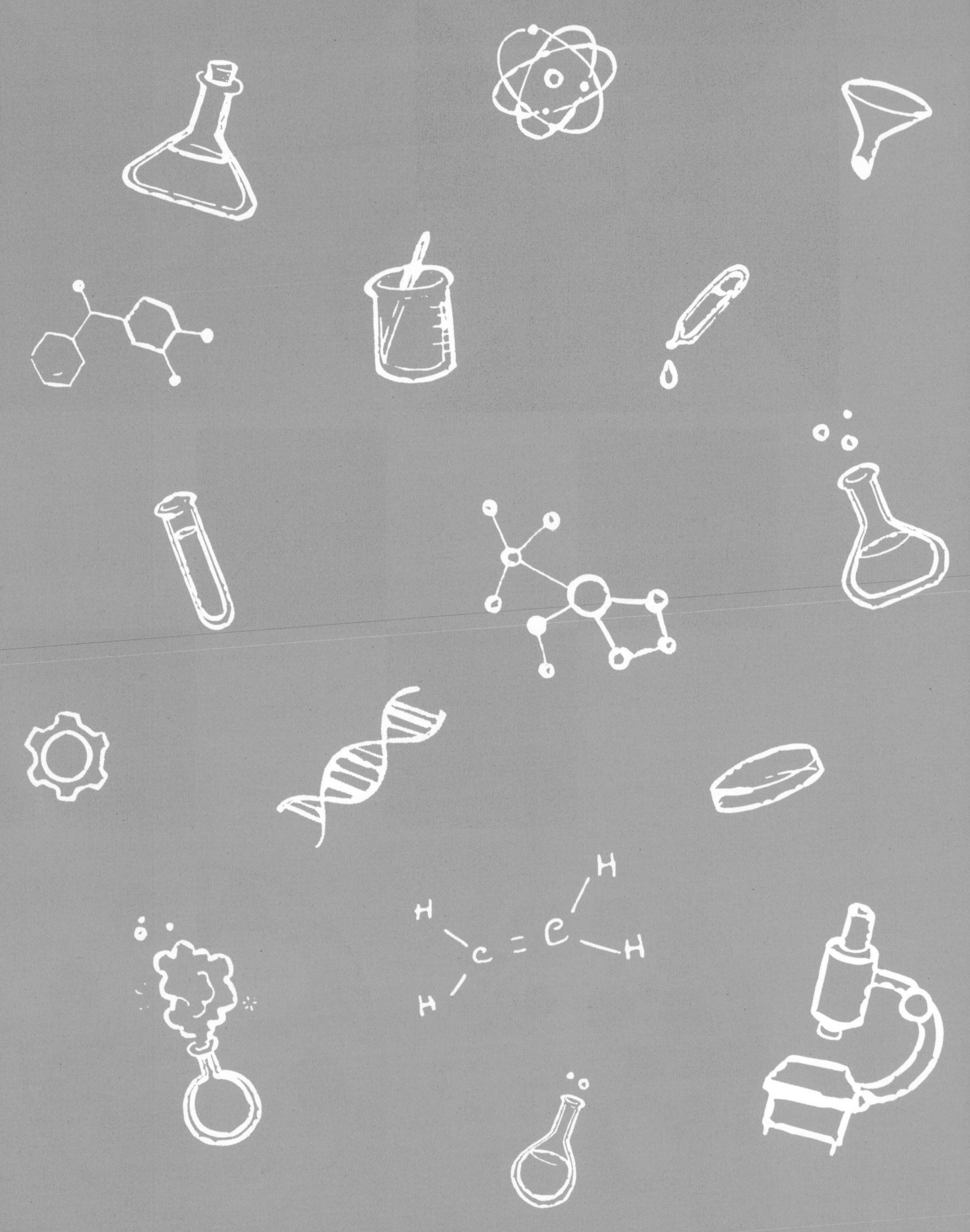